영화로 보는 법과 사회

[저자소개]

1968년 강화도에서 출생했다. 고려대학교 법학과를 졸업하고 사법시험에 합격했다. 판사와 변호사로 활동하다 현재 강원대학교 법학전문대학원 교수로 재직 중이다.
1998년 법무관을 마치고 판사가 되었다. 당시 로펌에서 러브콜이 있었지만 왠지 로펌에 맞지 않을 것 같아 판사직에 들어섰다.
2007년 2월 돈을 벌어야겠다는 생각에서 변호사 개업을 했지만 그 결과는 좋지 않았다. 그 이유는 변호사를 하려는 동기가 불순(?)해서 그런 것이 아닌가 반성하고 있다.
2011년부터 법학전문대학원생들을 상대로 형사소송법과 법조실무 과목을 주로 강의하고 있다. 2017년 《영화로 보는 법과 사회》라는 제목으로 학부생을 위한 교양 강의를 개설한 바 있다.
법조 실무 경험을 바탕으로 어떻게 하면 훌륭한 법조인을 양성할 수 있을까 관심이 많다. 쉽지 않겠지만 법학전문대학원생은 물론 일반인에게도 도움이 되는 강의를 하고 강의 내용을 책으로 내고 싶어 한다.

영화로 보는 법과 사회

초판발행 2022년 2월 28일

지은이 한상규
펴낸이 박노일

총괄기획 김중용 · 최준규
편 집 심성보 · 김인숙

펴낸곳 pnc publishing and culture 피앤씨 미디어
경기도 고양시 일산동구 강송로 153 310-1501
등록 제396-2012-000203호
전 화 070)7550-3758 팩 스 02)718-8554
홈페이지 www.pncmedia.co.kr 이메일 pnc@pncmedia.co.kr
ISBN 979-11-5730-812-5 03360

정 가 20,000원

한상규

LAW and SOCIETY in The MOVIES

영화로 보는 법과 사회

pnc
publishing and culture
피앤씨미디어

머리말

법과 사회를 이해할 수 있는 쉬운 길이 있을까?

이 책은 주변에서 비교적 쉽게 접할 수 있는 영화 속에서 법과 사회의 여러 문제에 관련된 부분을 찾아 소개하고 생각해 보는 책입니다. 영화라는 대중매체를 통해 법과 사회를 바라보는 기회를 가지면 좋겠다는 생각에서 글을 쓰기 시작했습니다.

다양한 영화에 등장하는 내용 중에서 상세한 법적 지식보다는 '법은 무엇일까', '법은 우리가 접하는 사회 문제와 어떤 관련이 있을까'라는 관점에서 영화를 살펴봅니다.

이 글에서 선정한 영화들에 반드시 법적 문제를 정면으로 다루고 있는 영화들만 있는 건 아닙니다. 다양한 장르의 영화 속에서 법과 사회에 관련된 이야기를 재미있고 이해하기 쉽게 하고자 제가 고른 것일 뿐입니다. 아쉬운 점은 모두 한국 영화 속에서 고르다보니 좀 더 다양한 법적 주제를 다루고 있는 외국 영화들을 다루지 못했다는 겁니다. 하지만 외국 영화 중에는 우리 현실과 괴리가 있어 오해를 불러일으킬 여지가 있다는 점에서는 오히려 외국 영화를 주로 다루지 않은 것이 장점이 될 수도 있지 않을까 생각해 봅니다.

책은 모두 13개의 TAKE로 구성되어 있고, 각 TAKE마다 보통 3개의 영화를 다루고 있습니다. 그리고 각 영화마다 생각해 볼 자료를 제시해 보았습니다. 자유롭게 자기의 의견을 생각해보면서 법과 사회 문제에 대해 관심을 가져 보면 어떨까 합니다.

글 중에 법률용어를 포함한 전문용어를 해설함에 있어서는 주로 백과사전이나 국어사전을 참조하였음을 밝힙니다. 처음에는 법률전문서적이나 법률용어사전을 참조하려고 생각하였으나 이 글이 학부과정에 재학 중인 일반 대학생과 일반 시민을 염두에 두었다는 점에서 그렇게 하기로 하였습니다. 가능하면 좀 더 쉽고 친근한 표현으로 바꾸려고 노력하였습니다만 부족한 부분이 있을 겁니다. 여러분의 많은 지적과 비판을 기대합니다.

그리고 법적 지식을 한 번 들어서 척척 이해하기는 힘듭니다. 법조문이나 이론적인 내용을 무슨 이야기 듣듯이 들으며 쉽게 이해하기도 어려울 겁니다. 다소 어렵거나 복잡한 내용이 나올 때엔 잠시 읽는 걸 멈추고 내용을 정리하거나 의문점에 대해 생각해 보거나 관련 자료를 조사해 보는 등 이해를 위한 노력을 해보는 것도 좋겠습니다.

아무쪼록 이 책이 법과 사회를 이해하고자 하는 여러분에게 조금이나마 도움이 된다면 더 이상 바랄 게 없겠습니다.

2022년 2월

한 상 규

차 례

영화로 보는 법과 사회

1. 법을 아십니까?
2. 민사 사건과 형사 사건 구별하기
3. 영화에 비친 법의 세계 : <부러진 화살>

TAKE 1

법과 영화의 만남

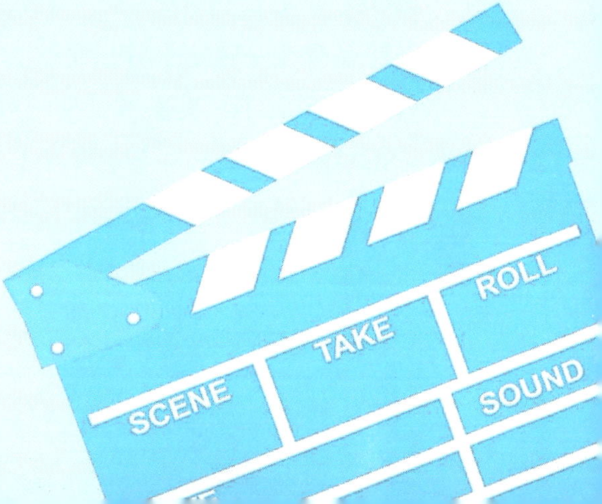

1

법을 아십니까?

법에 관한 의문들

여러분은 법에 대해 얼마나 아십니까? 많은 사람들이 평소에 '법이 무엇인지'(법의 의의), '법이 왜 생겼는지'(법의 목적), '법이 어떤 역할을 하며 과연 꼭 필요한 것인지'(법의 기능과 역할) 등에 대해 생각해본 적이 그리 많지는 않을 겁니다. 마치 우리가 매일 숨을 쉬며 살아가지만 평소에는 공기가 존재하는지 잘 느끼지 못하듯이, 우리는 보통 법이라는 것이 존재하는지 잘 느끼지 못하거나 법이 우리와 상관없는 것이라고 생각하며 살아갑니다.

하지만 운동을 해서 숨이 가빠지면 새삼 공기의 존재와 소중함을 느끼게 됩니다. 마찬가지로 무심코 살아가다가 어떤 계기로 인해 법적인 문제에 부닥치게 되면 우리는 그동안 나도 모르게 법에 둘러싸여 살고 있었다는 것을 깨닫게 됩니다. 예를 들어 택배로 물건을 주문했는데 물건이 오지 않는다거나 또는 하자 있는 물건이 배달된다든지, 인터넷에 별 생각 없이 댓글을 올렸는데 그게 모욕이나 명예훼손이 된다며 손해를 배상하라거나 형사고소를 하겠다는 연락이 온다든지, 차를 타고 가던 중 교통사고를 내거나 교통사고를 당한다든지, 열심히 일이나 아르바이트를 했는데 돈을 못 받게 된다든지 하는 일이 생기면 우리는 '법'과 직접 마주하게 되는 것이지요. 사실은 우리가 의식하고 있지 못할 뿐이지 정치, 경제, 사회, 문화 등 생활의 거의 모든 부분이 법에 의해 작동되고 있습니다.

법이란 국가권력에 의해 그 내용과 집행 및 제재의 방법을 명확하게 제도화시켜 놓은 규범입니다. 법은 국가에 의해 강제되며, 주로 인간의 외적인 행위를 규율합니다. 법은 사회 구성원에게 권리와 의무의 내용과 한계 및 그 행사의 절차를 알려줍니다. 그리고 어떤 행위의 합법성을 판단하는 기준이 되어 개인이나 집단 간에 대립되는 이해관계를 조정하는 데 기여합니다. 이런 점에서 내면적 양심과 동기를 중시하고, 위반하더라도 국가 권력으로 강제하기 어려우며 개인이 스스로 지킬 것을 권장하는 도덕과 비교되기도 합니다.

법 없이도 살 사람?

그런데 흥미롭게도 우리 사회에는 '법 없이도 살 사람'이 착하고 순한 사람의 표본처럼 되어 있습니다. 또 '송사(訟事)에 휘말리면 3대가 망한다'라는 말이 있어 재판과 같은 법적 분쟁은 멀리할수록 좋은 것처럼 여겨져 왔습니다. 일찍이 중국 춘추시대의 교육자이자 철학자이며 정치사상가였던 공자(BC 551~BC 479)도 소송이 없는 사회를 뜻하는 '무송(無訟) 이념'을 추구하였습니다. 그리고 공자의 이념은 조선시대 전체에 걸친 이상이었지만, 실제로는 소송의 적체가 해소되지 않을 정도로 많은 소송이 있었다고 합니다.

잠시 조선시대의 상황에 대해 살펴보면 이렇습니다. 고려시대 전기까지는 소송이 많지 않았다고 합니다. 그런데 고려 후기로 가면 원 나라의 간섭과 더불어 홍건적과 왜구의 침입이 잦아지게 됩니다. 이에 따라 호적과 토지제도가 문란해졌고 지방에 대한 중앙정부의 장악력이 떨어집니다. 이에 1451년에 완성된 고려시대에 관한 역사책인 『고려사』 후기에 등장하는 인물에게는 소송에 관계되는 내용이 제법 있고, 또 소송의 격화에 따른 갈등이 극한 형태로 나타나는 모습도 자주 보인다고 합니다.

조선왕조 건국주체들은 적체된 소송을 고려왕조 멸망의 원인 중 하나로 파악하여 건국 초기부터 법제의 정비와 소송의 종식에 심혈을 기울였습니다. 하지만 소송의 적체는 쉽게 해소되지 않았습니다. 특히 임진왜란과 병자호란 등의 전란이 있은 후 문서의 소실 등으로 소유권 질서가 극도로 어지러웠고 그에 따라 소송이 최고조에 달하여 17세기는 가히 '소송의 세기'라고 부를 만큼 소송이 많았다고 합니다. 조선시대에는 유교적 가치가 중시되었기에 공자의 말씀처럼 '소송이 없는 사회'를 이상사회로 보았습니다. 그런 이유로 소송에 대한 인식이 부정적일 수밖에 없었고, 애초부터 올바른 소송문화가 생겨나기 어려웠습니다.

눈을 돌려 서양을 보면 어떨까요? 영국의 세계적인 극작가 셰익스피어(1564~1616년)가 『헨리 6세』라는 작품에서 벌어진 정치적 소용돌이 가운데 '맨 먼저 할 일, 법률가 놈들을 모조리 때려 죽이는 일이다'고 하며 법률가들에 대한 적개심을 드러낸 바 있습니다. 헨리 6세는 경건하고 학구적이지만 통치에는 무능했다고 알려져 있는 15세기 잉글랜드의 왕입니다. 그의 무능한 통치가 왕권을 둘러싸고 빨간 장미 문장의 랭커스터 가문과 하얀 장미 문장의 요크가문이 왕권을 둘러싸고 벌어진 장미전쟁의 원인이 되었다고 합니다.

어쨌거나 법을 둘러싸고 부정적 인식이 퍼지게 된 것은 어찌보면 충분히 이해가 되는 일입니다. 경우에 따라 법은 그 내용이 어렵고 절차가 복잡하며 자칫 우리를 괴롭히기 위해 존재하는 것처럼 느껴지는 경우도 있기 때문입니다. 그러나 '법이 없는 사회'를 한 번 생각해 봅시다.

만약 법이 없다면 앞서 본 것처럼 분쟁과 갈등이 생겼을 때 우리는 과연 어떤 일을 할 수 있을까요? 아마도 우리는 이렇다 할 방법을 찾지 못한 채 구제받는 것을 포기하고 손해를 감수해야 할 겁니다. 아니면 스스로 구제수단을 취하게 될텐데, 그건 아주 어렵고 힘들거나 사실상 불가능한 일이 될 것입니다. 스스로 구제수단을 취하는 걸 자력구제라고 하는데, 자력구제에 대해 좀 더 알아보고 계속 이야기를 해보겠습니다.

자력구제

자력구제란 일반 사인(私人)이 자기의 권리를 보호 또는 실현하기 위하여 국가의 힘을 빌리지 않고 스스로 사력(私力)을 행사하는 것입니다. 사법절차가 확립되지 않았던 고대 사회에서는 자력구제가 권리의 실현방법으로 널리 인정되었으나, 사법절차가 완비되어 있는 현재의 문명사회에서는 자력구제가 원칙적으로 인정되지 않습니다. 다만 국가의 보호를 받는 것이 불가능하거나 극히 곤란한 경우에만 예외적으로 인정될 뿐입니다.

예를 들어 「민법」은 자력구제를 일반적으로 인정하지 않고, 오직 점유자에게만 일정한 경우에 허용하고 있을 뿐입니다. 그래서 「민법」

제209조는 자력구제라는 제목 아래 제1항에서는 "점유자는 그 점유를 부정히 침탈 또는 방해하는 행위에 대하여 자력으로서 이를 방위할 수 있다", 제2항에서는 "점유물이 침탈되었을 경우에 부동산일 때에는 점유자는 침탈 후 즉시 가해자를 배제하여 이를 탈환할 수 있고, 동산일 때에는 점유자는 현장에서 또는 추적하여 가해자로부터 이를 탈환할 수 있다"라고 규정하고 있습니다.

한편 형사법에서는 자력구제를 '자구행위'라 부르는데, 자력구제는 예외적으로 상당한 이유가 있는 때에 위법성이 조각되어 범죄가 되지 않습니다. 즉 「형법」 제23조 제1항은 "법정절차에 의하여 청구권을 보전하기 불능한 경우에 그 청구권의 실행불능 또는 현저한 실행곤란을 피하기 위한 행위는 상당한 이유가 있는 때에는 벌하지 아니한다", 제2항은 "전항의 행위가 그 정도를 초과한 때에는 정황에 의하여 형을 감경 또는 면제할 수 있다"라고 규정하고 있습니다. 이와 같이 자력구제가 극히 예외적으로 허용되는 점만 생각해보더라도 법은 결국 우리가 다른 사람들과 함께 사회 나아가 국가라는 공동체를 구성하여 살아가는 한 필수불가결한 것임을 알 수 있습니다.

한편, 법은 일정한 행위를 하거나 하지 못하도록 함으로써 사람들의 행위 지침 또는 평가기준이 됩니다. 그리고 법이 수행하는 최소한의 역할은 일반 개인이나 공권력의 실력행사를 효과적으로 규제하는 것입니다. 특히 국가기관으로부터 개인의 자유와 안전을 보장하는 것이 법의 가장 기본적인 목적입니다. 나아가 법은 구체적인 분쟁이 발생할 경우 최종적인 분쟁해결 기구로서 법원을 설치하고 법원의 재판 절차 등에 대해서도 상세히 규정하고 있습니다.

다양한 법의 세계, 법의 부지는 용서받지 못한다

사실 우리는 이미 많은 법들에 둘러싸여 있습니다. 국가의 기본법으로서 국민의 기본권을 보장하고 국가조직의 구성과 작용원칙을 정하는 '헌법'으로부터 개인의 법률관계에서 발생하는 권리와 의무를 규율하는 '민법', 그리고 어떤 행위가 범죄가 되고 그 범죄에 대하여 어떤 형벌이 부과되는지를 정하고 있는 '형법'을 비롯한 많은 법들이 제정되어 현실에서 작동하고 있습니다. 그러므로 법의 내용이 어렵다면 좀 더 쉽게, 법의 절차가 복잡하다면 좀 더 단순하게, 법을 이용하는데 너무 많은 시간과 비용이 든다면 좀 더 빠르고 적은 비용으로 법을 이용할 수 있도록 개선하는 노력을 해야 합니다. 우리는 어렵고 복잡하고 귀찮다는 이유로 법 없이 살 수는 없습니다.

역사상 법이 일부 전문가들의 전유물인 시절이 있었습니다. 법이 너무 어렵고 접근하기 힘들어서 소수의 사람만이 법의 내용을 알고 있었던 것이지요. 그러나 오늘날 법은 더 이상 소수의 전유물이 되어서는 안됩니다. 거의 모든 지식과 정보가 일반 대중에게 공개되고 자유롭게 유통되는 현대사회의 구성원인 우리 모두는 법을 알고 나아가 필요한 경우 법을 이용할 줄 알아야 하며 최소한 법을 몰라 손해를 보는 일이 있어서는 안 되겠습니다. '법의 부지는 용서받지 못한다(Ignorance of the law is no excuse)'는 법언도 있듯이 법의 세계에서는 '잘 몰랐다'는 변명이 웬만해선 통하지 않습니다.

여러분 중에서 그동안 법을 멀리해야 할 것으로만 생각하는 사람이 있었다면 이 책을 통해 법에 대한 인식을 바꾸는 계기가 되었으면 하는 바람입니다. 흔히 법의 목적은 정의를 추구하는 데 있다고 합니다. 그리스의 철학자 아리스토텔레스(BC 384~BC 322)에 따르면 정의를 추구하는 것은 인간 간의 관계에서 옳음을 추구하는 것이고, 그렇게 옳음을 추구하는 행위는 언제나 정당하다고 합니다. 우리가 법에 대한 인식을 바꾸어 법을 제대로 알고, 올바르게 이용한다면 스스로 정의로운 사람이 되고 나아가 정의로운 사회가 되는데 도움이 되지 않을까요? 왜냐하면 법에 대해 안다는 것은 사람들의 권리가 무엇인지를 알아가는 과정이고, 자신의 권리뿐만 아니라 다른 사람의 권리도 옹호해줌으로써 그 사람을 보호해주고 공동체와 국가에 봉사하는 것을 의미하여야 하는 것이라고 믿기 때문입니다.

2

민사 사건과 형사 사건 구별하기

K군과 L양의 사례

법을 이해하기 위해서는 기본적으로 민사 문제와 형사 문제를 구별할 줄 알아야 합니다. 다음 사례를 통해 민사 사건과 형사 사건을 구별해 봅시다.

K군과 L양은 인터넷 서핑을 하던 중 최신 휴대폰을 반값에 싸게 판다는 글을 보았습니다. K군과 L양은 최신 휴대폰을 싸게 살 수 있다는 생각에 빠져 그만 글을 올린 A에게 돈을 보냈습니다. 그런데 A는 약속한 날이 지나고서도 휴대폰을 보내 주지 않았고 K군과 L양은 수소문 끝에 A로부터 피해를 당한 사람이 자기들 말고도 많이 있다는 것을 알게 되었습니다. K군과 L양은 다른 피해자들과 함께 A를 경찰에 신고하였고 수사 결과 A는 사기 혐의가 인정되어 재판에 넘겨졌습니다. 그 소식을 들은 K군과 L양은 A가 재판에 넘겨졌으니 "그럼, 우리 돈을 받을 수 있겠네?" 하고 안도하고 있습니다. 과연 K군과 L양은 A로부터 돈을 돌려받을 수 있을까요?

민사 사건과 형사 사건(또는 민사 문제와 형사 문제)

민사 사건은 기본적으로 사람들 사이의 개인적인 관계로 법률상 평등한 사인 간의 경제적·신분적 생활관계에 관한 사건입니다. 예를 들어 누군가로부터 잘못된 손해를 입은 사람이 법원에 민사 소송을 제기하면 법원이 그 손해에 대하여 배상하도록 하는 것이라고 생각하면 쉽습니다.

반면에 형사 사건은 범죄를 저지른 사람과 형벌권을 가지고 있는 국가 사이의 관계입니다. 어떤 사람이 죄를 저지르면 그 죄에 대하여 형벌을 내릴 것인지, 형벌을 내린다면 어떤 형벌을 내릴 것인지를 결정하는 것입니다. 그래서 민사 사건과 형사 사건은 기본적으로 별개의 문제를 다루는 독립된 절차입니다.

하지만 경우에 따라서는 같은 일로 민사 사건과 형사 사건이 동시에 문제가 되기도 합니다.

예를 들어 차를 운전하여 가다가 실수로 중앙선을 넘어 교통사고를 내는 바람에 다른 차에 타고 있던 사람을 다치게 한 경우를 생각해 봅시다.

교통사고를 낸 사람은 민사 사건으로 그 사고로 인하여 다친 상대방의 입원비나 수술비 등 손해를 물어주어야 할 책임을 지게 됩니다(민사상 손해배상책임).* 동시에 교통사고를 낸 사람은 형사 문제로서 「교통사고처리특례법」을 위반한 범죄를 저지른 것에 대하여 국가로부터 형벌을 받게 됩니다(형사책임).**

* 손해배상 : 법률상 타인의 불법행위로 인한 손해에 대한 금전적 보상을 말합니다. 원래 불법행위에 대한 손해배상은 '눈에는 눈, 이에는 이'처

럼 직접적인 '동해보복'(탈리오 법칙, Lex Talionis)이었지만, 화폐제도가 도입되고 그런 보복적인 배상 방법이 부당하다고 여겨지면서 손해배상금을 주어 분쟁을 해결하는 방식이 되었습니다(금전배상주의). 손해배상은 대개 계약법과 불법행위법에 따라 생깁니다. 즉 계약의 한쪽 당사자가 의무를 이행하지 않았을 경우 다른 쪽 당사자는 손해배상을 청구할 수 있으며, 불법행위법에서는 대개 불법행위가 초래한 결과로 입은 손해나 권리침해를 금전적 가치로 따져서 손해배상액을 산성합니나. 한편 적법행위로 인한 손실보상에 대하여는 'TAKE 7 국가와 법, 20. 누구를 위한 개발인가 : 〈두 개의 문〉' 편에서 살펴봅니다.

** 형사책임 : 형사상 위법한 행위를 한 자에 대해 법률적 제재로서 형벌을 가하는 것을 말합니다. 민사책임과는 다르게 법률에 규정이 있어야 형사책임을 물어 처벌할 수 있는데, 이를 죄형법정주의라고 합니다. 즉 어떤 행위가 죄가 되고 그에 대해 얼마의 형을 받을 수 있는시 미리 법에 정해 놓아야 한다는 뜻입니다. 형사책임은 행위자가 규범에 맞도록 행위할 수 있었음에도 행위자의 실제 행위가 법이 요구하는 것과 일치하지 않았다는 것에 대한 비난입니다. 형사책임은 국가적 제재인 형벌로써 위법한 행위자를 탓함에 그 본질이 있다고 할 수 있습니다.

민사 사건과 형사 사건은 기본적으로 별개의 독립된 절차이기 때문에, 민사상 손해를 다 배상해 주었다고 해서 형사상 처벌을 안 받게 된다거나 거꾸로 형사상 처벌을 받았다고 해서 민사상 손해를 배상할 책임이 없어지는 것은 아닙니다. 또한 죄를 저지른 사람이 형사상 처벌을 받게 되었다 해서 반드시 그로부터 민사상 손해를 배상받을 수 있게 되는 것도 아닙니다. 왜냐하면 형사 문제로 재판을 받은 경우 국가에서 알아서 재판에서 받은 형벌을 집행하지만(예를 들어 벌금을 못 내면 강제로 일을 시키게 되는데, 이를 '노역장 유치'*라고 합니다), 민사 문제로 재판을 받아 이겼는데도 여전히 손해를 배상하지 않으면 다시 경매 등 재판을 집행해 달라는 신청을 하여야 하고(이를 '강제집행'**이라고 합니다), 강제집행을 하려고 하여도 돈을 줄 사람에게 아무런 재산이 없으면 그 재판은 강제집행할 수가 없게 되기 때문입니다.

* 노역장유치(勞役場留置) : 벌금 또는 과료를 납입하지 아니한 자에게 선고되는 처분.

** 강제집행(强制執行) : 채권자의 신청에 의해 국가의 집행기관이 채무자에게 강제력을 행사함으로써 판결 등에 표시된 금전의 지급 등 권리의 실현을 도모하는 절차. 채무자의 재산을 압류해서 경매한 후 배당을 받는 방법으로 이루어집니다.

이와 같은 민사책임과 형사책임의 차이는 형사책임이 본래 범죄를 저지른 사람에 대하여 국가가 나서서 잘못을 응징하는 것에 본질이 있기 때문에 생기는 것입니다. 물론 형벌의 목적이 범죄에 대한 응징에만 있는 것이 아니라 죄인을 교화·개선하여 사회에 복귀시키는 것에도 있다고도 설명되지만, 형벌의 본질은 아무래도 잘못된 행위를 응징하는 데에 그 본래의 목적이 있다고 할 수 있습니다.

어쨌든 법의 강제적 측면은 법을 도덕 등의 다른 사회규범과 구별하는 중요한 기준이 됩니다. 그래서 "법의 본질은 강제규범인 데 있다"거나 "강제를 수반하지 않는 법은 타지 않는 불이나 비치지 않는 등불과 같이 그 자체 모순이다"라고 말한 법학자도 있습니다. 이와 같은 법적 강제의 특징은 법이 단순히 실력에 의한 강제보장을 수반한다는 데 있는 것이 아니라, 강제보장을 실행하는 힘의 소재와 그 행사가 사회적으로 조직화되고 법 자체에 규제되어 있다는 데 있습니다.

이처럼 강제적 제재는 전통적으로 법의 기능을 이해하는 데 중요한 위치를 차지하고 있지만, 현대사회에서 모든 법을 강제적 제재의 측면에서만 파악하려는 것에는 다소 무리가 있습니다. 현대사회의 법에는 강제적 제재와 직접적인 관련성이 없는 조직규범이나 수권규범이 있어서 그 독자적 기능을 수행하고 있기 때문입니다. 그리고 법의 기능을 강제적 제재에 의한 위협과 그 실행에 비추어 파악하는 접근법은 시민을 법을 적극적으로 이용하는 법적 주체가 아니라 법적 통제의 객체로만 파악하고, 자원배분기능을 비롯한 법이 가지는 다양화된 현대적 기능을 전체적으로 설명하지 못하는 잘못을 범할 수 있습니다.

형사고소가 능사는 아니다

우리 사회에는 어떤 법적 문제가 생겼을 때 형사고소부터 하는 것이 유리하다는 생각이 널리 퍼져 있습니다. 변호사들도 의뢰인에게 그렇게 조언하는 경우가 많습니다. 형사 문제화하면 경찰이나 검찰이 수사를 하는 과정에서 문제가 해결될 가능성이 높아지고 나중에 민사 사건에서 활용할 증거도 갖출 수 있다는 생각에서 그런 것 같습니다. 다만, 형사고소를 할 때에는 아래에서 보는 몇 가지 점에 유의하여야 합니다.

첫째, 형사고소는 무고죄 문제가 발생할 수 있다는 점에서 잠재적 위험이 있고, 유죄판결을 위해서는 민사소송보다 훨씬 증거가 강력해야 합니다. 여기서 무고죄란 타인으로 하여금 형사처분 또는 징계처분을 받게 할 목적으로 허위의 사실을 신고함으로써 성립하는 범죄로 「형법」 제156조에서 규정하고 있습니다.

둘째, 형사고소는 상대방과 관계를 극단적으로 악화시켜 관계 회복이 어려워질 수 있습니다. 고소를 당했을 때 어떤 기분이 들지 생각해보면 되겠습니다.

셋째, 당사자가 청구한 범위 내에서 심리되고 당사자들의 합의로 언제든지 절차를 종료시킬 수 있는 민사소송과 달리 형사고소는 범죄를 밝히려는 수사기관이 개입하기 때문에 당초 예상하지 못한 방향으로 수사가 전개될 가능성도 있습니다.

넷째, 고소인이라 하더라도 경찰 등 수사기관에 나가 조사를 받아야 하기 때문에 그 절차가 편안한 것만은 아닐 수도 있습니다. 따라서 형사고소를 할지 여부에 대해서는 사안에 따라 신중하게 판단할 필요가 있습니다.

사례의 경우

그러면 위 사례에서 K군과 L양은 돈을 돌려받을 수 있을까요?

우선 A가 '사기죄'로 형사처벌을 받게 되더라도 저절로 민사 사건이 해결되는 것은 아닙니다. 앞서 본 것처럼 형사 사건과 민사 사건은 별개이므로 A에 대하여 별도로 민사 소송을 제기하여야 합니다. 물론 A가 형사처벌을 조금이라도 가볍게 받으려고 K군과 L양에게 자발적으로 돈을 주며 형사합의를 하자고 할 경우는 따로 민사 사건으로 문제삼을 필요가 없습니다.

한편 민사소송에서 이기더라도 실제로 돈을 받으려면 A에게 재산이 있어야 합니다. A에게 아무런 재산이 없으면 비록 강제집행을 하려고 해도 강제집행할 재산이 없기 때문입니다.

자, 어떤가요? 이제 여러분은 법을 이해하는 데 기본이 되는 민사 사건과 형사 사건을 잘 구별할 수 있게 되었으리라 믿습니다.

3

영화에 비친 법의 세계 : <부러진 화살>

2012년 1월 개봉

김교수가 생각하는 법

영화 〈부러진 화살〉에서 모 대학 수학교수였던 김경호(안성기 분)는 재직하던 대학의 수학입시문제가 잘못되었음을 지적합니다. 그러나 대학측은 김교수가 쓸데 없는 문제제기로 학교의 명예를 실추시켰다는 이유로 오히려 김교수를 해임합니다.

김교수는 자신이 부당하게 해임당했다며 학교를 상대로 소송을 제기하지만 패소합니다. 그러자 자신의 재판을 담당한 판사가 법대로 판결을 해주지 않아 패소하였다며 판결을 한 판사의 집에 찾아갑니다. 김교수는 판사에게 따지는 과정에서 그만 석궁을 쏘아 판사를 다치게 한 일로 이번엔 형사재판을 받게 됩니다. 김교수는 재판 과정에서 또다시 판사가 법대로 재판을 해주지 않는다며 자신에 대한 재판이 '재판이 아니라 개판'이라고 말합니다.

여러분은 법이 어떤 것이라고 생각합니까? 영화 속 김교수는 변호인과 만난 자리에서 '법은 아름다운 것이다' '법은 수학과 같아서 문제가 정확하면 답도 정확하게 나오는 것이다' '법과 같이 지키기로 합의한 것은 반드시 지켜야 하는 것'이라고 말합니다. 그런 김교수가 어쩌다가 법을 적용하는 재판을 가리켜 '개판'이라고 경멸하게 된 걸까요? 그건 판사들이 법대로 재판을 하지 않는다는 생각때문이었습니다. 그래서 김교수는 '법을 지키지 않는 판사를 법으로 박살낼 것'이라는 무시무시한 말까지 하게 됩니다.

하지만 김교수는 법에 대해 잘못 생각하고 있는 측면이 있어 보입니다. 어떤 법도 완벽할 수는 없습니다. 법을 만들 때 예상되는 모든 문제에 대비하여 법을 만들 수도 없습니다. 사람들이 흔히 생각하는 것처럼 법이란 처음부터 완결되어 있어 논리적으로 빈틈없는 것 또는 절대적인 대상으로부터 부여받은 '경전'에 가까운 것이 아닙니다. 따라서 법에 대해 무조건적으로 숭배하는 태도를 갖는 것은 바람직하지 않습니다.

영국의 저명한 법관 맥밀란은 현실에서 법이 정의를 구현하는 게 쉬운 일이 아님을 다음과 같이 피력했습니다.

> "만일 법이 정확한 과학이며 판결이 일직선에 위치하고 정의로움이 수직적으로 분포한다면 정의란 기계적인 산물이 되겠지만, 인간관계의 계산될 수 없는 복잡성의 와중에서 정의의 구현은 이런 식으로 될 수 없다."

사법불신

영화 〈부러진 화살〉 개봉 후 김교수에 관한 영화 속 사건 내용이 실제 사건과 너무 달리 왜곡되어 있다는 반론이 있었습니다. 그럼에도 영화는 많은 관객들의 공감을 산 바 있습니다. 그 이유는 무엇이었을까요? 그건 아마도 '사법불신'이라는 말로 대표되는 바와 같이 사람들이 우리 법원이 내리는 판결을 공평무사한 올바른 판결이라고 믿지 않는 데에 있었을 겁니다.

사람들은 분쟁이 벌어졌을 때 심판자인 법원이 누구의 편도 들지 않고 정의롭게 판결해 주기를 바랍니다. 그래서 '정의의 여신상'도 한 손엔 칼을 들고 한 손엔 저울을 들고 있되, 두 눈을 가리고 있는 것이라고 합니다. 눈을 뜨고 보면 감정적인 이유로 또는 이해관계에 얽매이는 등으로 어느 한쪽 편을 들게 될지도 모른다는 겁니다.

정의의 여신이 눈을 가린 것에 대해 한국외국어대학교의 최승필 교수는 《법의 지도》란 책에서 다소 다른 이야기를 합니다. 공정함을 위해 정의의 여신이 눈을 가리다 보니 기계적인 정의가 되어버렸다는 겁니다. 단순히 외견상 존재하는 팩트를 집어넣으면 기계가 작동하고 정의라는 이름을 단 결과가 나옵니다. 너무 많은 이해관계가 얽히고 복잡해져버린 우리의 삶을 판단하기 위해서는 이제 디케(정의의 여신)는 눈을 가린 천을 풀어야 한다고 이야기합니다.

어쨌든 많은 사람들은 우리 법원이 두 눈을 가리고 공평무사하게 판결을 하지 않고 있다고 생각하는 것 같습니다. 과거 어떤 범죄자가 탈옥 후 인질극을 벌이다가 자살을 하면서 외친 '유전무죄(有錢無罪), 무전유죄(無錢有罪)!'라는 말은 그런 생각을 대표적으로 표현한 말입니다.

보다 신뢰할 수 있는 법치주의 사회를 위하여

사람이 무리를 지어 살아가는 사회에서는 '신뢰'가 무엇보다 중요합니다. 서로가 서로를 믿지 못하는 사회를 생각해 봅시다. 내가 속한 가족, 이웃, 학교, 사회, 국가가 '혹시 나를 속이지 않을까?', '그들의 이익을 위해 나를 해치지 않을까?' 하는 생각 속에 살아간다면 그보다 불행한 일은 없을 겁니다.

마찬가지로 분쟁의 최종해결기관인 법원이 누구의 편도 들지 않고 정의롭게 결정을 하지 않고 누군가의 편을 들 것이라고 생각한다면, 법에 의해 다스려지는 '법치주의'는 그 존립 근거를 잃게 될 겁니다.

과거 권위주의 시대에 법원이 두 눈을 가리지 않고 권력의 편에서, 가진 자의 편을 들었던 일이 없다고 하기 어렵습니다. 예를 들어 재벌들이 저지른 잘못에 대해 국가 경제 발전에 이바지한 공로가 크다는 이유로 사람들이 납득하기 어려운 가벼운 처벌을 한다든지, 영화 〈변호인〉에서 보는 것처럼 고문을 당해 거짓 자백을 한 것이라고 강변함에도 법원이 이에 눈 감은 채 유죄 판결을 선고한다든지 하는 일들이 있었던 겁니다.

그런 일들이 사법불신을 초래했을 겁니다. 법원의 어떤 결정이 있었을 때 자신에게 불리하거나 마음에 들지 않는다는 이유로, 반대로 자신에게 유리하거나 맘에 든다는 이유로 아무런 근거도 없거나 부정확한 근거에 기해 무작정 비난하는 사람들에 의해 부당하게 사법불신이 조장된 측면도 있을 겁니다.

비판과 비난

우리는 비판과 비난을 구별하여야 합니다. 비판은 합리적 근거를 들어 옳은지 그른지, 좋은지 나쁜지, 설득력이 있는지 없는지 등을 따지는 일입니다. 그러기에 '공감'하지만 '비판'할 수도 있습니다. 또 장점을 드러내어 칭찬하는 것도 비판의 한 모습입니다. 비판의 목적은 서로의 발전에 있습니다. 반면에 비난은 근거 없이 또는 잘못된 근거를 가지고, 경우에 따라서는 감정적인 이유를 들어 헐뜯는 것입니다. 비난의 목적은 화풀이나 공격에 그칩니다.

흔히 비판적인 사람은 질서를 해치는 소란스러운 사람으로 오해받기 쉽습니다. 그러나 진정한 비판 정신은 다른 사람과의 관계에서도 자기비판적 태도를 유지하면서 자기와 다른 사람을 대등한 주체로 보기 때문에 기본적으로 평화주의자입니다. 비판하는 걸 기존 질서에 대한 도전과 투쟁으로 오해해서는 안 됩니다.

영화 〈부러진 화살〉을 통해 건전한 비판이 살아 숨쉬는 사회를 그려 봅니다.

영화로 보는 법과 사회

4. 처벌은 어떻게 이루어지나 : <살인의 추억>,
   <이태원 살인사건>
5. 소년범죄를 어떻게 할 것인가 : <범죄소년>
6. 피해자를 어떻게 보호할까 : <한공주>

2

죄와 벌

4

처벌은 어떻게 이루어지나 : <살인의 추억>, <이태원 살인사건>

2003년 4월 개봉

2009년 9월 개봉

1) <살인의 추억>

연쇄 강간살인 사건과 수사

영화 〈살인의 추억〉에서 지역 토박이 형사 박두만(송강호 분)은 서울 시경에서 자원해 온 형사 서태윤(김상경 분)과 함께 연쇄 강간살인 사건을 수사하게 됩니다. 선 보러 나갔던 여성이 배수관에서 알몸의 시체로 발견되는 등 몇 년 사이에 비슷한 수법의 연쇄 강간살인 사건이 발생했던 겁니다. 수사란 잘 알다시피, 범죄의 혐의가 있는지 없는지를 밝혀 재판에 넘기거나 또는 형사재판을 계속 유지하기 위한 수사기관의 활동입니다. 구체적으로는 범인을 발견·확보하고 증거를 수집·보전하는 것이지요.

박형사는 '용의자의 사진을 보다 보면 어느 순간에 감이 딱 온다'며 자신의 육감을 믿습니다. 결국 용의자를 상대로 폭력까지 행사하며 다소 지능이 모자라 보이는 백광호(박노식 분)라는 사람으로부터 억지 자백을 받아냅니다. 자백이란 범죄의 혐의를 받고 있는 사람이 자신이 그 범죄를 저질렀음을 스스로 인정하는 진술을 말합니다. 그렇게 자백을 받은 박형사는 백광호를 데리고 현장 검증에 나섭니다. 하지만 언론에 공개된 현장 검증 현장에서 백광호는 태도를 바꿔 범행을 강하게 부인하면서 현장은 엉망이 되고 사건은 다시 오리무중에 빠지게 됩니다.

결국 경찰서장이 전격 해임되고 수사 인력은 대폭 교체됩니다. 박형사는 이에 굴하지 않고 "대한민국의 형사들은 두 발로 수사를 한다"라고 주장하며 범인이 범행 현장에 체모를 남기지 않았다는 점에 착안하여 목욕탕을 돌아다니며 탐문수사를 벌입니다. 이와 달리 서형사는 꼼꼼하게 사건 서류를 검토하며 논리적으로 사건을 해결하려 노력합니다.

서형사는 모든 범행이 '비오는 날에 빨간 옷을 입은 피해자'를 상대로 벌어졌다는 공통점을 찾아내고는 여자 경찰을 이용해서 함정수사도 벌여보지만 안타깝게도 범인을 놓칩니다. 함정수사란 수사기관이 범죄를 일부러 유발해서 범죄를 실행하는 범인을 체포하는 수사기법입니다. 여러분은 영화나 드라마 속에서 경찰관이 자신의 신분을 속이고 마약을 판매하는 척하다가 마약을 사려는 범인을 체포하는 장면을 본 적이 있을 겁니다. 그런 장면이 바로 전형적인 함정수사의 모습입니다.

함정수사는 수사기관이 위계(거짓 계획)로써 범죄발생을 조장하는 것이기 때문에 적법한 수사인지 논란이 됩니다. 대체적으로 말해서 이미 범죄를 결의하고 있는 자에게 범행 기회를 부여한 것에 지나지 않는 '기회제공형 함정수사'는 대체로 적법성을 인정합니다. 그러나, 수사기관에 의해 범인이 범행을 결의하게 되는 '범의유발형 함정수사는 위법하다고 봅니다. 함정수사는 증거를 포착하기 어려운 마약범죄나 밀수범죄 등에서 주로 활용됩니다.

영화에서 수사팀의 수사가 곤란을 겪던 중 범행 때마다 라디오 방송국에 똑같은 노래를 신청한 박현규(박해일 분)라는 인물이 유력한 용의자로 떠오릅니다. 이에 박형사와 서형사는 박현규를 상대로 수사를 벌이지만 그가 범인이라는 결정적 증거를 찾아내지 못합니다.

실체적 진실주의

형사절차에는 실체적 진실주의라는 말이 있습니다. 특히 범인을 포함해 사건의 진상을 명백히 밝혀 죄 있는 자를 빠짐없이 처벌하자는 입장을 '적극적 실체진실주의'라고 합니다. 이는 흔히 사건을 수사하는 경찰에게는 열심히 노력하면 범죄를 명백히 밝혀낼 수 있고 또 반드시 그래야 한다는 의미로 이해되기 쉽습니다. 범죄자의 범행수법이 잔인할수록, 사회의 이목을 끄는 사건일수록 더욱 그런 생각이 들 수밖에 없을 겁니다. 영화 속에서 유력한 용의자로 강압적인 수사를 받던 박현규(박해일 분)도 이렇게 말하지요. "아저씨들 죄 없는 사람 잡아다가 족치는 거 동네 애들도 다 알아!"라고.

적극적 실체진실주의에 대해 '열 사람의 범인을 놓치더라도 한 사람의 무고한 사람을 처벌해서는 안 된다'는 생각을 '소극적 실체진실주의'라고 합니다. 범인을 잡는 것도 좋지만 그 과정에서 무고한 사람이 희생되어서는 안 된다는 생각이지요. 자, 범인은 잡아야겠고, 억울한 사람이 생겨서는 안되겠고. 여기에 형사절차의 딜레마가 있습니다. 흔히 형사절차에서 위 두 가지 측면을 조화시켜야 한다고 쉽게 말하지만, 현실에서 애당초 두 가지 입장을 조화시키는 것은 사물의 논리상 불가능하다는 입장도 있습니다.

어쨌든 '실체진실주의'가 '어떠한 대가를 치르더라도 진실을 추구해야 한다'라거나 '비난받을 행위를 한 자는 어떻게든 벌해야 한다'라고 이해돼서는 곤란할 겁니다. 진실을 밝힐 수만 있다면 진실에 이르는 절차는 무시해도 좋다는 생각은 아주 위험하니까요.

예전에 이런 실화가 있었다고 합니다. 훌륭한 법과대학을 갓 졸업하고, 국가시험에 합격한 전도유망한 젊은이가 한 도시의 경찰서장으로 부임했습니다. 업무보고를 받던 중, 살인사건이 오랫동안 미해결 상태로 남아 있는 것을 알고, 모든 경찰관을 불러놓고 엄하게 지시했다고 합니다. 앞으로 한 달 이내에 이 사건의 범인을 체포하지 못하면, 모두 인사상 불이익을 주겠다고 말이지요. 한달 뒤에 과연 어떤 일이 벌어졌을까요? 경찰관들이 무려 5명의 범인을 체포해 왔다고 합니다. 더욱 놀라운 것은 5명 모두가 범행을 자백했다는 겁니다.

위 일화는 우리에게 많은 걸 생각하게 합니다. 영화 〈살인의 추억〉에서도 다소 지능이 모자라 자신의 결백을 논리정연하게 설명하지 못하는 백광호가 경찰의 압박과 폭력에 거짓자백을 하였다가 현장검증에서 범행을 극구 부인하는 일이 벌어졌던 이유가 과연 무엇이겠습니까?

과학 수사, 뒤늦게 밝혀진 진실

영화 〈살인의 추억〉은 1986년부터 1991년까지 4년 5개월 동안 경기도 화성 일대 지역에서 발생한 이른바 '화성 연쇄 살인 사건'을 모티브로 하고 있습니다. 당시 10대 초반에서 70대 초반에 이르는 부녀자들이 여러 명 살해되었으나 끝내 범인이 잡히지 않은 채 사건은 미궁으로 빠졌습니다. 그중 일부 사건의 경우 생존자와 목격자가 있었음에도 연쇄 살인에 대한 경찰의 이해와 수사 경험 부족으로 수사에 허점을 보여 범죄 해결에 실패했다는 비난을 받기도 했습니다. 당시 열심히 수사하느라고 집에도 못 들어가 가정이 파탄 난 형사들도 있었다고 하니 안타까운 일이 아닐 수 없습니다.

하지만 이 사건을 겪으면서 우리나라에서 '과학 수사'의 중요성이 부각되고 나아가 과학 수사가 발전하는 하나의 계기가 되었음은 틀림없어 보입니다. '과학 수사'란 범죄 수사에 물리학·화학·공학·의학·생물학뿐만 아니라 심리학·사회학 등의 지식이나 기술을 응용하는 합리적 수사방법을 말합니다. 영화 속에서도 과학 수사의 한 방법으로 박현규를 범인으로 확정할 수 있는 계기가 될 것으로 보이는 유력한 증거를 찾아내지만 당시 유전자 분석 장비가 국내에 도입되어 있지 않아 미국에 유전자 분석을 의뢰하는 장면이 등장합니다. 그 사이 살인 사건은 또 발생하지요. 영화에서 과연 유전자 분석 결과는 영화 속 박현규가 범인임을 증명해 주었을까요?

어떤 영화 평론가는 영화의 뒷부분에 나오는 박두만 형사의 대사 "밥은 먹고 다니냐?"를 역대 한국 영화의 명대사 중 하나로 꼽았습니다. 증거부족으로 연쇄 살인 사건의 유력한 용의자를 놔줘야 하는 형사의 무기력함과 억울하게 용의자로 몰린 사람에 대한 미안함이 그 대사 속에 녹아 들어 있다는 겁니다.

1986년 첫 살인 사건이 발생한 때로부터 30년이 넘은 2019년 놀라운 일이 벌어집니다. 드디어 연쇄살인 사건의 진범이 잡힌 것이지요. 모두 10차례의 화성연쇄살인사건 중 3차, 4차, 5차, 7차, 9차 사건에서 발견된 범인의 DNA가 1994년 살인죄를 저질러 무기징역을 선고받고 복역 중인 이춘재라는 사람의 것으로 판명되었습니다. 그 외 검사했으나 발견되지 않은 사건이 2건(2차, 10차), 증거물 부족 등의 이유로 검사가 불가능한 사건이 2건(1차, 6차)입니다. 특히 8차 사건은 8차 사건 수사 당시 증거조작, 고문에 의한 허위자백으로 무고한 사람이 재판을 받았으나, 이춘재가 범인만이 알 수 있는 사실 등을 자백함으로써 8차 사건 역시 이춘재가 저지른 것으로 결론이 났습니다. 무엇보다 그동안 DNA 분석기술이 발달한 덕분이지요. 이후 '화성 연쇄살인 사건'은 '이춘재 연쇄살인 사건'으로 이름이 바뀌게 됩니다.

다음 영화에서 형사사건의 수사와 재판의 어려움을 다시 생각해 보겠습니다.

2) <이태원 살인사건>

뒤바뀐 살인 용의자

"검사님, 그냥 찍으세요. 그냥 찍어도 50% 아닙니까?" 서울 이태원의 한 햄버거 가게 화장실에서 살인사건이 발생했습니다. 그리고 범행 당시 현장에 있었던 미국인 '피어슨'(장근석 분)과 '알렉스'(신승환 분)가 용의선상에 오릅니다. 한국계 어머니와 멕시코계 아버지 사이에서 태어난 '피어슨'은 아버지가 미군 군무원인 관계로 미군 범죄수사대(CID, Criminal Investigation Command)의 수사를 받고 살인사건의 범인으로 지목되어 한국 검찰의 수사를 받게 됩니다. 피어슨은 미군 범죄수사대에서 조사를 받으면서 자신이 범인이라고 자백도 하였고, 범행에 사용한 칼, 당시 착용하고 있던 옷과 신발 등도 모두 압수되었습니다.

그런데 수사를 맡은 박대무 검사(정진영 분)는 미군 범죄수사대의 의견과 달리 '피어슨'이 아니라 '알렉스'를 살인범으로 기소합니다. 왜냐하면 피어슨과 참고인들이 진술을 바꾸고 부검결과나 거짓말탐지기 때문이었습니다. '피어슨'이 검찰에 와서는 피해자를 죽인 적이 없다고 부인하면서 알렉스가 죽인 것이라고 주장하고 있는 데다가 미군 범죄수사대에서는 범행 직후 피어슨으로부터 '자기(피어슨)가 죽였다'는 말을 들었다고 진술했던 참고인도 정작 검사 앞에서는 그런 말을 들었는지 모른다고 말을 바꾼 겁니다. 무엇보다도 피해자가 처음으로 칼에 찔린 상처의 위치와 그 깊이 등으로 보아서 범인은 피해자보다 키도 크고 힘이 센 사람일 것이라는 부검 결과에 의하면 키가 작고 체격이 왜소한 '피어슨'이 아니라 키도 크고 덩치도 큰 '알렉스'가 범인이라고 판단했기 때문입니다. 검사가 '피어슨'과 '알렉스'를 상대로 거짓말탐지기 검사도 했는데, 알렉스가 거짓말을 한 것으로 검사결과가 나오기까지 했던 겁니다.

거짓말탐지기란 질문에 답변하는 사람의 혈압·맥박수·호흡 등 답변자의 의지대로 조절할 수 없는 성질의 생리현상을 기록하는 기계를 말합니다. 거짓말탐지기 검사결과를 답변자가 거짓말을 하고 있는지 여부를 판단하는 기초자료로 사용하는 것입니다. 그러나 우리나라에서는 아직 거짓말탐지기 검사결과 그 자체를 증거로 인정하고 있지는 않습니다.

형사재판에서 유죄를 선고하려면 합리적 의심의 여지가 없이 범죄에 대한 증명이 이루어져야 합니다(「형사소송법」 제307조 제2항). 그런데 영화 속 검사가 법정에서 '알렉스'가 살인범임을 증명하는 것이 당초 생각보다 쉽지 않습니다.

어떤 증인은 '알렉스'가 범행 직전 '뭔가 보여줄게, 따라와 봐'(I'll show you something cool, come wiht me)라고 했다고 증언합니다. '알렉스'가 범인일지 모른다는 강한 의문이 생기는 겁니다. 반면 미군 범죄수사대 수사관은 피어슨의 손에 있는 문신이 히스패닉계 갱단의 표시라며 '피어슨'이 범인이라고 증언합니다. 또 다른 증인은 검찰에서는 범행 직전에 마지막으로 칼을 들고 있었던 것이 '알렉스'였다고 해놓고 법정에서는 누가 마지막에 칼을 들고 있었는지 모르겠다고 합니다. 범행 후 알렉스가 '재미로 사람을 죽였다'고 말하는 것을 들었다고 말하는 증인도 있습니다. 사체를 부검한 의사는 피해자의 처음 상처로 보아 피해자의 경동맥에서 나온 피가 스프레이처럼 뿌려졌을 것이라고 증언함으로써 범행 직후 스프레이처럼 피가 뿌려진 옷을 입고 있던 '알렉스'가 살인범이라는 강한 심증을 갖게 합니다.

범행 현장에 있던 '피어슨'과 '알렉스' 두 사람 중 한 명이 살인을 저지른 것은 움직일 수 없는 사실인데, 도대체 누가 살인범인지가 확실하지 않습니다.

번복된 판결

수사과정에서 누가 범인인지를 놓고 고뇌하던 검사에게 친분이 있던 경찰이 술에 취한 채 한 말이 맨 처음에 나온 "검사님, 그냥 찍으세요. 그냥 찍어도 50% 아닙니까?"라는 말이었습니다. 재판을 담당한 판사는 사건의 진실을 밝히기 위해 현장검증까지 한 후 알렉스를 살인범으로 인정하여 알렉스에게 무기징역형을 선고합니다. 살인죄가 인정되어 무기징역을 선고받았지만 승복할 수 없었던 알렉스의 아버지가 상소하기 위하여 찾아 간 변호사는 "이길 순 없지만 지지 않게 해드리겠다"고 말합니다. 상소란 재판에 대한 불복을 말하는데 1심 재판에 대하여는 항소한다고 하고, 2심 재판에 대하여는 상고한다고 합니다.

형사재판에서의 대원칙은 '무죄추정의 원칙'과 '의심스러울 때는 피고인의 이익으로(in dubio pro reo)'라는 것입니다. 무죄추정의 원칙은 형사절차에서 피고인 또는 피의자는 유죄판결이 확정될 때까지는 무죄로 추정된다는 것인데, 「헌법」 제27조 제4항과 「형사소송법」 제275조의2에서 규정하고 있습니다.

한편, 형사재판에서 유죄를 선고하려면 합리적 의심의 여지가 없이 범죄에 대한 증명이 이루어져야 한다는 것을 영화의 내용에 적용해 보면, 알렉스가 범인인 것 같지만 한편으로 알렉스가 범인이 아닐지도 모른다는 합리적 의심(reasonable doubt)이 든다면 알렉스에게 유죄판결을 선고할 수 없다는 것입니다. 이길 수는 없지만 지지 않게 해 드리겠다는 변호사의 말대로 대법원은 범행 당시 피해자가 소변을 보고 있었다면 범인이 반드시 피해자보다 키가 큰 사람이라고 단정할 수 없다는 걸 주된 이유로 알렉스에 대한 유죄 판결을 번복합니다. 그동안 있었던 수사와 재판과정에 비추어 보면 충분히 있을 수 있는 판결로 보입니다.

"우리 중필이 한을 꼭 풀어주세요. 부탁드립니다." 졸지에 사랑하는 아들을 잃은 피해자의 어머니는 검사에게 절규합니다. 그러나 알렉스는 무죄로 풀려나고 피어슨은 살인죄가 아닌 흉기소지와 증거인멸죄만 인정되었을 뿐입니다.

'이 영화는 이태원의 한 미국계 햄버거집에서 일어났던 실화를 모티브로 한 작품으로, 영화의 인물, 구성, 세부 묘사는 픽션임을 밝힙니다'라는 자막으로 시작한 영화 〈이태원 살인사건〉은, '알렉스는 1998년 무죄가 확정되어 석방되었고, 피어슨은 1998년 형기를 두 달 남기고 특사로 석방되어 1999년 출국금지가 연장되지 않은 바로 다음날 미국으로 출국했다. 알렉스와 피어슨은 이 사건의 법적인 책임에서 완전히 자유롭게 되었다'는 자막으로 끝을 맺습니다.

현실에선

이처럼 영화 〈이태원 살인사건〉은 형사사건의 수사와 재판의 어려움과 중요성을 보여주는 팩션 영화입니다. 팩션(faction)이란 사실을 의미하는 팩트(fact)와 허구를 의미하는 픽션(fiction)의 합성어입니다. 실제 있었던 사실에 다소의 가공이 있는 것이지요. 실제 현실에서는 영화에서 '피어슨'으로 등장하는 '페터슨'이라는 사람이 1999년경 출국금지가 되지 않은 틈을 타 미국으로 달아났으나, 2011년 검찰 재수사를 통해 진범으로 지목되었습니다. 그리고 미국 법원이 한국 검찰의 '페터슨'을 한국에 보내 달라는 피의자 송환 요청에 응함으로써 페터슨이 2015년 9월 한국 법정에 다시 섰습니다. 이후 진행된 재판에서 페터슨은 2017년 1월 징역 20년의 유죄판결이 확정되기에 이릅니다.

영화 〈이태원 살인사건〉은 검찰의 재수사에 적지 않은 영향을 주었을 것으로 생각됩니다.

생각해보기

1. 아래 글을 읽고 자신의 입장을 160자 이상 200자 이내로 적어 보자.

살인 사건이 났을 때 노련한 경찰관들은 수사를 어떻게 할까? 과학수사를 위해 증거 자료를 전부 모으고, 용의선상에 오른 모든 사람들을 공평하게 차례차례 조사할까? 그렇게 하는 것이 이상적으로 보이지만 그런 식으로 수사하지 않는다.

일단 가장 심증이 가는 용의자를 중심으로 수사를 시작한다. 그 용의자와 관련된 증거와 정황 증거 등을 조사하여 이것이 심증과 일치하면 그 용의자를 범인으로 체포하고, 일치하지 않으면 그 다음 용의자로 수사의 초점을 옮긴다.

수사의 착수 단계에서 베테랑 수사관은 머릿속에 '이 사람이 범인일 것이다'라는 가설을 세운다. 비록 확실한 증거나 충분한 정황증거는 없지만, 일단 오랜 수사관 생활을 통해 체득한 직관을 이용해 가장 심증이 가는 사람을 범인으로 가정하고 관련 증거를 조사하는 방식이다. 이것이 전형적인 가설사고를 통한 문제 해결 방식이다.

만약 이런 식으로 수사를 하지 않는다면 어떤 일이 벌어질까? 증거가 충분하지 않다는 이유로 특정인을 범인으로 가정하지 않고 용의선상에 오른 사람들을 모두 일일이 조사한다면, 수사는 초점을 잃게 되고 엄청난 인력과 자원을 낭비하게 될 것이다. 과학수사는 될 수 있을지언정 인력과 자원, 시간의 제약을 감안할 때 현실적인 수사 방식은 될 수 없다(유세환, 결론부터 써라, 미래의 창, 2015).

2. 아래 글을 읽고 법과 과학에 대한 자신의 생각을 160자 이상 200자 이내로 적어 보자.

신뢰할 만한 현장 목격자가 없는 경우 훌륭한 증언을 해줄 또 다른 목격자는 없는가? 바로 법과학이 제공하는 전문가에 의한 또 하나의 목격증언(Expert Witness)이 그것이다. 이와 같은 범주에 속하는 분야의 한 예로 지문감식을 들 수 있다. 지문이 또 하나의 목격자가 될 수 있는 이유는 사람의 외모처럼 제각각 다른 지문을 가지고 있어 식별이 가능하기 때문이다. DNA 분석이 출현하기 이전 지문은 신원확인의 한 방법으로 훌륭한 역할을 수행하여 왔다. 그러나 이제는 expert witness의 왕좌를 DNA에게 내어주고 있는 실정이다. DNA는 사람의 외모나 지문처럼 모두 제각각 달라서 모든 사람을 구별할 수 있는 식별(Identification)의 목적으로 사용할 수 있을 뿐 아니라 대부분의 사건현장에 유류되어 있고 통제만 잘 된다면 오래 현장에 보존되기 때문이다. 일란성쌍생아를 제외하고는 역사 이래로 지금까지 살아온 어떤 사람도 DNA가 동일한 사람은 없다. 따지고 보면 사람들의 외모가 모두 다른 것도 이를 결정하는 정보가 몸 속에 있는 DNA에 포함되어 있기 때문이 아닌가. 나와 가장 닮은 부모나 자식도 단지 1/2만 닮아 있을 뿐이며 촌수를 더해 갈수록 1/4, 1/8, 1/16 … 등 닮는 비율은 줄어들기 마련이다. DNA 분석은 바로 사건의 진실을 파헤칠 수 있는 보이지 않는 목격자인 것이다(사법연수원, 과학수사론, 2011, 60쪽).

3. 아래 글을 읽고 무죄추정의 원칙에 대한 자신의 생각을 160자 이상 200자 이내로 적어 보자.

피고인이 야만적이거나 잔혹한 행위를 했다는 혐의로 기소되었을 때 변호사가 의뢰인을 무죄라고 생각지 않는데도 무죄 변론을 하는 것은, 무죄추정의 원칙이나 변호인의 조력을 받을 권리에도 불구하고 허용되어서는 안된다.

5

소년범죄를 어떻게 할 것인가 : <범죄소년>

2012년 11월 개봉

‘지구’와 엄마, 그리고 범죄

“내 이름이 왜 지구인지 알아?”

장지구(서영주 분)는 외할아버지가 출생신고를 하면서 ‘진구’의 ‘ㄴ’ 자를 빼 먹어서 이름이 ‘지구’가 된 16세의 소년입니다. 지구는 병이 깊은 할아버지와 단 둘이 살고 있었습니다. 지구는 아직은 어리지만 사랑하는 여자친구도 있습니다. 그런데 별다른 죄의식 없이 친구들과 빈집에 들어갔다가 다시 체포되어 이번엔 소년원에 보내집니다. 그 사이 할아버지는 돌아가시고, 사랑을 나누었던 여자친구는 아이를 낳습니다.

"살아 있었으면서 왜 한 번도 날 찾지 않았어요?"

소년원을 나올 무렵 세상으로부터 버림받았다고 생각하는 지구에게 죽은 줄 알았던 엄마(이정현 분)가 10여 년 만에 찾아옵니다. 엄마는 17살 때 지구를 낳았지만 지구를 두고 집을 나왔습니다. 용기를 내어 지구를 찾아 온 엄마와 함께 지구는 엄마 친구 집과 여관을 전전하며 살아갑니다. 하지만 지구 여자친구가 임신하고 아이를 낳았다는 사실을 알게 된 엄마는 무책임하다며 지구를 몹시 꾸짖고 다시 지구를 떠납니다. 엄마에게 돌이키기 싫은 엄마의 과거가 떠오른 것이었을까요?

엄마를 찾지 못하는 지구는 여자친구를 다시 만나 주유소에서 같이 일을 하게 됩니다. 그러던 중 주유소에 찾아 온 옛 친구가 지구의 여자친구를 놀리자 그만 주먹을 휘두르게 되고 또다시 소년원에 갇히는 신세가 되고 맙니다.

보호관찰

영화 속에서 지구가 소년원에 가는 것이나 보호관찰을 받는 것은 모두 19세 미만인 소년이 죄를 범한 경우 재범을 하지 않도록 지도하고 도와주기 위해 제정된 「소년법」에 따른 처분입니다. 지구가 영화 속에서 보호관찰소에서 걸려오는 전화를 받는 장면도 보호관찰의 일환이었던 겁니다.

'보호관찰'이란 범죄인을 교도소나 기타 시설에 수용하지 않고 사회생활을 영위하게 하면서 일정한 준수사항을 지키도록 유도하고 필요한 때 도움을 줌으로써 범죄인을 개선·갱생시키기 위한 처분을 말합니다. 「소년법」·「보호관찰 등에 관한 법률」 등에서 규정하고 있습니다. 보호관찰은 형사정책학, 행형학, 범죄학, 사회사업학, 교육학, 심리학 그 밖에 보호관찰에 필요한 전문적 지식을 갖춘 보호관찰관에 의해 이루어집니다.

보호관찰 대상자는 범죄로 이어지기 쉬운 나쁜 습관을 버리고 선행을 하며 범죄를 저지를 염려가 있는 사람들과 교제하거나 어울리지 말 것, 보호관찰관의 지도·감독에 따르고 방문하면 응대할 것, 주거를 이전하거나 1개월 이상 국내외 여행을 할 때에는 미리 보호관찰관에게 신고할 것과 같은 사항을 준수해야 합니다.

그 밖에도 야간 등 특정 시간대의 외출 제한, 특정 지역이나 장소의 출입 금지, 특정인에 대한 접근 금지, 거주장소 제한, 일정량 이상의 음주나 약물의 사용금지 등의 준수사항이 부과될 수도 있습니다. 그리고 준수사항을 지키지 않을 때에는 보호관찰관에 의해 구인될 수도 있습니다.

그런데, 2021년 8월 성범죄 전과자로 보호관찰을 받던 강모 씨가 전자발찌를 끊고 달아난 뒤 도주 전후로 여성 2명을 살해하는 끔찍한 일이 발생했습니다. 그는 이전에 2차례나 야간 외출 제한 명령을 위반하는 등 이상 징후가 있었음에도 법무부와 경찰이 초동 조치에 실패하면서 비판이 거세었습니다. 보호관찰관 인력의 확보 등 보호관찰 제도의 실효성을 확보하는 게 중요해졌습니다. 아울러 전자발찌 부착 대상이 성폭력범죄, 미성년자 대상 유괴범죄, 살인, 강도 등 강력범죄로서 재범의 위험성이 있는 경우인데, 전자발찌 부착만으로 재범을 막는 것이 쉽지 않음을 다시 깨닫게 되었습니다.

소년의 처벌

한편, 「소년법」은 '19세 미만'의 죄를 범한 소년에게 형벌을 가하기 전에 그들이 다른 삶을 살 수 있도록 교육하는 것을 목표로 합니다. 이를 「소년법」에서는 "반사회성이 있는 소년의 환경 조정과 품행 교정을 위한 보호처분 등의 필요한 조치를 하고, 형사처분에 관한 특별조치를 함으로써 소년이 건전하게 성장하도록 돕는 것을 목적으로 한다"라고 표현하고 있습니다(「소년법」 제1조).

형벌은 범죄를 저지른 자에게 과해지는 법익 박탈 또는 제재로서, 사형이나 징역형, 자격상실, 벌금형 등이 대표적입니다. 이러한 형벌 대신에 소년법은 '보호자나 보호자를 대신할 수 있는 자에게의 감호위탁', 일정 시간 동안 강의, 체험 학습 등 범죄성 개선을 위한 교육을 받도록 하는 '수강명령', 일정 시간 무보수로 복지 시설이나 공동 시설 등에서 봉사활동을 하게 하는 '사회봉사명령', '보호관찰', 교도소가 아닌 '소년원 송치' 등의 보호처분을 할 수 있도록 정하고 있습니다.

소년원은 보호처분에 의해 송치된 소년을 수용하여 교정교육을 행할 목적으로 설립된 법무부 산하의 특수교육기관입니다. 다각적인 교육을 통해 비행소년으로 하여금 왜곡된 의식과 행동을 교정하고 변화된 인식틀과 행동양식을 가지고 사회에 대면할 수 있도록 조력한다는 점에서 확정된 형을 집행하는 소년교도소와 구별됩니다. 현재 소년원은 '초·중등교육 소년원', '직업능력개발훈련 소년원', '의료·재활교육 소년원' 및 '인성교육 소년원'의 4가지로 나뉘어 운영할 수 있도록 되어 있습니다.

그런데 형법은 소년 중에서도 '14세 미만'의 자는 '형사미성년자'

라고 하여 어떤 범죄를 저질러도 앞에서 본 소년법상의 '보호처분'은 받을지언정 '형벌'을 받지는 않도록 하고 있습니다(「형법」 제9조). 형법에 의해 책임을 지려면 규범에 따라 행위할 수 있는 능력, 즉 책임능력이 있어야 하는데, 14세가 되지 않은 아이들에게는 법이 호소하는 내용을 이해할 능력이 없거나 그들에게 국가가 형벌을 부과하면 오히려 해악이 더 크다는 생각 때문입니다.

하지만 요즘 아이들은 형법이 제정된 1950년대의 아이들보다 조숙하다거나 아이들이 더 큰 일을 저지르기 전에 미리 예방하면 다시 얌전하게 생활하게 될 거라든가, 아이들을 제대로 교육할 수 없거나 교육을 내팽개친 부모가 갈수록 증가하고 있으므로 14세 미만의 아이들에게도 차라리 형벌로 처리하자는 의견도 있습니다. 또한 14세라는 획일적 기준이 타당하지 않다는 의견도 있습니다. 소년 범죄에 대해 너무 온정적이라든가, 소년범죄가 증가하고 갈수록 폭력적으로 되는 상황에서 소년 범죄로 위협당하는 시민들에 대해 무책임하다는 생각도 비슷한 맥락입니다. 어린 나이에 이미 여러 차례 전과가 있는 경우 그런 비판은 더욱 커지게 마련입니다. 물론 몇 살부터 형벌을 부과할 것인지에 대해서는 또 다른 의견도 있습니다.

지난 2017년 9월 부산의 여중생들이 다른 여중생들을 피투성이가 되도록 때린 일이 사회에 충격을 준 일이 있습니다. 폭행 장면을 보면 어린 학생들의 행위라고 믿기 어려울 정도였습니다. 이를 계기로 「소년법」을 폐지하거나 처벌을 강화해야 한다는 논의가 다시 불붙었습니다. 이후로도 논쟁을 불러일으킬 만한 사건이 심심찮게 발생하고 있지요.

상관관계와 인과관계

분명 소년범죄가 증가하고 폭력적으로 되는 상황에서 소년범죄에 대해 너무 온정적으로 대처하는 것이라는 주장에는 일리가 있습니다. 2019년 한국법제연구원의 '국민의 법의식' 조사에 따르면 - 현재의 범죄 처벌 수준에 대해 대다수의 국민들은 '약하다'고 인식하고 있으며, 특히 '아동·청소년 대상 범죄'(92.3%), 소년범죄(92.0%), 성범죄(91.3%), 기업의 탈세 관련 범죄(90.1%)의 처벌 수준에 대해 불만이 높은 것으로 나타났습니다.

하지만 흉악한 범죄를 저지르는 아이들을 탓하기 전에 우리 사회가 그런 아이들을 키우고 있는 건 아닌지도 성찰해 볼 필요가 있습니다. 영화 속 지구처럼 이런 저런 이유로 꼭 필요한 시기에 엄마, 아빠 등 부모의 사랑을 받지 못하고 자라나는 아이들은 없는지요? 물론 그렇다고 부모를 대신하여 아이를 키워주신 조부모 등의 역할을 폄하하거나 무시하는 건 아닙니다. 게다가 공부만 잘하면 된다는 '성적 지상주의'나 예쁘고 잘 나기만 하면 된다는 '외모 지상주의'가 팽배한 사회 분위기 속에서 아이들이 병들어 가고 있는 건 아닐런지요? 어리다는 이유로 스스로 생각하고 판단할 기회를 주지 않고, 남을 배려하고 남과 더불어 살아가야 함을 가르치지 않는 건 아닌지요? 이런 것들이 근본적인 원인인지도 모릅니다.

그 위에 소년법이 지향하는 목표를 달성하기 위해 법 체계가 제대로 작동하고 있는지도 살펴봐야 합니다. 그렇지 않고 그저 소년범죄를 무겁게 처벌하려는 것은 뭔가 중요한 걸 놓치고 있다는 생각이 듭니다. 물론 소년범죄를 처벌하지 않거나 약하게 처벌하는 것과 오늘의 사태가 분명 상관관계가 있을 겁니다. 하지만 약한 처벌과 소년범죄의 증가나 흉포화 사이에 필연적 인과관계에 있다고 보기는 어렵지 않은가 합니다. 일반적으로 엄한 처벌을 한다고 해서 범죄가 줄지는 않는다는 형사정책의 연구결과가 이를 입증합니다. 형사정책이란 간단히 말해서 범죄의 실태나 원인, 형벌 제도의 기능 등 연구를 바탕으로 범죄의 예방 및 범죄인의 교정을 위하여 취하는 정책을 말합니다.

2012년 미국에서 제작된 뮤지컬 영화 〈레 미제라블(Les Miserables)〉은 프랑스의 낭만주의 작가 빅토르 위고의 소설을 영화화했습니다. 우리나라에서도 크게 흥행한 바 있는데요. 장편소설인 『레 미제라블』에는 다양한 주제가 담겨 있습니다. 작가는 작품 속에서 "법률·관습·풍속 때문에 사회적 처벌이 생겨나고, 이 처벌에 의해 문명의 한복판에 인공의 지옥이 만들어져, 신이 만들어야 할 숙명이 인간이 만드는 운명에 의해 헝클어지고 있다"는 말을 합니다. 빅토르 위고는 『레 미제라블』을 통해 인간이 인간에 대해 저지르는 악을 고발하고자 한 것이며, 장 발장이라는 인물을 통해 악에 대항하는 양심의 각성과 성숙을 그려놓았다고 평가받습니다.

시대배경이 19세기 초·중반인 영화 〈레 미제라블〉에 조카들을 위해 빵을 훔친 죄로 19년형을 선고받고 가석방된 장 발장(휴 잭맨 분)이 미리엘 신부의 은 그릇을 훔치는 유명한 일화가 나옵니다. 가혹한 형벌과 전과자라는 이유로 사람들의 냉대를 받던 장 발장이 '내가 가져 가라고 준 것이다, 왜 이건 가져가지 않았냐'는 신부의 말에 감화되어 새로운 인간으로 거듭나게 되지요. 엄한 처벌만이 능사가 아니라는 교훈을 표현한 명장면이 아닐 수 없습니다.

범죄를 정당화할 수 있는가

그런데 〈범죄소년〉 속의 지구는 왜 자꾸만 범죄를 저지르게 되는 걸까요? 범죄의 원인과 예방을 비롯해 범죄의 비법률적 측면에 대해 과학적으로 연구하는 학문을 범죄학이라고 합니다. 범죄의 원인에 관해서는 전통적으로 범인이 태어날 때부터의 소질에 주목하는 입장과 사회적 환경이 범죄나 비행의 원인이 된다고 생각하는 서로 다른 입장이 있어 왔습니다.

범법자들이 범행을 저지른 후 자기의 범행을 어떻게 정당화하는지에 대해 '중화기술(technique of neutralization)'이라는 이론이 있다고 합니다. 첫째, "주변 사정 때문에 어쩔 수 없었다." 둘째, "나는 누구도 해치지 않았다." 셋째, "피해자가 그런 일을 당해도 싸다." 넷째, "왜 나만 가지고 그러느냐?" 다섯째, "내가 아니라 조직을 위해서 그런 것이다"라는 식으로 범죄를 정당화한다는 겁니다. 하지만 영화 속 지구의 행동은 그런 이론으로도 쉽게 설명되지는 않는 것 같습니다.

한편 『검사내전』(부키, 2018)이라는 책에서 현직 부장검사였던 김웅은 다음과 같이 청소년 폭력의 원인에 대한 '일반긴장이론'과 '범죄의 일반이론'에 대해 소개하고 있습니다. 다소 길지만 아래에 적어보겠습니다.

> '일반긴장이론'은 기대와 열망 간의 괴리와 같은 긴장상태가 사회적 계층이나 빈부격차와는 무관하게 부정적 감정(분노, 걱정, 불만 등)을 증가시키고 이것이 반사회적·폭력적 행위를 증가시킨다고 설명하고 있다. 이에 반해 '범죄의 일반이론'은 범죄나 그와 유사한 일탈행위가 모두 자아통제를 못하기

때문에 발생하는 것이라고 설명한다. '자아통제 부족'을 모든 범죄의 일반적인 원인으로 꼽기 때문에 일반이론이라고 불린다. 자아통제가 낮은 원인에 대한 설명이 재미있는데, 흔히 말하는 사회적인 원인이나 제도 때문이 아니라 어린 시절 부모나 보호자가 자녀의 행위를 주의 깊게 감독하지 않고, 그 행위에 대해 처벌하지 않았기 때문이라고 한다. 자아통제에 대한 사회적인 영향은 매우 미미하다는 것이다. 결국 청소년 폭력의 원인은 사회가 아니라 부모가 아이를 잘못 양육한 탓이라는 뜻이다.

다시 영화로 돌아와 보겠습니다. 지구와 헤어져 살 길을 찾는 엄마는 식당에서, 술집에서 일해 보려고 노력하지만 세상 살아가는 게 만만치 않습니다. 엄마에게도, 지구에게도 세상을 살아가는 일은 만만치 않습니다. 그래도 엄마는 다시 지구와 함께 살 날을 기다리며 내일을 준비합니다. 과연 지구와 엄마는 잘 살아갈 수 있을까요? 영화는 결말을 암시하지 않은 채 끝을 맺습니다.

생각해보기

1. 본문에 나오는 일반 긴장이론과 범죄의 일반이론에 관한 글을 읽고 자신의 입장을 160자 이상 200자 이내로 적어 보자.

2. 아래 사례를 읽고 소년범죄의 원인에 대한 자신의 생각을 160자 이상 200자 이내로 적어 보자.

<사례 1> 중학교 3학년인 분홍(가명, 여, 16세)은 성인을 대상으로 성매매를 하여 보호처분을 받았다. 그녀는 중학교 2학년 때 가출을 시작하여 중학교 3학년부터는 학교를 그만둔 상태이다. 분홍의 부모님은 분홍이 초등학교 2학년 때 이혼을 하였고 이후 아빠, 새엄마, 오빠랑 함께 살다가 새엄마와 갈등으로 가출을 시작했다. 가출 이후 가출한 또래친구와 돌아다니면서 용돈이 궁해져 퍽치기를 한 적도 있고, 친구와 조건만남을 하면서 숙식을 해결하였다. 그러던 중 성인 남성 두 명과 사귀어 함께 살게 되었다. 그러나 돈이 궁해지면서 그 남자들은 분홍과 분홍 친구에게 성매매를 하도록 압박하였고, 그로 인해 분홍은 낙태, 성병감염 등의 피해를 겪게 되었다. 결국 오빠라 부르던 남성 두 명은 미성년자성매매알선, 금품갈취, 절도 혐의로 경찰에 체포되었고, 분홍은 가정법원에서 보호처분을 받고 현재 보호관찰을 받고 있는 중이다. 통통하고 여드름이 많은 앳된 얼굴의 분홍은 교복을 입은 또래 친구들의 모습이 부러워 학교에 돌아가고 싶다고 하였다. 장래 희망이 무엇인지 묻자 배시시 웃으며 판사가 되고 싶다고 하였다.

<사례 2> 명랑하고 솔직한 성격의 파랑(가명, 남, 18세)은 중학교 3학년 때부터 공갈, 오토바이 무면허 운전, 오토바이 절도, 인터넷 사기 등으로 소년원을 거쳐 퇴원 후 보호관찰을 받고 있다. 그는 친부모와 함께 살면서 대학생 형이 있는 평범한 가정의 둘째 아들이다. 파랑은 고등학교 1학년 때 자신이 저지른 문제행동에 대한 교사의 처벌이 지나쳤다고 생각하였고, 자신의 문제행동이 교내 공고문을 통해 알려진 데 대한 수치심으로 학교에 대한 불만이 매우 높았다. 파랑이는 결국 1학년 때 학교를 자퇴하였다. 학업중단 이후 그는 형들의 신분증을 빌려 PC방을 다니며 새벽까지 놀곤 했지만, 최근에는 비교적 규칙적인 생활을 하고 있다. 파랑이는 집에서 빈둥거리기는 싫고 일을 해서 돈을 벌고 싶은데 미성년자라 제대로 된 일자리를 구하지 못한다는 사실에 아쉬움을 토로하였으며, 포크레인 기사라는 직업에 흥미를 가지고 있다. 하지만, 공부를 더 했으면 하시는 아버지는 그의 꿈을 탐탁지 않게 생각하고 있다. 현재 파랑은 보호관찰을 받으면서 검정고시를 준비하고 있다.

6

피해자를 어떻게 보호할까 : <한공주>

2014년 4월 개봉

"저는 잘못한 게 없는데"

영화 속 한공주(천우희 분)는 또래 고교생들에게 집단으로 성폭행을 당한 피해자입니다. 그런데 왜 피해자인 자기가 전학을 가야 하는지 알 수 없습니다. 이혼 후 공주의 존재를 부담스러워 하는 엄마와 술주정꾼인 아빠도 그런 공주를 보호해 주지 못합니다.

"공주야, 너 잘못 안 한 거 다 알아. 그런데 그게 아냐. 잘잘못은 법원 가서 따지는 거고, 사람 사는 세상이 뭐 잘못했다고 죄인 되고, 그러지 않았다고 그러지 않은 것도 아냐. 알려져서 좋을 게 없잖아.”

그나마 공주를 전학시켜 주고 잠잘 곳을 마련해 준 선생님의 말입니다.

음악을 좋아하는 공주

“조용히 머리 속으로 음계를 그리면 순간 눈앞의 모든 것이 음표로 바껴. 그리고 노래가 시작 돼. 숨소리, 발자국 소리, 바람 소리, 철 긁는 소음까지도 괜찮다, 괜찮다 하면서 …. 그땐 외로움도, 슬픔도, 두려움도 잠시 잊어.”

기타와 노래 실력이 뛰어난 공주에겐 음악이 종교와도 같습니다. 친구들이 촬영한 공주의 노래하는 모습에 연예 기획사에서 연락이 올 정도입니다. 그렇지만 현실은 공주를 그냥 내버려 두지 않습니다.

도망가야 하는 피해자

“유죄 판결 났다. 학부모들이 항소한다고 하는데, 증거가 확실하니 별 일은 없을 것 같고 …. 어떤 놈은 끝까지 잡아떼더라. 시켜서 했다고.”

공주를 전학시켜 준 선생님이 소식을 전해 줍니다. 그런데 공주의 수난은 다시 시작됩니다.

“혹시 여기 한공주 학생 있어요?”

“비켜, 한공주한테 볼 일 있어!”

가해자에게 유죄 판결이 선고되자 가해자의 부모들이 한공주를 찾아옵니다. 전학 온 학교 수업시간에 들이닥친 부모들은 가로막는 선생님을 밀쳐내며 공주에게 행패를 부립니다.

공주는 다시 혼신의 힘을 다해 달아납니다. 도대체 공주는 언제까지, 어디로 도망다녀야 하는 걸까요? 공주는 절규합니다. "왜요? 사과를 받는데, 왜 저는 도망가야 돼요?"

진술거부권

그뿐이 아닙니다. "한공주! 묵비권은 큰 죄 지은 나쁜 놈들이나 하는 짓이야, 너 죄 지었냐? 사실대로 얘기 안 해?" 영화 속에서 공주를 조사하는 경찰은 마치 공주가 죄인이라는 듯이 두려움에 떨고 있는 공주를 다그칩니다.

묵비권은 진술거부권의 다른 말입니다. 재판을 받는 피고인이나 수사를 받는 피의자가 법원 또는 수사기관의 신문에 대해 진술을 거부할 수 있는 권리입니다. 이런 진술거부권은 헌법에 규정된 기본권입니다. 「대한민국헌법」 제12조 제2항은 "모든 국민은 … 형사상 자기에게 불리한 진술을 강요당하지 아니한다"라고 규정하고 있습니다.

헌법 조문에서 볼 수 있는 것처럼 진술거부권의 본질적 내용은 '진술강요의 금지'입니다. 피고인이나 피의자는 진술의 이익 또는 불이익을 불문하고 진술을 거부할 수 있습니다. 하지만 거부할 수 있는 것은 진술에 한하므로 지문채취·사진촬영·신체검사 등에는 응해야 한다는 게 법의 입장입니다. 이와 같은 진술거부권은 수사를 받는 피의자나 피고인에게 명시적으로 알려주어야 합니다.

그런데 보도에 따르면 영화 〈한공주〉의 소재가 된 실제 사건에서 경찰은 상당 기간 폭행 협박과 성폭행에 시달린 피해자를 보호하는

데 소홀했다고 합니다. 여자 경찰에게 조사받게 해달라는 요청도 무시하고, 피해자 때문에 '○○ 지역 물 다 흐려놨다'라고 하거나 공개된 장소에서 피해자로 하여금 범인을 지목하게 하는 등 피해자에게 모욕감과 수치심을 느끼게 했다는 겁니다. 게다가 신분을 보호해 달라는 요청도 무시한 채 언론에 사건 경위와 피해자의 신분을 노출했다고도 합니다. 그것도 모자라 피해자는 가해자 가족들로부터 갖은 협박을 당하기까지 했다고 합니다.

범죄학*과 피해자학

앞서 영화 〈범죄소년〉에서 본 것처럼 범죄의 원인과 예방을 비롯해 범죄의 비법률적 측면에 대해 과학적으로 연구하는 학문을 범죄학이라고 합니다. 고전파 범죄학은 형벌을 완화하고 형벌제도를 인도적으로 만드는 것을 목표로 삼았습니다. 한편 실증주의 학파는 범죄를 이해하는 데에도 과학적인 중립성을 취하려고 시도하여 범죄자가 환경에 의해 만들어진다고 보아 사례 연구와 사회복귀 조치를 강조했습니다. 그 후 '사회방위(social defense)' 운동을 전개한 학파는 사회방위에 중점을 두고 범죄자의 권리와 사회의 권리 간에 균형을 이루는 것이 중요함을 강조했습니다.

* 범죄학 : 다시 범죄현상론, 범죄원인론으로 분류됩니다. 그리고 범죄원인론은 다시 범죄원인의 성질과 연구방법에 따라 범죄생물학, 범죄심리학, 범죄정신병학, 범죄사회학 등으로 분화되어 있습니다. 그 근본문제는 범죄의 소질 또는 환경에 있는데, 최근의 범죄원인론은 양자의 결합상태를 밝히는 것을 그 목적으로 합니다.

또한 전통적인 범죄학은 주로 범죄자에 대해서 관심을 가졌으나, 최근에는 범죄의 피해자에 대한 연구도 활발한데, 이를 '피해자학'이라고 합니다. 피해자학은 범죄의 피해를 받거나 범죄의 피해를 받을 위험이 있는 사람에 대하여 범죄에서 피해자의 역할, 형사사법에 있어 피해자 보호 방안 등을 연구하는 겁니다.

피해자의 진술권과 범죄피해자보호

우리 헌법 제27조 제5항은 "형사피해자는 법률이 정하는 바에 의하여 당해 사건의 재판절차에서 진술할 수 있다"라고 규정하여 피해자의 진술권을 헌법상의 권리로 보장하고 있습니다. 범죄피해를 당한 피해자가 법정에서 하고 싶은 말을 할 수 있도록 보장한 것입니다. 형사소송법에서도 형사절차에 피해자가 참여할 수 있는 기회를 확대하였습니다.

또한 헌법 제30조는 "타인의 범죄행위로 인하여 생명·신체에 대한 피해를 입은 국민은 법률이 정하는 바에 의하여 국가로부터 구조를 받을 수 있다"라고 규정하고 있습니다. 이에 근거하여 「범죄피해자 보호법」과 「범죄피해자보호기금법」이 제정·시행됨으로써 범죄피해자보호를 꾀하고 있습니다.

「범죄피해자 보호법」은 국가 및 지방자치단체는 범죄피해자의 명예와 사생활의 평온을 보호하기 위하여 필요한 조치를 하여야 하며, 범죄피해자가 진술·증언과 관련하여 보복을 당할 우려가 있는 경우 등 범죄피해자를 보호할 필요성이 있을 경우에는 적절한 조치를 강구하도록 규정하고 있습니다.

2차 피해 방지

한편, 우리 사회에서 성폭력범죄가 빈발하고 더욱 흉포화되고 있습니다. 이에 성폭력 관련 특별법에서 성폭력 피해자의 심각한 고통과 수사단계나 공판단계에서의 2차 피해를 방지하기 위한 대책을 마련하였습니다. 2차 피해란 피해자가 범죄에 의한 직접적인 피해에 더해 수사나 재판 과정에서 정신적·시간적 부담, 언론의 취재·보도에 의한 불쾌감, 대인관계 악화 등 다양한 문제에 직면하게 되는 걸 말합니다. 범죄피해자의 2차 피해는 성폭력사건에서 가장 두드러지게 나타나므로 2차 피해는 특히 성폭력 피해자를 중심으로 발전해 왔습니다.

2차 피해의 좀 더 구체적인 내용으로는 ① 피해자에게 중요한 증거물의 압수 등에 대해 무관심한 수사기관의 태도, ② 피해자의 책임을 인정하는 듯한 신문방식, ③ 수사기관의 위협적인 문구가 담긴 소환장의 발부, ④ 수사절차나 공판절차에 있어서의 가해자와의 대면으로 인한 불인·공포, ⑤ 형사절차의 진행상황에 대한 안내미흡에 따른 불안, ⑥ 피해자의 편의를 고려하지 않은 형사절차의 진행, ⑦ 피고인측의 언동에 따른 공포와 불안 등을 들 수 있습니다.

앞서 이야기한 영화의 많은 부분이 이에 해당하지 않을까요? 최근에는 '미투' 폭로에 이은 2차 피해의 우려가 문제가 되기도 했습니다. 그래서 여러 법은 피해자 조사를 하는 과정을 영상녹화하여 증거로 사용할 수 있도록 하기도 합니다. 그럼으로써 피해자가 법정에 나가 수사기관에서 조사받은 내용을 다시 증언하는 과정에서 벌어질 수 있는 2차 피해를 방지하자는 겁니다. 그 밖에도 2차 피해를 방지하기 위한 여러 규정을 두고 있습니다.

그중에는 성폭력범죄나 아동학대범죄 그리고 가정폭력범죄의 피해자를 위한 국선변호사제도도 있습니다. 피해자에게 국가에서 변호인을 선임해 주어 수사과정이나 재판과정에서 변호인의 도움을 받을 수 있도록 하기 위함입니다.

영화 속 공주의 꿈

"뱀파이어 된 게 내 잘못은 아니잖아, 그치 공주야? 내 잘못 아니지?" 영화 속에서 공주와 함께 성폭행을 당한 후 뱀파이어가 된 꿈을 자주 꾸던 친구는 그만 스스로 세상을 버립니다. 우리 사회가 범죄 피해자에게 어떤 배려를 하고 있는지, 앞으로 어떻게 배려해야 할지 깊이 생각해 봐야 할 때입니다. 언제든 누구라도 범죄피해자가 될 수 있기 때문에 더욱 그렇습니다.

영화 속 공주의 꿈은 25미터 풀장을 완주하는 겁니다. "왜 그렇게 수영을 열심히 해?"라는 물음에 공주는 아무런 답도 하지 않습니다. 과연 그 답은 무엇일까요? 그 답은 영화의 뒷 부분에 나옵니다.

한공주 역을 맡아 열연한 배우 천우희는 이 영화로 연기력을 인정받아 2014년 12월 청룡영화제 여우 주연상을 수상했습니다. "이렇게 작은 영화에, 유명하지 않은 제가, 이렇게 큰 상을 받다니 …." 수상 소식에 목이 메어 겨우 밝힌 그녀의 수상소감입니다. 영화가 우리에게 주는 메시지 외에도 여우주연상에 빛나는 배우의 연기력을 감상해 볼 수 있는 영화입니다.

생각해보기

아래 글을 읽고, 자신의 생각을 160자 이상 200자 이내로 적어 보자.

가해자인 범죄자는 사건의 초기단계에서부터 피의자로서 또는 피고인으로서 형사소송법상의 많은 권리를 행사할 수 있으나, 피해자나 그 가족에게 부여된 권리는 범죄의 실질적 당사자임에도 불구하고, 피의자나 피고인에 비하면 형편없는 것이 현실이다. 피해자에게는 범죄인에 대한 공식적 사법절차가 개시되어도 범인의 체포, 기소·불기소 여부, 재판상황 등의 정보가 피해자에게 곧바로 제공되지 않기 때문에 이를 피해자가 알지 못하고, 따라서 그리 많게 보장되지 못한 권리마저도 제대로 행사하기 어렵다.

피해자가 적극적으로 형사처벌단계에 참여하는 것은 국가공형벌권의 적정한 집행보다는 오히려 응보감정을 자극하고 형사사법제도의 보수화를 초래할 위험성도 존재하지만, 이제는 범죄자의 사법상의 권리와 피해자의 권리를 적절하게 조화할 필요성이 요청되는 시대가 도래하였다.

영화로 보는 법과 사회

7. 경찰은 무슨 일을 하는가 : <베테랑>

8. 검사는 어때야 하는가 : <더 킹>

9. 변호인은 무슨 일을 하는가 : <변호인>

TAKE 3

그들이 하는 일

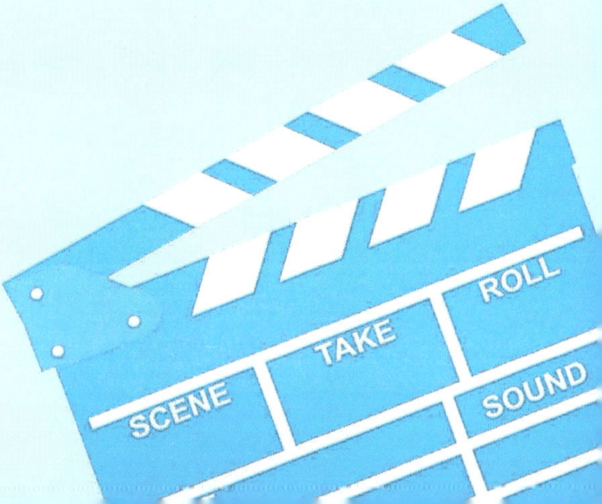

7

경찰은 무슨 일을 하는가 : <베테랑>

2015년 8월 개봉

죄짓고 살지 맙시다

영화 속 서울경찰청 광역수사대 소속 서도철(황정민 분)은 정의를 구현하기 위해 물불을 가리지 않는 열혈형사입니다. 조태오(유아인 분)는 돈이면 뭐든지 다 되는 걸로 아는 재벌 3세지요. 우연히 조태오를 알게 된 서동철은 말한다. "조태오씨 재밌게 사시네? 근데 죄는 짓고 살지 맙시다."

조태오의 일탈은 한 마디로 가관입니다. 안하무인으로 망나니처럼 살면서 마약을 하고, 여성을 농락하더니 급기야는 운송대금을 받으러 온 사람을 폭행해 죽을 지경에 이르게 합니다. 그리고는 그가 마치 투신자살하려 한 것처럼 꾸미기까지 합니다. 영화 속 열혈형사 서도철은 그의 억울함을 풀어주려 한다.

영화 속 다양한 형사의 모습

영화 〈베테랑〉은 진실을 밝혀 조태오를 처벌하려는 서도철 형사의 다소 영웅적인 이야기를 담고 있습니다. 형사라는 직업은 누군가의 말처럼 어쩌면 한국영화에서 가장 자주 등장하는 직업인지도 모릅니다. 영화 속 형사들은 여러 모습으로 등장합니다. 때로는 온몸을 불사르며 정의를 수호하는 법의 집행자로, 어떤 때는 법을 무시하고서라도 범죄자를 응징하는 어두운 히어로로, 또 어떤 때는 툭하면 범인을 놓치는 무능하고 아둔한 집단으로 등장하기도 합니다.

예를 들어 1990년대에 유행한 영화 〈투캅스〉(안성기, 박중훈 주연)에서는 불법도박 현장을 덮치면서 능숙하게 수표 몇 장을 빼돌리고, 오락실 주인에게 돈을 뜯어내기도 하는 형사가 등장합니다. 영화 〈투캅스〉는 5공화국 시절 만연했던 경찰의 부패를 통렬하게 풍자해서 큰 인기를 얻은 바 있습니다. 그런가 하면 2002년에 개봉된 영화 〈공공의 적〉 시리즈에는 매우 거칠고 물불을 가리지 않는 다혈질의 형사가 등장합니다. 영화 속 형사는 조직폭력배를 두들겨 팬 뒤 마약을 빼돌려서 팔거나, 전과자나 노점상에게 돈을 뜯어내기도 하지만, 연쇄 살인마와 마주하면서 정의를 지키는 경찰로 거듭나지요. 경찰 상부와 검사의 명령도 수사에 방해가 된다며 무시하고 범인을 잡기 위해 달려듭니다. 범죄자들보다도 더 거칠고 불도저 같은 성격으로 결국 파렴치한 범죄자들을 정의의 이름으로 응징하는 역할을 수행합니다.

2010년 개봉작 〈부당거래〉에는 승진을 위해 사건을 억지로 조작하고, 가짜 범인까지 내세우는 형사가 등장합니다. 그 과정에서 형사는 건설업자와 유착하여 부정을 저지르는 검사와 정면 대결을 펼치기도 합니다. 그래서 영화 〈부당거래〉는 정의보다는 자신들의 이익을 수호하는 데 급급한 우리 사회의 공권력에 대한 문제 의식을 드러내고 있는 작품으로 평가받습니다. 그런가 하면 2013년에 개봉한 영화 〈신세계〉에서는 범죄 집단에 잠입해 들어간 형사가 등장합니다. 조직폭력집단에 잠입한 형사를 통해 경찰의 비밀 작전과 폭력조직 내의 권력 암투를 보여줍니다.

경찰의 역사

한국의 경찰은 우리 근현대사의 굴곡을 그대로 반영하고 있습니다. 19세기에서 20세기를 거쳐오면서 대한제국 시절 국권의 상실과 그에 이은 일제 강점기, 1945년 해방과 남북분단에 이은 6·25전쟁, 전쟁 후 권위주의 정권하의 산업화와 민주화 과정으로 이어지는 파란많은 근·현대사를 함께 해 온 것입니다. 그런 역사 속에서 경찰은 국가와 시민의 안전을 지키고 정부 정책을 지원하는 업무에 많은 헌신과 희생을 해 왔습니다.

반면에 경찰은 정권에 복종하고 시민 위에 군림한 암울한 역사도 가지고 있습니다. 해방 후 친일 경찰의 잔재를 청산하지 못한 채 독재 정권을 위해 일하고, 부정선거에 앞장서기도 했으며, 민주주의를 요구하는 시민과 학생들을 무자비하게 탄압하고 인권을 침해했던 것이 사실입니다. 그래서 '친일 경찰'이니 '정치 경찰'이니 '공안 경찰'이니 하는 말을 들었습니다. 이 책에서 다루고 있는 〈살인의 추억〉, 〈한공주〉, 〈재심〉 같은 영화 속에서도 무고한 사람은 물론 경우에 따라서는 피해자의 인권까지도 침해하는 경찰의 모습을 어렵지 않게 볼 수 있습니다.

자치경찰 도입

본래 '경찰'을 의미하는 폴리스(police)라는 말은 그리스어 '폴리테이아'(politeia)가 그 어원입니다. 서양에서 폴리스라는 말은 중세 시대까지 '이상적인 상태', '국가', '헌법' 등 다양한 의미로 사용되었다고 합니다. 근대 초까지도 국가작용 전반을 가리켰습니다. 그러다가 17세기에 이르러 국가의 기능이 분화되기 시작하면서 외교·군사·재정·사법을 제외한 일반 내무행정으로 의미가 축소되었습니다. 근대적인 경찰 개념은 18세기 중엽 시민의 자유보장을 위한 치안에 초점을 맞춘 야경국가 사상이 나타나면서 성립되었습니다. 오늘날에는 경찰의 사명으로 '사회복지'가 받아들여지고 있습니다.

한국에서는 1948년 정부수립 후 내무부에 치안국이 설치됨으로써 국가경찰제도가 확립되었습니다. 이후 경찰은 70년 넘게 일원화된 국가경찰제도로 운영되어 오다가 현재는 기존의 국가경찰과 별도로 광역시도 및 시·군·구에 자치경찰조직을 설치하여 국가경찰과 자치경찰이라는 2개의 경찰조직이 각 지역의 치안업무를 분담하여 수행하게 되었습니다. 경찰사무 중 생활안전·여성청소년·교통·지역경비 등을 자치경찰이 담당하되, 112신고 출장사무뿐 아니라 일부 경미범죄에 대한 수사업무를 자치경찰이 담당하게 된 것입니다.

여러분은 경찰이 구체적으로 어떤 일들을 하고 있는지 아는가요?

「국가경찰과 자치경찰의 조직 및 운영에 관한 법률(약칭, 「경찰법」)이나 「경찰관 직무집행법」의 내용을 보면 아마 놀라게 될지도 모릅니다. 경찰의 직무 영역이 실로 다양하고 막중하기 때문입니다.

경찰관직무집행법이란 국민의 자유와 권리의 보호 및 사회공공의 질서유지를 위한 경찰관의 직무수행에 필요한 사항을 규정한 법률입니다. 직무의 범위(제2조), 불심검문(제3조), 위험발생의 방지(제5조), 범죄의 예방과 제지(제6조), 경찰장비의 사용(제10조), 벌칙(제12조) 등으로 이루어져 있습니다. 2020. 12. 22. 개정을 통해 범죄·재난·공공갈등 등 공공안녕에 대한 위험의 예방과 대응을 위한 정보의 수집·작성·배포까지를 할 수 있게 되었습니다.

이 경찰법과 경찰관 직무집행법에 따르면 경찰은 "1. 국민의 생명·신체 및 재산의 보호, 2. 범죄의 예방·진압 및 수사, 3. 경비, 주요인사 경호 및 대간첩·대테러 작전 수행, 4. 치안정보의 수집·작성 및 배포, 5. 교통 단속과 교통 위해의 방지, 6. 외국 정부기관 및 국제기구와의 국제협력, 7. 그 밖에 공공의 안녕과 질서 유지"를 그 직무로 합니다. 하는 일이 다양하고 중요한 만큼 시민에게 미치는 영향력도 클 수밖에 없습니다.

경찰·검찰 수사권 조정

2017년 5월 문재인 정부가 들어선 이후 여러 개혁 조치가 논의되었습니다. 그중 경찰과 검찰의 수사권 조정 논의도 있지요. 논의의 핵심은 경찰에게 검사의 지휘감독으로부터 독립한 수사주재자로서의 지위를 부여할 것인가 여부입니다. 논란 끝에 결국 2021년 1월 1일부터 경찰에 1차적 수사권을 부여하였습니다. 그리고 경찰은 수사결과 범죄혐의가 인정되지 않을 경우 '불송치결정'을 통해 자체적으로 수사를 종결할 수 있는 권한을 갖게 되었습니다. 반면 검찰의 수사범위는 부패·경제·공직자·선거·방위사험·대형참사 등 6대 중요범죄와 경찰공무원의 범죄, 경찰이 송치한 범죄 및 이들 범죄와 관련해 추가로 인지한 범죄로 제한되었습니다.

과거에는 검사가 모든 수사를 주재하였지만 기소권을 가지고 있는 검찰이 모든 범죄의 수사권마저 가지고 있어 검찰의 권한이 너무 강해서 문제라는 인식이 있었습니다. 이제 웬만한 범죄의 수사권은 경찰에게 있다고 이해할 수 있겠습니다.

우리가 돈이 없지, 가오가 없냐?

'가오'는 '얼굴' 나아가 '체면'을 뜻하는 일본말입니다(그러니 웬만하면 쓰지 않는 것이 좋겠습니다). 영화 속 서도철 형사와 그의 아내는 돈의 유혹을 받게 되지만 다행히 흔들리지 않습니다. 그것이 서 형사를 지켜주고 서 형사가 옳은 일을 할 수 있게 해주는 힘이 됩니다. 결국 소태오는 서 형사에 의해 체포되고 나아가 재판을 받게 됩니다. 영화는 조태오를 체포하는 과정을 처절한 액션으로 그립니다.

영화 속 서도철 형사 정도라면 경찰을 믿고 경찰에게 수사권을 준 수사권 조정에 안심할 수 있겠지요? 그러나 현실의 수사과정에서 경찰이 제 역할을 제대로 하도록 관심을 가지고 비판할 수 있어야 하겠습니다. 이미 경찰이 형사사건의 고소장을 반려한다거나 수사를 미룬다는 등의 목소리가 들리고 있습니다. 무엇보다 우리 경찰은 업무를 수행함에 있어 권력으로부터 독립하고, 전문성을 갖추는 외에 인권을 존중하고, 피해자와 사회적 약자를 보호하며, 집회와 시위를 다툼에 있어서도 시민의 안전을 보호하는 등 '인권 경찰'로 거듭나기 위해 계속 노력해야 할 겁니다. 그것만이 경찰의 아픈 과거를 극복하고 국민으로부터 신뢰받는 경찰로 거듭나는 유일한 길일 것입니다.

생각해보기

1. 아래 글에 대한 자신의 입장을 160자 이상 200자 이내로 적어 보자.

> 해방은 식민지시대를 청산하고 경찰을 비롯한 형사사법조직의 민주성을 담보할 수 있는 기회를 제공할 것으로 인식했으나, 일제강점기를 통해 국민들을 지배하고 통치하는 역할만을 해온 경찰과 검찰 그리고 법원은 형사사법절차에 대한 민주성확보의 경험부족으로 형사사법조직 내지 형사사법절차에 민주성을 담보하는 과정에서 더욱 관료주의적 내부통제가 강화되었다(문준영, 법원과 검찰의 탄생, 역사비평사, 2010, 911-914쪽).

2. 아래 글을 읽고 자치경찰제도에 대한 자신의 생각을 160자 이상 200자 이내로 적어 보자.

> 국가경찰체제를 형성하고 있는 우리 경찰은 중앙정부의 직접적 지휘·통제를 받으며, 경찰조직을 운영해 나가고 있다. 이러한 중앙집권적인 국가경찰체제는 집권성, 능률성, 책임성, 합법성이라는 이념을 실현할 수 있지만 법치주의를 통한 민주국가의 틀을 형성하고 있는 우리나라에서는 민주성을 간과할 수 있다는 문제가 제기될 수 있다. 따라서 국가경찰체제가 가지고 있는 문제점을 보완하기 위해서는 자치경찰제도의 장점들을 가미하는 부분이 필요하다. 국가경찰제도와 자치경찰제도는 동전의 양면적 특징들을 가지고 있기 때문에 서로의 단점들을 보완할 수 있다.

8

검사는 어때야 하는가 : <더 킹>

2017년 1월 개봉

"나는 이 순간 국가와 국민의 부름을 받고 영광스러운 대한민국 검사의 직에 나섭니다."

- 대한민국 검사들이 검사가 될 때 하는 '검사선서'의 첫 구절 -

권력의 편에 서는 검사

영화 속 '박태수(조인성 분)'는 목포 출신 검사로 사람들이 '개천에서 용났다'라고 하는 경우입니다. 이른바 '흙수저'를 물고 태어나 검사가 된 인물입니다. 그는 시시한 건달의 아들로 태어나 양아치처럼 고교 시절을 보냅니다. 그러다가 아버지가 검사 앞에서 굽신대는 모습을 본 뒤 자기도 검사가 되기로 결심합니다. 박태수는 열심히 공부한 끝에 사법시험에 합격해서 검사가 되고 부잣집 딸과 결혼도 합니다. 검사가 된 그는 선배 검사로부터 모종의 제안을 받습니다. 성폭행을 저지른 지역 유지의 아들 사건을 덮어 주면 검찰 핵심 부서로 끌어주겠다는 겁니다. 박 검사는 과연 그 제안을 받아들일까요?

한편 영화 속 '한강식(정우성 분)' 부장검사는 잘 나가는 부패검사입니다. 폭력 조직과 연계되어 있는 건 물론 검사라는 지위를 이용해 각계각층의 사람들과 연줄을 맺으며 그 지위를 십분 활용합니다. 박 검사는 결국 그런 한강식 부장검사에게 잘 보여 출세의 길을 걷기로 결심합니다. 그리고 한강식의 지인을 위해 자신의 양심과 정의에 반하는 사건처리를 합니다.

영화 속 한강식 부장검사는 말합니다.

"우리 자존심이나 정의 그딴 것 좀 버리자. 법률서비스? 그딴 거 하려고 고생했어?"

그리고 박 검사와 한강식 부장검사를 비롯한 일군의 검사들은 권력을 바라보며 권력의 편에 서기 위해 거침 없는 행보를 보여줍니다.

영화 속 검사들의 그런 모습은, 실체적 진실을 발견하기 위해 밤·낮을 가리지 않고 수사에 매진하며 혹시라도 한 곳에서 오래 근무하면 지역과 관련한 각종 비리와 부정부패에 연루될까 두려워 2년마다 전국 각지로 자리를 옮겨가며 정의를 구현하기 위해 힘쓰는 현실의 수많은 검사들과는 분명 다를 겁니다. 그리고 그래야만 합니다. 하지만 영화를 보는 적지 않은 사람들은 그런 검사들을 무색하게 할 만큼 곱지 않은 시선을 한국의 검사들에게 던지고 있을지도 모릅니다.

검사의 직무와 윤리

영화 〈더 킹〉을 보면서 검사의 직무와 검사의 윤리에 대해 생각해봅니다.

검사는 역사적으로 기소권과 심판권을 판사가 모두 가지고 있던 절차를 개선하기 위해 등장했습니다. 검사라는 국가기관을 만들어 수사와 공소제기의 권한을 검사에게 맡긴 겁니다. 그럼으로써 판사가 공정한 심판자로서 재판할 수 있도록 한 것에 검사제도의 가장 중요한 존재 이유가 있습니다. 검사의 직무 중에는 형사절차에서 법률이 정당하게 적용되도록 감시하고 피의자를 보호하는 역할도 실체진실의 발견만큼이나 중요합니다. 검사는 경찰의 수사에 대한 적법한 통제도 그 임무의 하나로 하고 있습니다. 결국 검사는 국가권력을 행사하기 위한 수단일 뿐만 아니라 국가권력으로부터 국민의 자유를 보장하기 위한 제도이기도 합니다. 따라서 검사는 정의에 대한 국가의 의지를 상징하는 '법치국가원리의 대변인'으로서 '현대 법치국가원리의 한 축을 담당합니다..

「검찰청법」 제4조는 검사의 직무와 권한에 대해 6가지를 규정하고 있습니다. 그 6가지는 ① 범죄수사·공소제기와 그 유지에 필요한 사항, ② 범죄수사에 관한 특별 사법경찰관리의 지휘·감독, ③ 법원에 대한 법령의 정당한 적용 청구, ④ 재판 집행 지휘·감독, ⑤ 국가를 당사자 또는 참가인으로 하는 소송과 행정소송 수행 또는 그 수행에 관한 지휘·감독, ⑥ 다른 법령에 따라 그 권한에 속하는 사항입니다.

다만, 검찰과 경찰의 수사권 조정을 통해 ①항의 검사가 수사를 개시할 수 있는 범죄는 다음의 3가지로 축소되었습니다. 첫째, 부패

범죄, 경제범죄, 공직자범죄, 선거범죄, 방위사업범죄, 대형참사 등 대통령령으로 정하는 중요 범죄, 둘째, 경찰공무원이 범한 범죄, 셋째, 첫째·둘째 범죄 및 사법경찰관이 송치한 범죄와 관련하여 인지한 각 해당 범죄와 직접 관련성이 있는 범죄가 그것입니다.

한편 검사는 법무부 소속 공무원이지만 일반 행정공무원과는 달리 각자 단독으로 검찰사무를 처리할 수 있습니다. 이를 단독관청으로서의 지위를 가지고 있다고 합니다. 검사는 오로지 진실과 정의에 따라야 할 의무를 가지고 있기에 사법기관에 준하는 준사법기관의 성격을 가지고 있다고도 말합니다. 다만 범죄수사와 공소의 제기 및 유지, 그리고 재판의 집행을 내용으로 하는 검찰권 행사의 공정을 이루기 위해 검찰총장을 정점으로 상명하복관계를 바탕으로 활동하도록 하고 있을 뿐입니다. 그러나 현실에서 검사들이 지난 세월 동안 보인 모습 중에는 결코 바람직하지 못한 부분이 적지 않았지요.

검사는 이 사회에 정의를 구현하고 불의를 척결하는 선봉장으로서의 역할을 하여야 합니다. 법을 통해 사회의 부정의를 척결하고자 하는 것이지요. 그런데 검찰이 권력의 눈치를 보고 권력의 의도에 맞게 검찰권을 행사해 온 것은 아닌지 겸허하게 반성해야 합니다. 또 검찰의 권한을 무기로 국민 위에 군림하려고 했던 건 아닌지 돌이켜 봐야 할 겁니다.

지난 2018년 법무부 검찰 과거사 위원회에서는 과거 인권침해 및 검찰권 남용 의혹이 있는 12건 등에 대해 진상조사를 거쳐 일부 사건들에 대해 잘못을 확인하였습니다. 이에 당시 검찰총장이 사과하고 개선책을 발표하였습니다. 그 사건목록에는 김근태 고문사건(1985년), 부산 형제복지원 사건(1986년), 박종철 고문치사 사건(1987년), 강기훈 유서대필 사건(1991년), 삼례 나라 슈퍼 사건(1999년), 약촌오거리 사건(2000년), PD수첩 사건(2008년), 유성기업 노조파괴 및 부당노동행위 사건(2011년), 서울시 공무원 유우성 사건(2012년), 김학의 법무부 차관 사건(2013년) 등이 포함되어 있습니다.

이 글의 첫머리에 소개한 검사선서는 다음과 같이 계속됩니다.

> "공익의 대표자로서 정의와 인권을 바로 세우고, 범죄로부터 내 이웃과 공동체를 지키라는 막중한 사명을 부여받은 것입니다. 나는 불의의 어둠을 걷어내는 용기있는 검사, 힘없고 소외된 사람들을 돌보는 따뜻한 검사, 오로지 진실만을 따라가는 공평한 검사, 스스로에게 더 엄격한 바른 검사로서 …"

검사선서에 따르면 검찰이 섬겨야 할 대상은 권력이 아니라 국민이어야 함을 검사들 스스로가 누구보다도 잘 알고 있습니다. 영화 속 박태수나 한강식과 같이 기득권에 편승하여 자신들의 이해관계에 따라 기회주의적으로 행동하는 검사들은 진정한 검사가 아닙니다. 그들은 검사의 탈을 쓴 모리배에 불과합니다. 영화에서도 한강식은 자신의 출세에 방해가 된다고 생각하자 한때 부하직원으로서 아끼고 돌봐주었던 박대수마저 세거하려 하지요.

검사와 정치

영화의 끝 부분에 박태수는 검사직에서 물러나 서울 종로에 공천을 받아 국회의원 선거에 출마합니다. 현실에서도 국회의원이 되고자 하는 검사출신 후보들이 꽤 많습니다. 정치인이 되고자 하는 검사들은 검사로서 법을 집행해 본 경험이 정치를 하는데 유리하다고 주장합니다. 그러나 권력을 쥐고 사람과 세상을 다루던 검사가 별다른 사명감 없이 더 큰 권력을 갖기 위해 정치에 뛰어드는 건 정말 위험하다는 의견도 만만치 않습니다. 그리고 국회의원이 된 검사들이 꼭 필요한 검찰의 개혁을 방해한다는 비난도 귀담아 들을 필요가 있습니다.

'검사선서'는 다음과 같이 끝을 맺습니다.

"처음부터 끝까지 혼신의 힘을 다해 국민을 섬기고 국가에 봉사할 것을 나의 명예를 걸고 굳게 다짐합니다."

대한민국의 모든 검사가 이러한 선서 내용을 가슴에 새겨야겠습니다. 그리고 검사를 비롯한 그 누구도 잊지 말아야 할 말이 있습니다. 그것은 바로 법 위에 군림하는 사람은 없다는 것입니다.

생각해보기

아래 기사를 읽고 A검사의 행동에 대한 자신의 생각을 160자 이상 200자 이내로 적어 보자.

> A 검사는 서울중앙지검 공판부 검사였던 2012년 12월, 5·16 쿠데타 직후의 '특수범죄처벌에 관한 특별법' 위반 혐의로 징역 15년이 확정됐던 고 윤길중 전 국회부의장(5·16 당시 통일사회당 당원)의 유족이 청구한 재심사건에서 검찰 내부 방침을 어기고 무죄를 구형했다. 당시 검찰은 과거사 재심사건에서 "법과 원칙에 따라 적절하게 선고해달라"는 이른바 '백지 구형'을 할 것을 내부 방침으로 정해두고 있었다. A 검사는 다른 검사에게 사건을 넘기라는 공판부장의 지시를 받고도 법정으로 통하는 검사 출입문을 잠근 채 자신이 직접 무죄를 구형한 뒤, 검찰 내부게시판인 '이프로스'에 무죄 구형을 하게 된 경위와 의견을 담은 글을 올렸다.

9

변호인은 무슨 일을 하는가 : <변호인>

2013년 12월 개봉

흥행에 성공한 영화 〈변호인〉

이번에 이야기하고자 하는 영화는 고 노무현 대통령의 이야기를 모티브로 했다는 영화 〈변호인〉입니다. 2013년 12월에 개봉되어 무려 1,137만 명이 넘는 관객을 동원했습니다. 한편, 국내 영화와 외국 영화를 막론하고 우리나라에서 가장 관객을 많이 동원한 영화는 무엇일까요? 2019년 흥행몰이를 한 영화 〈극한직업〉일까요?

역대 흥행 순위 1위는 2014년에 개봉해 1,761만여 명을 동원한 영화 〈명량〉입니다. 그 다음으로 1,625만여 명을 동원한 〈극한직업〉이 2위를 기록했습니다. 그 뒤를 이어 〈신과 함께: 죄와 벌〉, 〈국제시장〉, 〈베테랑〉, 〈아바타〉, 〈괴물〉, 〈도둑들〉, 〈7번방의 선물〉, 〈암살〉이 3위부터 10위를 차지했습니다. 그리고 〈광해, 왕이 된 남자〉, 〈왕의 남자〉, 〈신과 함께: 인과 연〉, 〈택시운전사〉, 〈태극기 휘날리며〉, 〈부산행〉, 〈변호인〉, 〈해운대〉, 〈어벤져스: 인피니티 워〉, 〈실미도〉가 11위부터 20위를 기록하고 있습니다.

변호사라는 직업

제가 보기에는 영화 〈변호인〉은 일반인이 실제 생활에서 자주 만날 일이 없던 변호사라는 직업에 대해 여러 생각을 하게 하는 영화입니다.

'변호사'란 기본적으로 타인의 대리인으로서 소송을 준비·관리하고 법적인 문제들에 대하여 조언을 제공하도록 훈련을 받아 그 자격을 취득한 사람입니다. 오늘과 같은 변호사제도가 우리나라에 도입된 것은 지금으로부터 120여 년 전인 1894년 갑오경장과 1895년 을미개혁을 통해서였습니다. 1895년 4월 법률 제1호로 「재판소구성법」이, 같은 무렵 「법관양성법」이 공포되어 법관과 변호사가 탄생할 수 있는 제도가 최초로 마련되었습니다.

영화 초반 판사를 그만 두고 고향 부산에 내려와 변호사를 하기로 한 주인공 송우석 변호사(송강호 분)는 부동산등기업무를 취급하기로 합니다. 당시까지 부동산등기업무는 사법서사(요즘의 법무사)가 하는 일이지 변호사가 하는 일이 아니라며 다른 변호사들은 꺼려하던 시절이었습니다. 법무사는 타인의 위촉에 의해 보수를 받고 사법관계 서류의 작성과 제출을 대행하는 일을 하는 사람입니다. 1990년에 공포된 「법무사법」에 의해 이전의 사법서사가 법무사로 이름이 바뀌었습니다. 주로 법원과 검찰청에 제출하는 서류를 작성하고 서류 제출을 대행해 주며, 부동산등기 기타 등록이나 신청에 필요한 서류의 작성과 제출 대행 등도 주요 업무로 합니다. 하지만 변호사와 달리 법정에 나가 변론을 한다거나 의뢰인을 대리하여 소송행위를 할 수는 없습니다.

영화 속 송 변호사는 세태에 아랑곳하지 않고 명함에 '부동산등기' 전문변호사라고 새겨 여기 저기 길거리에서 명함을 돌립니다. 그런 명함을 받게 된 영화 속 술집 종업원은 "변호사 높은 줄 알았더니 별거 아니네"라고 말합니다. 그렇습니다. 변호사는 속된 말로 '높은 사람'이 아닙니다. 변호사는 본래 법의 도움을 필요로 하는 사람을 도와주는 전문직업인이지 누군가의 위에 있는 높은 사람이 아닙니다.

과거 변호사 숫자가 적었던 시절에는 혹 높은 사람으로 인식되었을지도 모릅니다. 그러나 변호사 숫자가 많아지면서 특히 2009년에 로스쿨로 불리는 법학전문대학원이 생긴 이래 요즘에는 연간 1,500명 이상의 새로운 변호사가 탄생합니다. 그럼으로써 변호사를 필요로 하는 사람들에게 적절한 법률서비스를 제공할 준비가 과거보다 잘 되어 있다고 할 수 있습니다.

하지만 아직까지도 현실은 그렇지 않은 것 같습니다. 이런 저런 일로 관여하게 되는 법 실무에서는 여전히 변호사의 도움없이 민사소송을 제기하거나 행정심판*을 제기하는 경우를 많이 보게 됩니다. 변호사의 도움을 받는 일이 아직은 보편화되어 있지 못한 것을 느낍니다.

* 행정심판 : 행정청의 위법 또는 부당한 처분(處分)이나 부작위(不作爲)로 침해된 국민의 권리 또는 이익을 구제하고, 아울러 행정의 적정한 운영을 꾀함을 목적으로 하는 행정기관이 심판하는 행정심판법상의 행정쟁송절차를 말합니다. 행정심판은 분쟁에 대한 심판작용으로서의 성격을 갖는 동시에 행정작용으로의 성격을 갖습니다. 이러한 행정심판은 행정청에 먼저 반성의 기회를 주어 행정처분의 하자를 자율적으로 시정하는 자율적 행정통제제도이며, 행정법관계의 분쟁을 조속히 해결하는 행정능률의 보장책이고, 행정청의 전문지식을 활용하여 사법의 기능을 보완하고 법원의 부담을 완화시켜주는 수단임과 동시에 행정소송보다 간편하고 신속하며 비용의 부담이 적은 권리구제절차로 소송경제에 기여하여 국민의 권익구제에 도움을 줍니다.

속물변호사에서 인권변호사로

변호사는 기본적으로 법률서비스를 제공하는 전문직업인입니다. 하지만 변호사가 하는 일의 성격상 경우에 따라 다른 직업인보다 의미 있는 일을 하게 될 가능성이 더 높다고 하겠습니다. 영화 〈변호인〉에서도 주인공 송 변호사는 단순한 직업인 이상의 의미있는 일을 하게 됩니다. 그 경위는 이렇습니다.

송 변호사는 변호사가 된 후 한 돼지국밥집을 찾아갑니다. 그 음식점은 송 변호사가 시험공부를 하던 어려운 시절에 돼지국밥을 먹고 밥값을 내지 않은 채 도망쳤던 곳입니다. 그리고 국밥집 아주머니에게 옛날 일을 이야기하며 밀린 밥값을 갚으려 합니다. 하지만 국밥집 주인 아주머니(이영애 분)는 이렇게 다시 찾아와 준 것만으로도 충분하다면서 한사코 밀린 밥값을 받지 않습니다.

이후 송 변호사는 그 돼지국밥집을 애용합니다. 그런데 어느날 돼지국밥집 아들을 변호할 일이 생기게 됩니다. 대학생이 된 돼지국밥집 아들 진우(임시완 분)가 야학에서 낮에는 일하고 밤에는 공부를 하러 온 젊은이들에게 국어를 가르쳤을 뿐인데, 수사기관에 연행되어 고문을 당한 끝에 억울하게 국가보안법을 위반했다는 누명을 쓰고 재판을 받게 되었기 때문입니다.

「국가보안법」은 국가의 안전을 위태롭게 하는 반국가활동을 규제함으로써 국가의 안전과 국민의 생존 및 자유를 확보한다는 목적으로 제정된 법입니다. 국가보안법에 의해 처벌대상이 되는 행위는 대한민국을 부정하는 반국가단체를 구성한다거나(제3조), 그런 반국가단체를 위한 여러 활동을 하는 것입니다.

「국가보안법」에서는 그런 여러 활동을 '목적수행(제4조), 자진지원·금품수수(제5조), 잠입·탈출(제6조), 찬양·고무(제7조), 회합·통신(제8조), 편의제공(제9조), 불고지(제10조), 특수직무유기(제11조), 무고·날조(제12조) 등'으로 분류하여 처벌하고 있습니다. 어떤 사람들은 국가보안법을 두고 악법의 대명사라고 하며 폐지되어야 한다고 주장합니다.

"이런 게 어딨어요? 이라믄 안 되는 거잖아요?"

그동안 돈만 밝히는 속물변호사로 인식되어 온 주인공은 진우가 고문을 받고 재판을 받게 된 것에 분개합니다. 그리고 진우의 변호를 말리는 사무장에게 이렇게 말합니다. "우리 아아덜(아이들)은 이런 어처구니 없는 일로 브레이크 안 걸리는 세상에 살게 할라꼬예"라고 말이지요. 그리고는 진우의 변호에 나섭니다.

이제 영화 속 송 변호사는 더 이상 개인적 안위와 영달만 생각하는 '속물 변호사'일 수 없습니다. 그리고 가능한 모든 수단을 동원하여 불의와 부정에 정면으로 맞서 싸우게 됩니다. 그러나 송 변호사의 노력은 영화 대사에 나오는 것처럼 계란으로 바위를 치는 격입니다.

송 변호사는 불법하고 부당한 국가권력의 행사에 대해 법정에서 절절히 외칩니다. 국가의 주인인 국민을 주인답게 대해 달라는 겁니다.

송 변호사가 외친 위 구절은 「대한민국헌법」 제1조 제2항의 내용입니다. 대한민국헌법(大韓民國憲法)은 전문과 10개의 장 그리고 부칙으로 구성되어 있는 대한민국 최고의 법입니다.

헌법 전문에는 헌법의 목적 및 이념과 헌법 재정 및 개정의 연혁이 들어 있습니다. 그리고 제1장은 총강, 제2장은 국민의 권리와 의무, 제3장은 국회, 제4장은 정부, 제5장은 법원, 제6장은 헌법재판소, 제7장은 선거관리, 제8장은 지방자치, 제9장은 경제, 제10장은 헌법개정에 관한 규정이며, 부칙 6개조에는 경과규정이 명시되어 있습니다.

대한민국 최초의 근대적 입헌주의헌법은 1948년의 제헌헌법입니다. 이후 1960년 제2공화국 헌법을 비롯하여 수 회에 걸쳐 개정되었으며 지금 시행되고 있는 제6공화국 헌법은 1987년 6·29선언에 따라 대통령직선제로 헌법을 개정하기로 한 국민적 합의에 따라 이루어진 산물입니다.

주지하다시피 '국가의 최고의사를 결정할 수 있는 것은 국민이 가지는 주권이고, 모든 국가권력의 정당성도 국민에게 근거가 있다'는 것이 '국민주권의 원리'입니다. 대한민국은 헌법 제1조 제1항에 규정해 놓은 것처럼 민주공화국입니다.

비록 영화 속에서는 국민주권의 원리를 앞세운 주인공의 노력이 실패로 돌아가지만 송 변호사가 외친 위 말은 가장 중요한 헌법의 기본 내용이라 하겠습니다.

국민주권의 원리

한 번 더 강조하건대, 국민주권의 원리란 국가의 의사결정 과정과 질서유지에 있어서의 궁극적인 권위가 국민에게 있다는 원리입니다. 즉 주권은 군주나 귀족과 같은 특수한 신분을 가진 사람이 아닌 일반 국민에게 최종적으로 귀속된다는 원리를 말하는 것입니다.

근대민주국가는 모두 이 원리를 채택하고 있습니다. 우리 헌법도 국민주권의 원리를 실현하기 위해 의회제도, 국회의원과 대통령의 선거에 관한 규정, 국민 개개인에 대한 공무원 선거권, 보통·평등·직접·비밀선거제의 채택에 관한 규정, 국가 중요 정책에 대한 국민투표 규정, 헌법개정안에 대한 국민투표제, 정당에 관한 규정, 직업공무원제, 청원권에 대한 규정, 헌법재판소 제도에 관한 규정 등을 두고 있는 것입니다.

영화 속 송 변호사는 법정에서 계속 외칩니다. 국가란 국민이라고. 일찌기 영국의 존 로크(John Locke)는 인간이 태어나면서부터 생명, 자유, 재산이라는 자연권을 가지고 태어났고, 국가의 존립 이유는 바로 국민의 생명과 자유, 재산을 보호하는 데 있다고 주장한 바 있습니다. 그와 마찬가지로 영화 속 배경이 된 1980년대 초반의 시대 상황 속에서 국민을 보호하기는커녕 국민을 탄압하는 정권을 강제로 앗아간 일부 군인들이 국가일 수는 없다는 외침이었던 겁니다.

보도에 따르면 지난 박근혜 정권이 한 기업을 압박한 일이 있었습니다. 그 결정적 이유가 영화 〈변호인〉을 제작했기 때문이었다는 관계자의 증언도 있었습니다. 영화 〈변호인〉이 누군가에게는 아주 불편하고 보기 힘든 영화였던가 봅니다. 그리고 영화 〈변호인〉이 관객 1,000만 명을 돌파하면서 영화의 소재가 된 고 노무현 대통령에 대한 추모 열기가 다시 살아나는 걸 좋아하지 않았던 것 같습니다.

이처럼 어떤 영화는 현실에 영향을 미칩니다. 물론 어떤 현실이 영화를 제작하게 하는 동력이 되기도 합니다. 영화 〈변호인〉은 변호사라는 직업과 국민주권의 원리가 우리 현실에서 어떤 모습을 띠고 있는지 생각해 보는 계기가 되는 영화라는 생각입니다.

생각해보기

아래 변호사윤리장전의 내용을 읽고, 자신의 생각을 160자 이상 200자 이내로 적어보자.

제1조[사명] ① 변호사는 인간의 자유와 권리를 보호하고 향상시키며, 법을 통한 정의의 실현을 위하여 노력한다.

② 변호사는 공공의 이익을 위하여 봉사하며, 법령과 제도의 민주적 개선에 노력한다.

제2조[기본 윤리] ① 변호사는 공정하고 성실하게 독립하여 직무를 수행한다.

② 변호사는 그 직무를 행함에 있어서 진실을 왜곡하거나 허위진술을 하지 아니한다.

③ 변호사는 서로 존중하고 예의를 갖춘다.

④ 변호사는 법률전문직으로서 필요한 지식을 탐구하고 윤리와 교양을 높이기 위하여 노력한다.

영화로 보는 법과 사회

10. 무엇이 윤동주를 죽였나 : <동주>
11. 용서할 수 있는가 : <귀향>
12. 과거는 청산되었는가 : <암살>

TAKE 4

역사와 만나는 법 I

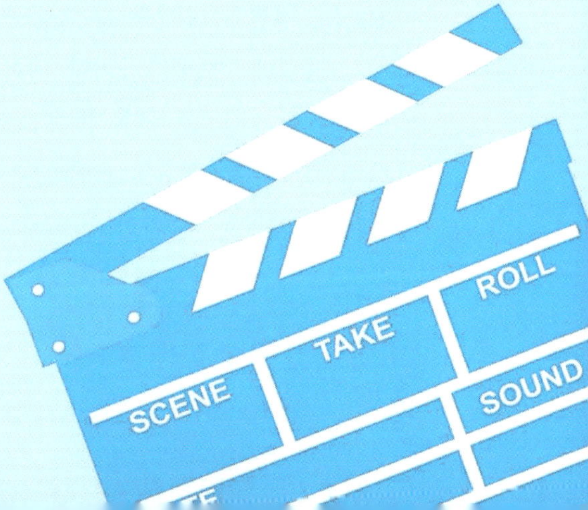

10

무엇이 윤동주를 죽였나 : <동주>

2016년 2월 개봉

'윤동주, 송몽규를 그리다'

'윤동주, 송몽규를 그리다.' 영화 〈동주〉는 아시아의 맹주를 자처하며 점차 포악해지던 일제 강점기를 살다간 시인 윤동주(1917.12.~1945.2.)와 청년 독립운동가 송몽규(1917.9.~1945.3.)의 삶을 바탕으로 역사적 사실에 허구를 가미한 영화입니다.

부끄럼 잘 타고 조용한 '동주'(강하늘 분)에게 활달하고 대범한 동갑내기 고종사촌형 '몽규'(박정민 분)는 친구이자 라이벌과 같은 묘한 존재입니다. 몽규는 '술가락'이라는 글로 동주가 하지 못한 동아일보

신춘문예에 당선되고, 독립운동 단체를 찾아가 독립투사가 되기도 하며, 같이 다니던 연희전문에서의 공부도, 일본 유학에서의 공부도 동주를 앞서갑니다. 어떤 면에서 동주는 몽규의 그림자 같은 존재였는지도 모릅니다.

"너는 계속 시를 쓰라, 총은 내가 들 거니까."(송몽규)

"시도 자기 생각 펼치기에 부족하지 않아."(윤동주)

일찍 민족의식에 눈을 뜨고 항일운동에 몸소 투신하며 역동적인 삶을 사는 몽규는 "세상을 변화시키지 못할 거면 문학이 무슨 소용이 있니?"라며 회의하는 동주에게 이야기합니다. 몽규 때문만은 아니겠지만 동주는 계속 시를 씁니다. 그리고 동주는 한국인에게 가장 사랑받는 시인이 됩니다.

창씨개명과 치안유지법

일본 유학을 위해 '히라누마 도쥬(평소동주, 平沼東柱)'와 '소무라 무게이(宋村夢奎)'로 창씨개명을 하고 일본 교토에 유학 중이던 동주와 몽규를 후쿠오카 형무소에 가둔 건 일제의 「치안유지법」이었습니다. 창씨개명은 일제 강점기에 실시된 민족말살정책의 하나입니다. 신사참배, 황국신민서사 암송, 지원병 제도 등과 함께 조선인에게 강요되었습니다. 조선총독부는 1939년 11월 제령 제19호로 「조선민사령」을 개정하여 1940년 2월부터 시행하기로 했는데, 그 내용 중 중심이 되는 것이 무슨무슨 씨(氏)를 설정하라는 창씨개명이었습니다. 조상으로부터 물려받은 성을 일본식으로 바꾸라니, 일본의 식민지 통치는 참으로 가혹한 것이었습니다.

일제는 창씨를 하지 않은 사람들에게는 다음과 같은 불이익을 가했습니다. 첫째로, 자녀에 대해서는 각급 학교의 입학과 진학을 거부했습니다. 둘째로, 아동들을 이유없이 질책하고 구타하여 아동들의 애원으로 부모들의 창씨를 강제했습니다. 셋째로, 공·사 기관에 채용하지 않으며 현직자도 점차 해고조치를 취했습니다. 넷째로 행정기관에서 다루는 모든 민원사무를 취급하지 않았습니다. 다섯째로 창씨하지 않은 사람은 비국민·불령선인으로 단정하여 경찰을 통해 철저히 사찰했습니다. 여섯째로 우선적인 강제징용 대상자로 지명했습니다. 일곱째로, 식량 및 물자의 배급대상에서 제외했습니다. 여덟째로, 철도 수송화물의 명패에 조선인의 이름이 씌어진 것은 취급하지 않았습니다. 일제는 민족 언어인 조선어의 말살 정책과 더불어 세계 역사상 어느 식민지에서도 유례를 볼 수 없는 야만적인 정책을 실시한 것입니다. 아래에서 보는 윤동주의 시 「참회록」은 일본에 가기 전 창씨개명의 치욕을 못견뎌하며 쓴 것으로 알려져 있습니다.

참회록

윤동주

파란 녹이 낀 구리 거울 속에
내 얼굴이 남아 있는 것은
어느 왕조의 유물이기에
이다지도 욕될까.

나는 나의 참회의 글을 한 줄에 줄이자.
- 만 이십사 년 일 개월을
무슨 기쁨을 바라 살아왔던가.

내일이나 모레나 그 어느 즐거운 날에
나는 또 한 줄의 참회록을 써야 한다.
- 그 때 그 젊은 나이에
왜 그런 부끄런 고백을 했던가.

밤이면 밤마다 나의 거울을
손바닥으로 발바닥으로 닦아보자.

그러면 어느 운석 밑으로 홀로 걸어가는
슬픈 사람의 뒷모양이
거울 속에 나타나온다.

한편, 동주와 몽규를 형무소에 가둔 「치안유지법」은 일제 강점기에 만들어진 대표적인 사상통제법입니다. 일제는 1925년 4월 '국체(천황통치체제)의 변혁을 목적으로 하는 사람'을 단속·처벌하기 위해 치안유지법을 시행하였고, '치안유지법을 조선 및 사할린에 시행하는 건'에 의해 조선에서도 시행되었습니다. 처음에는 일본 공산당을 주된 대상으로 삼았지만 점차 사회주의와 노동운동 및 종교도 그 대상이 되었고 급기야 일체의 반정부언론을 탄압하기에 이릅니다. 최고 10년 이하의 징역으로 벌할 수 있었던 「치안유지법」은 1928년 무렵부터는 사형까지 선고할 수 있도록 개정되었고, 심지어 태평양전쟁 직전에는 죄를 짓지 않은 사람도 구금할 수 있는 「조선사상범예방구금령」까지 생겼습니다.

「치안유지법」은 일명 '언론탄압법'으로 불리면서 「국방보안법」, 「전시형사특별법」과 더불어 일본의 대표적인 '악법'으로 평가받습니다. 「치안유지법」에 의해 고문 또는 처형당한 피해자가 일본에서만

7만 5천 명에 이른다고 합니다. 일제 강점기 조선에서도 「치안유지법」의 마수를 피해갈 수는 없었습니다. 「치안유지법」은 1938년에서 1945년에 이르는 이른바 국가총동원법 체제하에서 조선의 민족 독립 운동을 탄압하는 데에도 악용되었기 때문입니다. 외국에 망명하였던 애국지사가 고국에 귀국하였을 때 그 애국지사를 처벌하는 데 동원된 것도 바로 이 「치안유지법」이었다고 합니다.

영화에서처럼 송몽규는 실제로 일본 유학 중인 1943년 7월 유학생 모임에서 민족의 장래에 대해 이야기한 것을 구실로, '재교토 조선인 학생 민족주의 그룹 사건 책동' 혐의를 받아 징역 2년의 판결을 선고받았습니다. 윤동주도 「치안유지법」의 마수를 피해가지 못합니다. 윤동주에 대한 판결문에 따르면 '조선 민족의 실력과 민족성을 향상해 독립이 가능하게 한다', '장래 대동아전쟁에서 일본이 패전하게 될 때 우수한 지도자를 얻어 민족적 무력봉기를 결행해야 한다', '문학은 어디까지나 민족의 행복 추구를 위한 것이라는 민족적 문학관을 강조한다'고 주장한 것으로 되어 있습니다.

형식적 법치주의의 극복

영화 〈동주〉에서 윤동주가 일본 고등경찰에게 조사를 받는 장면을 통해 당시 「치안유지법」이 어떻게 적용되었을지, 그 일면이나마 엿볼 수 있습니다. 법을 어떻게 만들고, 제정된 법을 어떻게 해석·운용하느냐는 법치주의 국가에서 아주 중요한 일입니다. '법의 이름으로' '불법이 행해질 수 있음'을 알게 된 건 일본 제국주의와 독일 나치 때문이라고도 할 수 있습니다. 그들은 행정이나 재판이 의회가 제정한 법률에 적합하게 행해질 것을 요청할 뿐, 그 법률의 목적이나 내용을 문제삼지 않았습니다. 이와 같이 의회에서 제정된 법률이기만 하면 법률의 내용적 타당성도 확보되는 것으로 인정하는 입장을 '형식적 법치주의'라고 합니다. 형식적 법치주의 아래에서는 합법적 독재가 나타날 우려가 큽니다.

이에 대해 의회에서 제정된 법률이라 하더라도 법률의 목적과 내용도 인권침해가 없는 정의에 합치되어야 한다는 입장을 '실질적 법치주의'라고 합니다. 오늘날에는 국가가 국민의 자유와 권리를 제한하거나 국민에게 새로운 의무를 부과하려 할 때는 반드시 법률에 의하거나 그에 근거가 있어야 한다는 형식적 법치주의에 그치지 않고 법률의 목적과 내용도 정의에 합치하는 정당한 것이 아니면 안 된다는 실질적 법치주의가 요청됩니다. 이런 의미에서 실질적 법치주의란 '법적 안정성 유지'와 더불어 '인간의 존엄'이라든가 '실질적 평등'과 같은 정의의 실천을 내용으로 하는 '법에 의한 통치의 원리'를 말합니다. 이러한 실질적 법치주의가 확립되려면 최소한 국민이 참여하는 행정동세와 사법적 권리구제 제도가 완비되어야 함은 물론입니다.

따라서 권력 분립 제도, 헌법 재판 제도, 행정 재판 제도, 탄핵 제도, 선거 제도, 의회 제도, 사법권의 독립, 복수 정당 제도, 언론·출판·집회·결사의 자유, 저항권 등은 모두 실질적 법치주의를 실현하기 위한 제도적 장치라고 할 수 있습니다.

영화 속 동주는 후쿠오카 형무소에서 수형 생활 도중 이름 모를 주사를 맞습니다. 그리고 해방을 불과 6개월도 남겨 두지 않은 1945년 2월 29세의 젊은 나이로 그만 옥사합니다. 같은 주사를 맞은 몽규도 그로부터 약 한 달 뒤 숨을 거둡니다. 실제로도 그들은 일제의 생체 실험 대상이 되었던 것으로 보는 견해가 지배적입니다.

영화의 마지막에 흐르는 자막에서 볼 수 있는 것처럼 후쿠오카 형무소에서만 1,800명이 희생되었습니다. 겉으로는 문명국가의 가면을 쓰고 아시아의 맹주가 되기를 그토록 원했던 일본 제국주의가 저지른 만행의 끝은 도대체 어디인지 잘 가늠이 되지 않습니다.

부끄럽지 않은 삶을 사는 건 얼마나 힘든 일이겠나

일본 유학을 망설이는 동주에게 영화 속 시인 정지용 선생이 한 말입니다. 정지용 시인은 섬세한 이미지 구사와 언어에 대한 각별한 배려를 보여 주어 한국의 서정시를 계승하고 청록파의 시세계로 전해졌다고 평가받습니다. 노래로도 널리 불리는 '넓은 벌 동쪽 끝으로 옛 이야기 지즐대는 실개천이 휘돌아 나가고'로 시작하는 〈향수〉(1927)라는 시가 널리 알려져 있습니다. 엄혹한 일제 강점기를 살다 간 그 시대의 지식인들은 부끄럽지 않은 삶을 살기가 너무도 힘들었을 겁니다.

영화 〈동주〉를 통해 이름도, 언어도 빼앗긴 시대에 굴하지 않고 꿋꿋이 우리말로 아름다운 시를 남기고 20대 후반에 생을 마감한 시인 윤동주와 연극 분야에 투신해 민족문화운동을 해보겠다는 꿈을 꾸던 송몽규의 삶을 다시 생각해 봅니다. 윤동주가 남긴 시 한편이라도 조용히 읊어보는 시간을 가져보면 어떨까요? '하늘을 우러러 한점 부끄럼이 없는 삶'을 살고자 했던 시인 윤동주를 그리면서 말입니다.

생각해보기

1. 다음 대화를 읽고 누구의 입장이 옳다고 생각하는지 160자 이상 200자 이내로 적어 보자.

> 소크라테스 : 자네는 일단 내려진 판결이 한 개인에 의해 아무 효력도 거두지 못하고 파괴될 경우, 그 국가가 존속할 수 있나고 생각하는가?
>
> 크리톤 : 국가가 올바르지 않은 법으로 내린 판결은 지킬 필요가 없네. 또 그런 국가는 존속해서는 안 되는 걸세.

2. A국에는 여성의 운전을 엄격하게 금지하는 ㅇㅇ법이 있다. 최근 A국에서 이 법을 위반하여 운전한 여성이 경찰에 체포되었다. 그 여성은 처벌되어야 하는지 자신의 의견을 160자 이상 200자 이내로 적어 보자.

11

용서할 수 있는가 : <귀향>

2016년 2월 개봉

위안부, 전쟁의 피해자

영화 〈귀향〉은 일제 강점기 말기인 1943년경 있었던 실화를 바탕으로 한 영화입니다. 영화 속 '정민'(강하나 분)은 경상남도 거창 땅 한디기골에 사는 14살 소녀입니다. 엄마로부터 '곱게 커서 좋은 남자 만나 시집가라'는 말을 들으며 귀하게 자랐습니다. 그러던 어느 날 정민은 일본군에 의해 강제로 중국 길림성 목단강 부근으로 끌려갑니다. 그리고 그곳에서 전쟁을 벌이고 있던 일본군의 위안부가 되고 맙니다. 영화 〈귀향〉은 위안부가 강간 피해자와 전혀 다르지 않음을 보여 줍니다.

"여기가 지옥이다, 야."

정민을 비롯한 위안부들은 그곳에서 생지옥과 같은 나날을 보냅니다. "너희는 인간이 아니다. 신성한 황군을 위한 진정한 암캐다." 야만적인 일본군은 입에 담지 못할 망발을 합니다. 그들에게 유린당한 위안부들의 아픔을 오늘의 우리는 만분의 일이라도 이해할 수 있을런지요?

"미치지 않고서야 누가 그런 걸 밝혀"

1990년대 들어 우리 정부에서는 정신대(위안부라는 말을 쓰기 전에는 정신대라는 말을 썼습니다) 피해자 신고 접수를 받기 시작했습니다. 하지만 그 누구도 지옥 같은 악몽의 희생자임을 스스로 드러내기가 쉽지 않았습니다. 신고 실적이 저조하자 영화 속 공무원은 "그래 누가 미치지 않고서야 스스로 그런 일을 밝히겠냐?"라고 합니다.

"내가 그 미친년이다! 우짤래?" 위안부로 고통을 받다가 전쟁이 끝날 무렵 끝내 정민과 함께 돌아오지 못하고 홀로 귀향한 '영옥'(손숙 분)은 절규합니다. 실제로 수많은 피해자 중 공식 등록된 피해자는 238명이라고 합니다. 2019년 1월 기준으로 23분이 생존해 계십니다.

영화를 보는 내내 '진정으로 반성하지 않는 일본을 어찌 용서할 수 있을까' 하는 마음이 샘솟습니다. 그들은 진정으로 반성하지 않는 것 같습니다. 강제로 끌려가 성노예가 된 피해자분들이 두 눈 뜨고 시퍼렇게 살아 있는데도 말입니다. 그들은 그저 세월이 흐르기만을 기다리고 있는 것일까요?

함부로 부를 수 없는 이름, 위안부

일본만이 문제는 아닌 것 같습니다. 2017년 9월 한국의 한 국립대 교수가 위안부 피해자를 모욕한 일로 크게 문제가 되었습니다. 그 교수는 수업 시간에 위안부 피해자를 모독하는 발언을 했습니다. 보도에 따르면 "내가 보기에 할머니들이 상당히 알고 갔어. 일본에 미친, 그 끌려간 여자들도 원래 다 끼가 있으니까 따라다닌 거야"라고 말했습니다. 결국 그 교수는 학교로부터 '파면'이라는 징계를 받았습니다. '징계'란 주로 공무원의 직무위반 행위에 대해 일정한 제재를 과하거나 책임을 묻는 것을 말합니다. 국가공무원법이 규정하고 있는 징계사유로는 크게 3가지가 있습니다.

첫째, 국가공무원법 및 국가공무원법에 따른 명령을 위반했을 때, 둘째, 직무상의 의무에 위반하거나 직무를 태만했을 때, 셋째, 직무의 내외를 불문하고 그 체면 또는 위신을 손상하는 행위를 한 때입니다. 그리고 국가공무원법에 따른 징계의 종류에는 파면·해임·강등·정직·감봉·견책의 6가지가 있습니다.

'파면'은 그중에서 가장 무거운 징계입니다. 공무원이 파면되면 5년간 공무원에 재임용될 수 없고, 퇴직금이 절반으로 줄며 연금도 자신이 적립한 금액만 돌려 받게 됩니다. 위 국립대 교수가 받은 처분이 바로 이 파면처분이었던 겁니다.

위안부 피해자를 둘러싼 파문은 이에 그치지 않았습니다. 모 대학 교수가 『제국의 위안부』라는 저서에서 일본군 위안부가 자발적으로

성을 제공한 매춘이고 일본군과 위안부가 동지적 관계였다고 하였습니다. 이에 분노한 위안부 피해자로부터 고소가 제기되었습니다. 그 결과는 어떻게 되었을까요?

1심 재판에서는 무죄가 선고되었습니다. 1심 판결은 “그 교수가 책에서 개진한 견해에 대해서는 비판과 반론이 제기될 수 있고 위안부 강제동원 부정론자들에게 악용될 우려도 있지만, 이는 어디까지나 가치판단을 따지는 문제”이고 “학문적 표현은 옳은 것뿐만 아니라 틀린 것도 보호해야 한다”라고 했습니다. 덧붙여 “그 교수의 견해에 대한 판단은 학문의 장이나 사회의 장에서 전문가와 시민들이 교환하고 상호 검증하는 과정에서 이뤄져야 한다”라고 했습니다.

하지만 항소심은 그 교수에게 유죄를 선고하였습니다. 항소심은 그 교수가 허위 사실을 적시해 피해자들의 명예를 훼손했다고 판단한 겁니다. 아울러 위안부 피해자 할머니 9명이 낸 민사소송에서도 모두 9,000만원의 위자료를 지급하라는 판결이 내려졌습니다.

민사 판결은 “그 교수가 위안부의 역할에 대해 ‘애국’, ‘협력’, ‘동지’ 등의 표현을 사용한 것은 원고들이 피해자라는 사실을 왜곡하는 공표행위이기 때문에 원고들의 인격권을 침해한 것으로 볼 수 있다”라고 했습니다. 나아가 “그 교수는 독자들이 신뢰할 수 있는 대학교수로서 일반적인 학문 연구결과의 발표보다 신중함과 엄격함이 요구됨에도 불구하고, 저술 내용을 뒷받침할 충분한 자료를 제시하지 않고 위안부 생활의 극히 일부에 불과한 사실을 일반화하거나 단정하는 등 학문의 자유와 한계를 일탈했다”라고 인정했습니다.

학문의 자유

학문의 자유란 법률, 제도적 규제, 공공의 압력으로부터 부당한 간섭이나 제한을 받지 않고 교수·학습·지식추구·연구활동 등을 할 수 있는 교사와 학생의 자유를 말합니다. 교사의 측면에서는 지적 관심을 불러일으키는 주제를 연구할 자유, 규제나 검열 없이 연구의 자료나 결론을 발표할 자유, 교육상 적당하다고 판단되는 방법으로 가르칠 자유 등이 포함됩니다. 한편 학생의 입장에서는 관심이 가는 주제를 학습할 자유, 학습의 성과를 발표하고 입장이나 견해를 표명할 자유 등이 포함됩니다.

학문의 자유에 대한 전통이 가장 강했던 나라는 독일이라고 합니다. 독일의 괴팅겐대학교는 18세기 학문의 자유의 등불이 되었으며 1811년 베를린대학교의 설립과 함께 교수의 자유 및 학습의 자유가 확립되면서 다른 대학에서도 이 기본원칙을 채택하게 되었다고 합니다. 한편, 민주적 기반이 부족한 국가에서는 학문의 자유가 불공평하게 선별되어 주어지는 경우가 있습니다.

여러분은 『제국의 위안부』라는 책을 둘러싼 논쟁에 대하여 어떻게 생각하는지요?

국제법

한 국가 내에 적용되는 '국내법'*과 달리 국가와 국가 사이에 적용되는 법도 있습니다. 바로 '국제법'**입니다. 한 국가 안에는 국회라는 입법기구가 있지만 국제사회에는 그런 통일된 입법기구가 없습니다. 그래서 국가들의 관행에 의해 성립되는 '국제관습법'이나 국가 간의 명시적 합의로 체결되는 '조약' 등이 국제사회를 규율하는 법의 기능을 하고 있습니다.

* 국내법 : 한 나라의 주권이 미치는 범위 내에서 적용되는 법을 국내법이라 합니다. 헌법에 의해 체결·공포된 조약과 일반적으로 승인된 국제법규는 국내법과 동일한 효력을 가집니다.

** 국제법 : 국제관계를 규율하는 법. 원칙적으로 국가와 국가 간의 관계를 대상으로 하지만 최근에는 국제기구 또는 조약상 권리의무가 부여되어 있는 개인이나 단체도 국제법에 의해 직접 규율을 받는 경우가 많습니다. 국제법은 국가들 사이의 평화공존의 필요성에서 발전해왔습니다. 국제법은 3가지 과정, 즉 '국제관습법', '조약', '문명국가들이 인정한 법의 일반원칙'에 의해 발생합니다. 종전에는 국제관습법이 차지하는 비율이 높았지만 차츰 성문화가 진행되어 성문의 국제법이 증가하는 추세에 있습니다.

한일청구권협정과 위안부 문제

한국과 일본은 지난 1965년 '한일청구권협정'(정식 명칭은 「대한민국과 일본국 간의 재산 및 청구권에 관한 문제의 해결과 경제협력에 관한 협정」입니다)이란 걸 체결한 바 있습니다. 그 협정 제2조 제1항에서는 "양 체약국은 양 체약국 및 그 국민(법인을 포함함)의 재산, 권리 및 이익과 양 체약국 및 그 국민 간의 청구권에 관한 문제가 … 완전히 그리고 최종적으로 해결된 것이 된다는 것을 확인한다"라고 되어 있습니다.

협정 체결 과정에서 일제 강점기의 죄악상에 대해 일본 측의 공식 사과는 한 마디도 없었습니다. 협정에 위안부 문제가 명시되어 있지도 않고 당시에는 위안부에 대한 문제제기 자체가 없었습니다. 그럼에도 일본은 위 협정으로 위안부가 일본 정부에 대해 배상을 청구할 권리는 '완전히 최종적으로 소멸했다고 주장해 왔습니다.

그러나 1998년 UN 인권위원회는 위안부가 일종의 노예이자 전시 강간 또는 매춘 목적 인신매매에 해당한다고 하였습니다. 그리고 협정 체결 당시 일본 정부가 위안소 설립에 개입했다는 것을 숨겼고, '한일청구권협정'은 재산과 경제적 관계에 대한 문제만을 다룬 것이지 위안부와 같은 인권문제나 전쟁범죄에 대한 문제를 다룬 것이 아니어서, 일본 정부는 여전히 인권침해와 인도주의 원칙 위반에 대한 법적 책임이 있다고 결론을 내렸습니다.

2015년 위안부 협상

잘 아시다시피 한일청구권협정이 있은 지 50년이 지난 2015년 12월 28일 한일외교장관이 공동발표를 했습니다. 일본 외교장관은 발표에서 '위안부 문제가 당시 군의 관여 하에 다수의 여성의 명예와 존엄에 깊은 상처를 입힌 문제로서 이러한 관점에서 일본 정부는 책임을 통감한다는 것', '한국정부가 설립하는 재단에 일본정부 예산으로 자금을 대어 필요한 사업을 행하는 것을 전제로 위안부 문제가 최종적 및 불가역적으로 해결될 것'임을 밝혔습니다.

그러나 일본이 '책임 통감'이라는 표현을 썼을 뿐 전시 성노예범죄에 대한 '법적 책임'을 인정한 것이 아니고, 한국 정부가 설립하는 재단에 일본이 돈을 댈 뿐 일본 정부가 직접 지원하는 방식이 아니어서 적절한 배상방식을 취하지 않았으며, 양국 외교장관의 공동발표라는 형식 측면에서도 국가 간에 서면으로 체결된 구속력 있는 조약도 아니어서 위 발표는 국제법상 효력이 없다는 반론이 드셌습니다. 여러분은 어떻게 생각하는지요?

2017년 박근혜 대통령 탄핵 이후 등장한 문재인 정부에서는 2015년의 합의가 피해자들의 의견을 반영하지 않은 채 일방적으로 일본과 합의를 한 것이라고 발표했습니다. 이어 일본 정부에 재협상은 요구하지 않되 '일본이 스스로 국제보편 기준에 따라 진실을 있는 그대로 인정하고, 피해자들의 명예·존엄 회복과 마음의 상처 치유를 위한 노력을 계속해 줄 것을 기대한다'라고 밝힌 상태입니다.

피해자분들을 배려하지 않은 합의를 해 주는 바람에 곤란한 문제가 되어버렸습니다.

"기억하지 않는 역사는 되풀이된다"

"기억하지 않는 역사는 되풀이된다"라는 말이 있습니다. 잘못을 저지르고도 솔직하게 인정하지도 않고 진심으로 반성하지도 않는 자를 결코 잊어서는 안되겠습니다. 독일의 나치가 2차세계 대전 중 자행한 유대인 내학실(홀로코스트, Holocaust)이 널리 알려지고 기억되고 있는 것에 비해 일본이 저지른 만행들에 대해서는 상대적으로 그러지 못합니다. 안타깝고 분한 일입니다.

영화 〈귀향〉의 대대적 흥행에 대해, 일본의 보수 단체들은 영화 〈귀향〉이 왜곡된 역사를 바탕으로 역사와 영화적 허구는 구별돼야 한다고 목소리를 높였습니다. 그들의 솔직한 역사 인식과 더불어 문명국에 걸맞는 태도는 언제나 볼 수 있을까요? 영화 〈귀향〉을 제작한 감독도 이 영화가 '문화적 증거물'로 남기를 바랐다고 합니다.

영화 〈귀향〉을 보고, "용서는 잘못을 저지른 사람들이 진솔한 마음으로 자신들의 죄를 인정하고 반성하며 앞으로 달라진 모습을 보이려 할 때 피해를 입은 쪽에서 사랑과 이해, 화합의 마음으로 받아들여야 가능한 것이다"는 말을 다시 한번 되뇌어 봅니다.

생각해보기

아래 글을 읽고 위안부 문제의 국제법적 의미에 대해 160자 이상 200자 이내로 적어 보자.

> "… 그런 의미에서 정신대 문제를 우리나라 여성들이 중심이 되어 15년에 가까운 세월 동안 끈질기게 노력해 세계화시킨 것은 더없이 값진 인류 보편성 획득의 결실이다. 정신대 문제는 식민지 피해의 일부분이고, 우리 스스로 수치스럽게 생각해 덮고 망각하려고 했던 사건이다. 그런데 뜻있는 여성 한 사람이 일을 시작해 끝내는 동남아 피해국들과 연대하게 되었고, 그 힘은 UN을 움직이기에 이르고, 전 세계는 일본의 악행을 전 인류적 범죄로 확정하게 된 것이다." (조정래, 『한강』 10권, 321쪽)

12

과거는 청산되었는가 : <암살>

2015년 7월 개봉

> "그들을 죽인다고 독립이 되냐고? 모르지.
> 그렇지만 알려줘야지. 우린 계속 싸우고 있다고 …"

때는 일제 강점기. 독립군 상등병 안옥윤(전지현 분), 신흥무관학교 출신 추상옥(조진웅 분)과 폭발물 전문가 황덕삼(최덕문 분)은 경성으로 옵니다. 조선주둔군 일본사령관 가와구치 마모루와 친일 매국노 강인국(이경영 분)을 암살하기 위해서입니다(신흥무관학교는 1910년대 만주지역에서 운영된 대표적인 한인독립군 양성기관이었습니다. 1911년 신흥강습소로 출발하여 1920년 폐교시까지 2,000여 명의 졸업생을 배출하였습니다). 영화 속 가와구치 마모루는 '간도 참변' 당시 일본군 지휘관으로 묘사됩니다. '간도 참변'은 1919년 '3·1운동'을 계기로 만주지방에서 활발하게 전개된 독립군의 독립투쟁을 무력화하고자 1920년 10월 일본군이 만주에서 무고한 조선인을 대량으로 학살한 사건입니다. 영화 속 안옥윤 상등병의 어머니도 그때 일본군의 총에 죽은 것으로 이야기가 전개됩니다.

역사에 따르면 간도 참변의 구체적 내용은 이렇습니다. 1920년 10월 일제가 중국의 마적을 사주해 간도 훈춘 현의 일본영사관을 고의로 습격하게 합니다. 그리고 이를 빌미로 일본군을 대거 만주로 출병시켰습니다. 특히 독립군이 청산리와 봉오동 전투에서 추격하던 일본군을 대파하자, 일제는 이에 대한 보복으로 무차별적 한인 학살 작전을 전개했습니다. 3~4개월에 걸쳐 수많은 한인 마을을 불태우고 재산과 식량을 약탈했으며, 한인들들 보는대로 학살했습니다. 1920년 10월 9일에서 11월 5일까지 27일간 간도 일대에서 확인된 학살 피해자만 해도 3,469명에 이르고, 그외 확인되지 않은 숫자와 3~4개월에 걸쳐 학살된 수를 합하면 적어도 수만 명에 이를 것으로 추정됩니다.

독립운동가 남자현

한편 영화 속 안옥윤은 실제 존재했던 독립운동가 남자현(南慈賢)을 모델로 했다고 합니다. 남자현은 1872년에 태어나 만주에서 독립운동과 여성계몽운동에 주력한 독립운동가였습니다. 남편은 1896년 의병에 가담하여 일본군과 싸우다 죽었습니다. 1905년 을사조약이 체결된 이후에는 의병으로 활동한 아버지를 도와 의병을 모으고 정보를 수집하는 역할을 했습니다. 이후 1919년 3·1운동이 일어나자 만주로 망명하여, 일본군과 싸우다 부상을 입은 독립투사들을 간호하였습니다. 1921년에는 길림성으로 가 12군데에 교회를 건립하고 10개의 여성교육회를 조직해 독립운동과 여성계몽에 주력했습니다.

영화처럼 1925년 동지 박청산(朴靑山)과 국내에 잠입하여 사이토 마코토[齋藤實] 총독을 암살할 것을 계획했으나 실패하고, 다시 만주로 돌아가 독립운동단체의 통일을 위해 노력했습니다. 1932년 국제연맹조사단이 하얼빈에 왔을 때, 손가락을 끊어 '조선독립을 원한다'(朝鮮獨立願)는 혈서를 써서 끊어진 손가락과 동봉하여 보냄으로써 독립을 호소했습니다. 1933년 만주 괴뢰정부 건국일인 3월 1일 다른 동지와 함께 만주국 주재 일본대사를 살해하기로 하고, 동지와의 연락 및 무기운반의 임무를 띠고 무기와 폭탄을 휴대하고 가다가 그만 체포되었습니다. 옥중에서 모진 고문을 받으면서도 강인한 의지로 단식투쟁을 전개했고, 몸이 아파 보석으로 출옥했으나 "독립은 정신으로 이루어지느니라"라는 말을 남긴 채 그만 숨을 거두었다고 합니다.

친일파와 밀정

영화 속 강인국은 일제 강점기 시절 광산채굴권을 따내는 과정에서 아내마저도 죽여가며 친일한 자, 일제의 중국침략을 위해 비행기 10대를 헌납한 친일파로 묘사됩니다. 그런 강인국을 암살하려던 안옥윤과 추상옥 그리고 황덕삼의 암살 계획은 실패합니다. 한때 조선총독 암살을 시도했다가 실패한 후 변절하여 밀정이 된 염석진(이정재 분)의 밀고 때문이었습니다.

일제 강점기 조선인이 선택할 수 있는 길은 많지 않았습니다. 저항이냐 협력이냐. 일부 조선인은 문명이 덜 발전한 조선이 일본의 지배를 받아 근대화를 해야 한다는 일제의 논리에 동조했습니다. 나아가 일본이 그렇게 쉽게 망할 줄 몰랐다며 일제에 적극적으로 부역한 이도 있습니다. 영국이 인도를 200년 동안 지배했듯이 일본이 적어도 200년은 조선을 지배할 줄 알았던 겁니다. 물론 '저항'과 '협력' 사이에서 모호한 태도를 취한 사람도 있었겠지요.

반민족행위처벌법

그러나 1945년 8월 일본이 패전했습니다. 미군정을 거쳐 1948년 8월 성립한 대한민국 정부는 그 해 9월 「반민족행위처벌법」을 공포합니다. 일제 강점기 시절 일제에 적극적으로 협력했거나 독립운동가 또는 그 가족을 살상·박해하는 등 반민족행위로 민족에게 해를 끼친 자를 처벌하려 한 것입니다. 그래서 법 제정 이전에 있었던 행위를 소급하여 처벌할 수 없다는 '법률불소급의 원칙'도 배제하였습니다('법률불소급의 원칙'이란 법률의 시간적 효력에 관한 원칙인데, 새롭게 제정되거나 개정된 법률은 그 후에 생긴 사항에 대해서만 적용되어야지, 그 법률이 시행되기 전에 발생한 사실에 대해 소급하여 적용할 수는 없다는 원칙입니다). 법률불소급의 원칙이 인정되는 이유는 법적 안정성과 예측가능성 때문입니다. 법적 안정성은 흔히 '정의'와 '합목적성'과 더불어 법의 이념 중 하나로 이해됩니다.

형법에 있어서는 특히 법률불소급의 원칙이 엄격하게 적용되고, 다만 피고인에게 유리한 경우에는 예외적으로 소급효가 인정됩니다. 그래서 형법 제1조 제1항에서는 "범죄의 성립과 처벌은 행위시의 법률에 의한다"고 법률불소급의 원칙을 규정하면서 제2항에서는 "범죄 후 법률의 변경에 의하여 그 행위가 범죄를 구성하지 아니하거나 형이 구법보다 경한 때에는 신법에 의한다"고 예외를 인정하고 있습니다. 반민족행위처벌법의 경우에는 소급효를 인정하는 것이 정의의 관념에 적합하다고 보아 법률불소급의 원칙을 배제하였던 것입니다.

「반민족행위처벌법」의 주요내용은 다음과 같습니다. 한일합병에 적극 협력한 자는 사형 또는 무기 징역에 처하고 그 재산의 일부 또는 전부를 몰수한다. 일본정부로부터 작위를 받았거나 제국의회 의원이 되었거나 독립운동가를 살상·박해한 자는 무기 또는 5년 이상의 징역에 처하고 재산의 일부 또는 전부를 몰수한다. 그 밖에 악질적인 반민족행위를 한 자는 10년 이하의 징역에 처하거나 15년 이하 공민권을 제한하고 재산의 일부 또는 전부를 몰수한다.

"16년 전 임무, '염석진이 밀정이면 죽여라!' 지금 수행합니다."

법의 시행으로 '반민족행위특별조사위원회(반민특위)'가 설치되었으나 친일세력의 노골적인 방해와 정부의 비협조적인 태도로 조사활동이 극히 제한을 받았습니다. 특히 1949년 6월 6일 경찰의 반민특위 습격으로 위원회의 활동은 치명적인 타격을 입고 1949년 8월 31일로 활동이 종료되었습니다. 그때까지 기소된 사람의 재판을 계속했지만 결국 재판을 통해 실형을 선고받고 복역한 사람은 10여 명에 불과했습니다.

반민특위의 활동은 국민 대다수의 뜨거운 지지와 찬사를 받았지만, 행정부와 경찰 간부, 그리고 친일세력의 방해로 실질적인 성과를 거두지 못한 것입니다. 이로써 건국 초기 합법적 역사청산의 길이 막혀 버렸습니다.

지난 2019년 3월 어떤 정치인이 "해방 뒤 반민특위로 인해 국민이 분열했다"라고 주장해 논란이 일었습니다. 그러나 그 정치인이 말하는 국론 분열의 진정한 의미가 무엇인지 되묻지 않을 수 없습니다.

영화 속 염석진도 광복 후 「반민족행위처벌법」에 의해 재판을 받지만 중요 증인이 누군가에 의해 살해당하면서 증거불충분으로 풀려납니다. 그러나 안옥윤의 심판을 피할 수는 없었습니다. 광복 70주년을 맞아 개봉된 영화 〈암살〉은 현실을 대신하여 영화를 통해서나마 역사를 청산하고 싶었는지도 모릅니다. 1,000만이 넘는 관객이 영화 〈암살〉을 관람하였습니다.

"과거를 잊는 자는 양쪽 눈을 다 잃는다!"

인간은 누구나 잘못을 저지를 수 있습니다. 그러나 잘못한 사람이 모두 잘못을 시인하지는 않습니다. 역사를 청산한다는 건 그저 과거의 잘못을 들춰내어 처벌하고자 하는 데 의의가 있는 건 아닐 겁니다. 희생자를 추모하고 잘못된 과거에 대한 비판적 문제제기를 통해 같은 잘못을 되풀이 하지 말자는 데에서 의의를 찾아야 합니다.

그러려면 잘못을 인정하고 다시 시작하는 용기를 필요로 합니다. 그러지 못할 때 우리는 잘못된 과거에 대해 '무언의 공범'이 되는 건지도 모릅니다.

"그래선 안 돼! 과거를 들추면 안 돼! … '과거를 기억하는 자는 한쪽 눈이 빠져 버린다!'라는 속담이 있지 않느냐 말야." 러시아 속담입니다. 그러나 구 소련의 소설가 솔제니친은 이렇게 경고합니다. "그러나 그 속담은 이렇게 끝을 맺고 있다. 과거를 잊는 자는 양쪽 눈을 다 잃는다!”라고 말이지요.

생각해보기

아래 글을 읽고 자신의 생각을 160자 이상 200자 이내로 적어 보자.

국가보안법은 여순사건을 계기로 제정되었다. 좌익을 금압하여 내란을 미연에 방지한다는 명분에서였다. 그런데 거기에는 반민족행위처벌법에 맞서려는 친일세력의 의도가 담겨 있었다. 반공을 내세워 친일파 문제를 무력화시키려는 속셈이었다. 친일세력을 포함한 집권 이승만 일파는 국가보안법을 무기로 민족진영을 탄압하였다. 친일파 문제의 해소와 반대세력의 무력화를 노린 정치공세였다. 그리하여 소기의 성과를 거두자 이승만 일파는 이 법의 개정을 시도하였다. 이미 장악한 정국 주도권을 한층 공고히 하는 한편 친일파의 기득권을 유지 강화하려는 속셈에서였다. 국가보안법을 제정하던 즈음의 소극적이고 방어적인 입장에서 적극적이고 공격적인 목표로 전환하면서, 그것을 뒷받침하도록 극우반공체제를 법제적으로 확립하고자 국가보안법을 개정하였던 것이다(변농녕, 제1공화국 초기의 국기보안법 제정과 개정, 2007).

영화로 보는 법과 사회

13. 노동은 존중받는가 : <아름다운 청년 전태일>
14. 산업재해란 무엇인가 : <또 하나의 약속>
15. 노동자의 권리는 무엇인가 : <카트>

TAKE 5

노동과 법

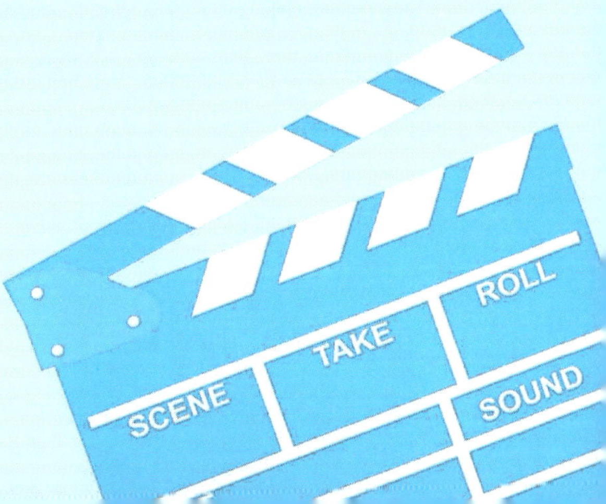

13

노동은 존중받는가 : <아름다운 청년 전태일>

1995년 11월 개봉

> "근로기준법을 준수하라! 우리는 기계가 아니다!"

1970년 11월 전태일이 분신하며 외친 구호입니다. 전태일은 서울 청계천 평화시장 봉제공장에서 재단사로 일하던 22세 청년이었습니다. 영화 〈아름다운 청년 전태일〉은 그렇게 자신의 몸을 불태운 전태일(홍경인 분)과 그의 이야기를 글로 남긴 김영수(문성근 분)의 이야기를 담고 있습니다.

전태일이 일하던 1960년대 평화시장 봉제공장의 노동조건은 매우 열악했습니다. 그곳 노동자들은 '환풍기를 설치해 달라', '건강을 해치는 과도한 노동시간을 줄여달라', '휴일과 밤에는 쉬게 해달라'고 요청했습니다. 하지만 지금으로 봐서는 너무나 당연해 보이는 이러한 요구들이 당시에는 무시되었습니다.

"근로조건이 뭐 어떻다구? 미친 놈들 배부른 소리하고 자빠졌네." 영화 속 봉제공장 사장의 반응입니다. 그런 열악한 사정을 호소하러 찾아 간 시청에서도, 노동청에서도 전태일의 말에 아무도 귀 기울이지 않았습니다.

전태일은 「근로기준법」이라는 법이 있다는 것을 알게 되고는 「근로기준법」이 자기를 비롯한 노동자를 보호해 줄 것이라고 굳게 믿습니다. 「근로기준법」은 인간의 존엄성을 보장하도록 근로조건의 최저기준을 정하고, 감독 관청으로 하여금 근로 감독을 실시하게 하여 근로자를 보호하기 위해 제정된 법이기 때문입니다. 「근로기준법」은 근로자의 기본적 생활을 보장하고 향상시키기 위해 1주일에 한 번 이상의 유급휴가를 주어야 한다든지, 18세 미만 근로자의 야간 근로를 금지한다든지, 사용자는 정당한 이유 없이 근로자를 해고하지 못한다든지 하는 규정을 두고 있습니다. 그러나 현실에서 「근로기준법」은 법으로서 역할을 하지 못하고 있었습니다. 우리에게도 그런 근사한 법이 있다는 걸 보여주는 장식물에 불과했습니다. 아무도 지키지 않는 법, 누구에 의해서도 지켜지지 않는 법이었던 겁니다.

「근로기준법」의 역사와 노동법

여기서 「근로기준법」의 역사에 대해 간단히 살펴보겠습니다. 「근로기준법」은 사회적 관계에서 지배적 지위에 있는 사용자가 그의 힘을 남용하여 일방적으로 근로조건을 결정 또는 실시하는 것을 예방하려는 데 일차적 목적이 있습니다. 하지만 일제 강점기 동안에는 근대적 의미의 근로기준법이 없었습니다. 일제가 조선인 노동자들을 보호하고자 하는 생각이 전혀 없었기 때문입니다. 1945년 8월 15일 일제로부터 해방된 후 3년간 미군정이 실시되었습니다. 미군정시대에는 근로조건에 관한 법령으로 「아동복리법」, 「최고 노동시간에 관한 법령」 등의 단행법령이 있었지만 근로기준법은 여전히 없었습니다. 「근로기준법」은 1953년 5월 10일에 비로소 제정·공포되기에 이릅니다. 근로기준법을 포함해서 고용·임금·근로조건·노동조합·노사관계 등 근로자들의 근로관계를 규정하고, 근로자의 생활을 향상시키고자 만든 법들을 통틀어 '노동법'이라고 합니다.

노동에 관련된 법의 역사는 현대 인류사에서 가장 오래된 법전으로 꼽히는 기원전 18세기 메소포타미아 지역에 있던 바빌론 왕조시대의 '함무라비 법전'까지 거슬러 올라갑니다. 하지만 오늘날과 같은 의미의 노동법은 18세기에 비롯되었습니다. 노동법은 산업혁명과 18세기의 계몽주의 및 프랑스 혁명과, 이들 역사적 운동으로 생겨난 정치세력들의 영향을 받으며 발전해 왔습니다. 처음에 노동법이 제정된 것은 기계화가 진행되면서 새로운 방식에 의해 작업장에서 혹사당하는 노동자들을 보호하기 위해서였습니다.

현대 사회에서 빈익빈 부익부, 노사 대립 등의 문제가 심화됨에 따라 근대 시민법에서 강조되어 온 '사적 자치의 원칙'에 대한 반성이 나타났습니다. '사적 자치의 원칙'은 법질서가 허용하는 한도 내에서 자기의 법률관계를 자기의 자유로운 의사에 따라 결정할 수 있으며 국가는 여기에 개입하거나 관여해서는 안 된다는 원칙입니다. 계약법 분야에서는 '계약자유의 원칙'이라는 이름으로 등장합니다. 계약자유의 원칙은 계약을 체결할 것인지 말 것인지에 관한 계약체결의 자유, 누구와 계약을 체결할 것인지에 관한 상대방 선택의 자유, 어떤 내용의 계약을 체결할 것인지에 관한 내용 결정의 자유, 어떠한 방식으로 계약을 할 것인지에 관한 방식의 자유를 그 내용으로 합니다.

그러나 자본주의 발달에 따른 폐해를 방지하고 해소하기 위하여 국가가 개인의 법률 관계에 적극적으로 개입히여 경제적 강자를 규제하고 경제적 약자를 보호하는 다양한 제도가 시행되게 됩니다. 이런 흐름에 따라 나타난 법 영역이 사회법으로서, 앞서 이야기한 '노동법' 외에도 '경제법', '사회보장법' 등이 사회법 분야에 속합니다. 경제법은 시장경제에서 자연적 또는 인위적으로 발생하는 독점을 규제함으로써 기업 간의 대등한 경쟁을 도모하거나 소비자와 기업 간의 불균등한 관계를 해소하고자 하는 법영역입니다. 한편 '사회보장법'은 개인의 인간다운 생활을 도모하기 위해 사회보험·사회보상·생활보호 및 각종 수당제도 등을 통해 노령·재해·질병 등의 사회적 위험으로부터 개인을 보호하고자 하는 법 영역입니다.

다시 말해 노동법을 비롯한 사회법은 '소유권의 절대성', '계약자유의 원칙' 그리고 '과실책임주의'를 기본원리로 하는 근대 시민법을 수정하는 의미를 가진 법입니다. 19세기의 국가는 야경국가로서 자유방임주의와 사적 자치의 원칙이 지배했습니다. 야경국가는 국가의 기능을 외적으로부터의 방위, 사회적 치안의 유지나 개인의 자유에 대한 침해의 제거와 같은 소극적 목적에 두는 국가를 말하지요. 국가가 적극적으로 개인의 자유에 대해 간섭하거나 개인의 재산에 대해 통제하는 것을 부정합니다.

그러나 자유방임이 대기업의 자본독점으로 이어지면서 빈부격차와 계급 대립 등의 사회적 병폐를 초래하게 되었습니다. 이에 국가가 그런 병폐를 제거하고 사회공공의 복리와 국민경제의 정상적인 운영 및 실질적인 평등을 기하기 위해 사법적(私法的) 질서에 대해 많은 간섭과 통제를 가하게 된 것입니다. 예를 들어, 1789년 프랑스 인권선언에서 '소유권은 신성불가침하다'고 규정한 것이 개인중심적 법원리의 상징이었다면, 제1차 세계대전 후 1918년에 제정된 독일 바이마르 헌법에서 '소유권은 의무를 수반한다'고 규정한 것은 사회법적 원리를 포함한 것입니다.

결국 사회법은 개인중심적인 법사상을 수정하는 원리를 가지며 공법(公法)과 사법(私法)의 중간영역으로서 제3의 법역을 형성한다고 보는 것이 일반적입니다. 사회법은 계급사상을 바탕으로 하는 사회주의법이 아니라 자본주의법의 범위 내에서 그 수정과 시정을 시도하는 것이라는 특색을 지닙니다.

전태일 평전

영화 속 평화시장 봉제공장의 현실은 「근로기준법」의 규정과 달랐습니다. 12살에서 17살의 어린 여공들이 먼지 속에서 피를 토하고, 하루 15시간에서 16시간의 과로로 잠이 모자라 주사를 맞아가며 일하는데도 낮은 임금에 시달렸습니다. 전태일은 여동생 같은 어린 여공과 동료 노동자들의 고통을 외면할 수 없었습니다. 법을 지켜달라는 요구가 받아들여지지 않자 전태일은 결국 자기 몸을 불살라 「근로기준법」을 지키라고, 노동자들은 휴식 없이 일할 수 있는 기계가 아니라고 외칠 수밖에 없었나 봅니다.

한편 노동 현실 못지 않게 1970년대 정치 상황도 엄혹했습니다. 영화에 등장하는 김영수는 국가에 해가 되는 행위를 했다는 혐의로 수배되어 도피생활 중입니다. 실제로도 많은 젊은이들이 그와 같은 죄로 누명을 쓰고 처벌받던 시대였습니다. 영화 속 김영수는 언제 잡혀갈지 모르는 상황에서 지인들의 도움을 받아가며 전태일의 삶을 글로 옮깁니다. 그렇게 해서 세상에 나온 책이 『전태일 평전』이라는 책입니다. 영화 속 김영수는 인권변호사로 유명한 조영래 변호사를 실제 모델로 한 겁니다.

조영래 변호사는 1980년대와 1990년대에 걸쳐 서울 망원동 5,000여 가구가 한강 홍수로 침수된 사건에서 국가의 법적 책임을 인정받은 '망원동 수재사건의 집단소송', 여성근로자의 조기정년제를 철폐시킨 '이경숙 사건', 서울 상봉동 연탄공장 부근 탄가루 공해로 인한 진폐증이 공해병임을 인정받은 '박길래 사건', 수사 과정에서 피의자에게 성고문을 한 경찰관 문귀동을 처벌받게 한 '부천경찰서 성고문 사건'으로도 잘 알려져 있습니다. 그는 1974년 '민청학련'이라는 시국사건으로 수배되어 6년간 숨어 지내면서 '전태일 평전'을 집필했습니다. 전태일이 남긴 일기와 평화시장에서 활동했던 기록을 바탕으로 책을 썼다고 합니다. 그러나 국내에서는 출판하지 못했고, 1978년 일본에서 「불꽃이여! 나를 태워라」라는 제목으로 출판되었다가 1983년 「어느 청년 노동자의 삶과 죽음」이란 제목으로 국내에서 출간되었습니다. 당시 저자의 이름을 밝힐 수 없어 '전태일기념관 건립위원회' 이름으로 나왔습니다. 저자의 이름이 밝혀진 것은 조영래 변호사의 사후인 1991년입니다.

전태일 평전을 쓴 조영래 변호사 스스로는 "전태일 평전은 두 가지 측면에서 잘못 써졌다고 생각하네. 첫째는 지식인의 관점에서 써진 것이고, 두 번째는 본의 아니게 죽음을 미화한 게 아닌가 생각하네. 그래서 지식인이 아닌 노동자가 다시 썼으면 좋겠다고 나는 생각하네"라고 말했다고 합니다. 하지만 전태일 평전을 두고 많은 사람들은 감동과 찬사의 말을 아끼지 않습니다. 개인적으로는 전태일이라는 사람의 인생을 정리하는 한편 읽는 이로 하여금 노동문제에 대해 진지하게 생각할 기회를 제공하는 책이라고 생각합니다. 실제로 전태일은 살아 생전에 대학생 친구 하나 있었으면 좋겠다는 말을 했다고 합니다. 조영래 변호사가 전태일을 만났다면 바로 그가 전태일의 대학생 친구가 되었을지 모를 일입니다.

노동의 가치와 노동절

'노동'은 식량·의복·주거 등 인간의 물리적 요구를 충족시키기 위해 육체적 노력이나 정신적 노력을 들이는 행위입니다. 노동자는 '노동력'을 제공하고 그 보수로 받는 임금으로 생활을 유지하는 사람입니다. 노동과 노동자가 없이 우리 인간은 살아갈 수 없습니다. 오늘날 우리는 과거 농업혁명, 산업혁명에 버금가는 정보혁명의 시대를 살고 있습니다. 그에 따라 전통적 의미의 육체 노동뿐만 아니라 정신 노동 또는 지식근로의 중요성이 부각되고 있습니다. 비록 노동의 형태가 눈에 보이는 재화를 생산하는 물질 노동에서 눈에 보이지 않는 아이디어, 상상력, 정보 등 무형적 재산을 중요시하는 비물질 노동의 형태로 바뀌어 가고는 있지만 사회 유지에 필수적인 생산활동인 노동의 필요성과 중요성은 변하지 않습니다.

매년 5월 1일은 '노동절'입니다. 1886년 5월 1일 미국 시카고에서 8시간 노동·8시간 휴식·8시간 교육을 요구하기 위해 노동자의 시위가 열렸습니다. 1889년 프랑스 파리에서 열린 국제사회주의회의에서 이를 기념하여 5월 1일을 세계 노동절로 지정했습니다. 우리나라에서도 처음에는 5월 1일을 '노동절'로 부르다가 1963년에 '근로자의 날'로 이름이 바뀌었습니다. 1961년 5.16군사정변 후 집권한 군사정권은 민정으로 이양하기 위한 체제정비를 했습니다. 그 가운데 1963년 4월 「노동조합법」·「노동쟁의조정법」·「노동위원회법」 등을 개정하는 동시에 '노동', '노동자'라는 개념 속에 내포되어 있는 계급의식을 희석시키기 위해 '근로자'라는 개념으로 바꾸었습니다. 이때 '근로자의 날' 제정에 관한 법률도 공포되었습니다.

근로자의 날은 휴일로 지정되어 있고, 유급휴가로 인정됩니다. 해마다 5월이 되면 노동이 얼마나 가치로운 활동인지, 그런 노동에 합당한 보상과 대우가 행해지고 있는지 생각해 봅니다. 노동자들이 문명을 유지하는데 기여하며, 우리 삶이 노동자의 노동에 상당 부분 의존하고 있음을 기억해야 하겠습니다.

생각해보기

1. 다음 글을 읽고 법치주의에 대한 자신의 생각을 160자 이상 200자 이내로 적어 보자.

> 한국에서 법치주의와 관련된 가장 유명한 슬로건은 1970년 청계천 평화시장에서 노동자들의 권익을 위해 분신했던 전태일 열사의 외침인 "근로기준법을 준수하라"이다. 이 구호는 그 당시가 법을 준수하라는 주장조차 분신이라는 극단적 방식을 통해 제기할 수밖에 없는 사회였음을 상징적으로 드러내준다(안병진, 「법치주의」, 『좌우파 사전』, 위즈덤하우스, 2010, 98쪽).

2. 다음 글을 읽고 영화 속 근로자들의 요구에 대한 자신의 입장을 160자 이상 200자 이내로 적어 보자.

놀라운 일은 코크타운이 하여간 여전히 거기에 존재한다는 사실이었다. 너무나 자주 파산했던지라, 코크타운이 그렇게 많은 충격을 견뎌냈다는 것이 놀라운 일이었다. 코크타운의 공장주들만큼 연약한 자기로 만들어진 제품은 분명 없었다. 그들은 아무리 살살 다루어도 쉽사리 산산조각나서 전부터 이미 금이 가 있었던 게 아닌가 하는 의심이 들 정도였다. 그들은 일하는 아이들을 공부시키라는 요구를 받았을 때도 파산했고, 작업장을 조사하기 위해 감독관이 지명되었을 때도 파산했으며, 그 감독관이 노동자들을 기계로 다치게 하는 일이 과연 정당한지 의심스럽다고 말했을 때로 파산했다. 항상 그렇게 많은 연기를 내뿜을 필요는 없을 것 같다는 암시를 받았을 때는 완전히 파산했다. 코크타운에는 일반적으로 받아들여지는 바운더비 씨의 황금수저 이야기 외에도 또 다른 허구가 광범위하게 퍼져 있었는데, 그것은 협박의 형식을 띠고 있었다. 부당한 간섭을 받는다고 느낄 때마다 — 즉 완전한 자유방임으로 놓아두지 않고 행동의 결과에 대해 책임을 묻겠다는 이야기가 나올 때마다 — 공장주는 반드시 "차라리 재산을 대서양에 처넣겠다"는 끔찍한 협박을 가했다. 이런 협박이 내무장관을 거의 죽게 할 정도로 오싹하게 만든 적이 한두 번이 아니었다.

그렇지만 코크타운의 공장주들은 결국에 너무도 애국적이어서 재산을 대서양에 처넣은 적은 아직까지 한번도 없었을 뿐 아니라, 반대로 너무나 친절하게도 자기 재산을 대단히 잘 돌보았다. 그래서 저 연기 너머 코크타운이 여전히 존재하고 나날이 번창하는 것이었다(찰스 디킨스, 장남수 옮김, 『어려운 시절 Hard Times』, 창비, 2016, 183~184쪽).

3. 다음 글을 읽고 노동의 가치에 대한 자신의 생각을 적어 보자.

유럽의 초등학교 고학년 교실에서 가장 중요한 가치로 강조하는 것 중의 하나가 '노동'의 가치다. 예컨대, 영어 과목에서 'L'로 시작되는 단어 중에 우리 인생에서 가장 중요한 단어로 사랑(Love), 자유(Liberty)와 함께 노동(Labor)을 가르치는 식이다. 우리 학생들에게 노동은 어떤 의미로 다가올까? 대부분의 학생들에게 노동이란 육체노동, 공장노동을 뜻하고 그래서 '하지 않는 게 좋은 것'으로 인식하는 수준에 가깝다. 대부분 노동자가 될 학생들이 일찍부터 자신을 배반하는 의식을 형성하는 것이다(홍세화, 『생각의 좌표』, 한겨레출판사, 2009).

14

산업재해란 무엇인가 : <또 하나의 약속>

2014년 2월 개봉

> "아빠 차 바꿔 드리고, 엄마 용돈 드리고, 남동생 대학 보내고 …"

영화 속 한윤미(박희정 분)는 속초에서 고등학교를 졸업한 후 부푼 꿈을 안고 '진성 반도체'라는 회사에 취직합니다. 초등학교밖에 못 나온 아빠(박철민 분)는 딸 윤미가 대한민국에서 제일 좋은 회사에 취직했다고 기뻐합니다. 그런데 그 딸이 반도체 공장에서 일한 지 20개월 만에 급성골수성 백혈병에 걸려 집에 돌아옵니다. 혈액을 구성하는 세포 중 하나인 백혈구는 이물질을 잡아 먹거나 항체를 형성함으로써 신체를 보호하는 역할을 합니다. 그런데 백혈병은 비정상적인 백혈구가 증가하여 혈류 속에 나타나거나, 간이나 콩팥·지라 따위에 침입하고, 적혈구의 생성을 억제하여 빈혈이 생기게도 하는 병으로 치사율이 높은 편입니다.

시름시름 앓던 딸은 결국 아빠가 운전하는 개인택시를 타고 병원으로 가던 중 택시 뒷자리에서 숨을 거두고 맙니다. 그때 나이가 스물 셋이었습니다.

"백혈병이 무슨 감기야, 1년 반만에 발병을 하게?"

회사 사람들과 근로복지공단 관계자들은 윤미의 백혈병이 산업재해가 아니라고 합니다. 근로복지공단'은 근로자의 업무상 재해에 대한 신속하고 공정한 배상, 재해근로자의 재활, 사회복귀 촉진 등을 위한 보험시설의 설치·운영, 그리고 재해예방, 기타 근로자의 복지 증진을 위한 사업을 시행할 목적으로 설립된 공공기관입니다(「산업재해보상보험법」 제1조 참조). 이런 근로복지공단의 주요 사업은 크게 산재보험 사업, 산재병원 사업, 근로자복지 사업, 사회보험가입확대 사업의 4가지를 들 수 있습니다. 이를 좀 더 자세히 살펴보면 다음과 같습니다.

산재보험사업이란, 근로자가 업무로 인하여 재해를 당한 경우 치료를 하고, 근로자와 가족의 생활을 보장하기 위해 산재보험을 지급하는 사업입니다. 산재병원 사업은 업무상 재해를 당한 근로자가 조기에 직업과 사회에 복귀할 수 있도록 전국에 직영병원을 운영하여 산재 상병에 특화된 진료와 재활 전문 의료서비스를 제공하는 사업입니다. 근로복지사업은 근로자 생활안정자금 대부, 학자금 대부, 체불임금 지급과 퇴직연금서비스, 직장보육서비스 제공 등 저임금

중소기업 근로자의 복지증진을 위한 사업입니다. 끝으로 사회보험 가입확대 사업은 사회안전망 확충에 기여하기 위한 사업입니다.

산업재해보상보험

앞에서도 보았지만 산업재해보상보험은 근로자가 일을 하다가 부상이나 질병 또는 사망 등의 사고를 당하는 경우에 근로복지공단에서 손실을 보상해주는 제도입니다. 근로자나 사업주에게 손실을 모두 부담시키는 것은 너무 큰 부담이 됩니다. 그래서 국가가 사업주로부터 소정의 보험료를 징수해서 그 기금으로 사업주를 대신하여 산업재해를 당한 근로자에게 보상을 해주는 제도입니다. 흔히 줄여서 '산재보험'이라고 부릅니다.

산재보험의 시행에 관한 사항은 근로복지공단에 위탁되어 있어, 근로복지공단이 보험가입자와 수급권자에 관한 기록의 관리와 유지, 보험료와 그 밖의 징수금의 징수, 보험급여의 결정과 지급, 산업재해보상보험 시설의 설치·운영 등의 사업을 수행하는 것입니다.

산재보험은 직종에 상관 없이, 사업주가 실제로 산업재해보상보험에 가입했는지 여부에 상관없이 적용됩니다. 근로자가 1인인 경우에도 적용되며, 임금을 목적으로 1시간이나 하루 등 단기간 동안 일한 경우에도 적용이 됩니다. 무엇보다도 사고를 당한 데에 근로자의 과실이 있는지를 따지지 않고 적용되는데, 이를 무과실책임주의라고 합니다.

산업재해보상보험법에 따라 산업재해로 인정되면 여러 급여가 지급됩니다. 요양이 필요하다고 결정되면 '요양급여', 일을 하지 못한 기간 동안에는 임금의 70%에 상당하는 '휴업급여', 치료 후 장해가 생기면 '장해급여', 간병인이 필요하면 '간병급여' 등이 지급됩니다. 그리고 요양을 시작한 후 2년이 지나도 계속 치료가 필요한 경우에는 '상병보상연금'이 지급됩니다. 만일 근로자가 사망한 경우에는 '유족급여'와 '장례비' 등이 지급됩니다.

따라서 근로자가 일을 하다가 부상이나 질병을 당하거나 또는 사망하는 사고가 발생한 경우 산업재해로 인정받느냐 못받느냐는 현실적으로 아주 중요한 문제가 됩니다.

업무상 재해의 요건

그런데 근로자가 입은 재해가 산업재해에 해당하기 위해서는, 그 재해가 기본적으로 업무수행 중에 발생한 것이어야 하고(업무수행성), 또한 업무나 업무에 제공된 시설물 때문에 생긴 재해로 인정이 되어야 합니다(업무기인성). 현실적으로는 그 재해가 업무나 업무에 제공된 시설 때문에 발생한 것으로 인정할 수 있는가를 두고 많은 다툼이 벌어지곤 합니다.

산업재해와 업무상 재해의 개념을 정리하자면 산업재해란 '산업활동에 수반되어 발생하는 사고로서, 인적·물적 손해가 발생하는 것'을 말합니다. 그리고 근로자가 작업 또는 업무와 관련하여 발생한 사고로 재해를 당했을 때 '업무상 재해'를 당했다고 하는데, 업무상 재해는 모두 산업재해에 해당하고 줄여서 흔히 '산재'라고 합니다.

영화에서 근로복지공단은 윤미의 백혈병이 업무와 인과관계가 낮다는 이유로 산재를 인정하지 않았습니다. 하지만, 딸과 같은 공장에서 일하다가 백혈병은 물론 각종 희귀병에 걸린 사람이 많다는 걸 알게 된 아빠는 딸의 죽음이 산업재해로 인한 것임을 인정받기 위해

소송을 제기합니다.

그러자 회사는 아빠에게 여러가지 수단을 동원하여 산업재해로 인정해 달라는 신청이나 소송을 그만두도록 회유합니다. 아들도 누나를 공장에 보내 죽게 한 것이 돈을 많이 못 버는 아빠 때문이라며 아빠를 탓합니다.

하지만 영화 속 아빠는 이렇게 외칩니다. "내 꼭 밝혀낼끼야, 내 딸 아픈 거 다 니들 때문이라고. 산재 받아낼끼야. 꼭!" "사람 목숨 쉽게 보고, 돈 가지고 장난치는 놈들이 주는 돈 절대 받을 수 없어!"

딸과의 약속을 지킨 아빠

"법이란게 원래 그래요. 약한 사람들이 법 만들었겠어요. 강한 사람들이 다 자기 보호하려고 법 만든 거지. 그래서 저 같은 사람이 필요한 거죠." 영화 속에서 소송을 맡아 수행하는 변호사는 말합니다.

일찍이 그리스의 유명한 철학자 소크라테스와 논쟁을 벌인 바 있는 트라시마코스(BC 459~400)는 "정의란 강자의 이익이며, 강자에게 유익한 것으로 귀결된다"라고 말한 바 있다고 합니다. 오늘날에도 법이 정의의 표현이 아니라, 힘 있는 자들이 자신들의 이익을 정의라고 하면서 모두에게 지키라고 요구하는 강제규범이라고 생각하는 사람들이 있습니다. 영화 속에 등장하는 변호사는 그런 생각을 가지고 있는 사람이었나 봅니다.

영화 속 아빠는 변호사는 물론 근로자의 편에서 헌신을 다하는 노무사(김규리 분)의 도움으로 결국 딸의 죽음이 산업재해에 해당한다는 판결을 받습니다. "비록 사망한 딸에게 발병한 급성 백혈병의 발병 경로가 의학적으로 명백히 밝혀지지 않았다고 하더라도, 근무하는 동안 각종 유해 화확 물질에 지속적으로 노출되어 발병하였거나 적어도 그 발병이 촉진되었다고 추단할 수 있으므로, 발병한 백혈병과 업무와의 사이에 상당한 인과관계가 있다고 볼 수 있다"라는 판결이었습니다.

노무사

영화 속에서 변호사와 함께 소송에 도움을 준 노무사란 노동 분야 관련 전문직업인입니다. 노무사가 하는 일은 다양합니다.

사업장의 노사 관계에 대한 사항을 분석하여 합리적인 개선방안을 제시하며, 채용에서 퇴직까지의 근로자의 모든 법률문제 전반에 대한 상담 및 교육업무를 담당합니다. 노동조합의 설립·운영 등 모든 활동과 산업재해에 대한 사전적 예방 조치로 사업장의 안전·보건에 대하여 자문합니다. 개별근로자에 대한 부당해고·징계·전직·감봉 등에 대한 구제신청을 대리하거나, 단체 교섭 및 노동쟁의 때 사적 조정 업무를 담당합니다. 노동조합에 대한 부당노동행위에 대한 구제신청을 하며, 사업장의 인사, 노무관리, 인사관계 등을 분석하고 합리적인 개선방안을 제시합니다. 노동관계법령의 규정에 따라 행정기관에 제출하는 각종 신고, 신청, 보고, 청구와 권리구제 등에 관한 서류의 작성과 제출업무도 수행합니다.

"윤미야! 아빠가 약속지켰다"

아빠는 그런 노무사와 변호사의 도움에 힘입어 택시 뒷자리에서 죽어가던 딸과 한 약속을 지킨 겁니다. 그리고는 딸을 화장해서 뼈를 뿌린 강원도 설악산의 울산바위가 보이는 곳을 찾아가 술을 뿌리며 말합니다. "윤미야! 아빠가 약속지켰다. 자, 마세. 원샷해도 된데니"라고. 영화 속 아빠의 실제 인물인 황상기 씨는 지금도 속초에서 택시기사를 하고 있다는 자막과 함께 영화 〈또 하나의 약속〉은 막을 내립니다.

산업재해 은폐 현상

현실 속 문제로 산업재해가 발생했을 때 산업재해보상보험으로 산업재해를 처리하지 않는 산업재해 은폐현상이 있습니다. 우리나라는 OECD 국가 중 산재 사망률이 1위이지만, 정작 산업재해 발생률은 OECD 국가 중 평균 이하인 것으로 통계상 나타납니다.

이는 다수의 산업재해가 숨겨지고 있기 때문으로 분석됩니다. 사업주가 산재보험료를 내고 있음에도 불구하고 산업재해가 발생했을 때 산업재해보상보험으로 처리하기보다는 사업주가 직접 피해를 보상하고 있다는 겁니다.

왜냐하면 산업재해를 보고한 사업주는 각종 행정 조치에 시달리는 반면 산업재해를 성공적으로 은폐한 사업주는 행정 제재를 받지 않고 산업재해가 적다는 이유로 추가적인 혜택을 받을 수 있기 때문입니다. 이에 고용노동부는 산업재해 미보고에 대한 적발과 산업재해 감독을 강화하려고 노력하고 있으나 본질적인 해결책이 되지 못한다는 비판을 받고 있습니다.

게다가 현행 산재보험 지급절차를 가리켜 다단계 불승인 위원회라고 비판하는 사람들도 있습니다. 산재보험 급여를 받고자 하는 경우 관할 근로복지공단에 신청하여야 하고, 근로복지공단에 의해 지급이 거부되거나 지급 내용에 이의가 있을 경우 근로복지공단에 다시 심사를 청구할 수 있으며, 그 결과에 불복하면 노동부의 산업재해보상보험 심의위원회에 재심사를 청구할 수 있습니다. 이 재심사 결과에도 이의가 있으면 법원에 소송을 제기할 수 있습니다. 다만, 근로복지공단의 결정에 대해 곧바로 소송을 제기하고자 할 때는 근로복지공단에 대한 심사청구나 노동부에 대한 재심사청구를 거치지 않고도 소송을 제기할 수도 있습니다.

이런 절차에서 생각과 달리 산재로 인정받기 어려운 불만을 표시하기 위해 현행 산재보험제도를 빗대어 다단계 불승인 위원회라는 표현을 쓰는 겁니다. 실제로 반도체 공장에서 일하다가 백혈병이나 희귀병에 걸려 소송을 제기한 사례가 여럿 있었습니다.

이에 대해 법원은 산업재해로 인정한 경우도 있고 인정하지 않은 경우도 있습니다. 그 이유는 근로자의 질병이 업무상 재해로 인한 것으로 인정할 수 있는지, 없는지에 주로 달려 있습니다.

영화의 모델이 된 실제 소송에서 업무상 재해로 인정받은 데에는 작업 환경에 대해 증언한 용기 있는 증인이 있었고, 또한 과거에 회사에서 엔지니어들에게 지급한 '환경 수첩'에 여러 암 유발 물질이 기재돼 있었던 것이 유력한 증거로 작용했다고 합니다.

개인적으로는 진실을 밝히는 건 쉬운 일이 아니지만 근로자의 건강과 안전이 지켜지는 사회가 되기를 바라는 마음에서 가능한 한 넓게 업무상 재해로 인정되어야 할 필요가 있다고 생각합니다. "사실관계가 제대로 규명되지 않은 문제에 관한 증명책임을 열악한 지위에 있는 근로자에게 불리하게 인정할 수 없는 게 산업재해보상보험제도의 취지다"라는 견해도 같은 입장이 아닐까요?

생각해보기

1. 본문 속에 나오는 트라시마코스의 말 "정의는 강자의 이익이며, 강자에게 유익한 것으로 귀결된다"는 말에 대한 자신의 생각을 160자 이상 200자 이내로 적어 보자.

2. 아래 두 판결을 읽고 산업재해를 대하는 법의 입장에 대해 자신의 의견을 160자 이상 200자 이내로 적어 보자.

① 산업재해보상보험법에 정한 '업무상의 재해'란 근로자와 사업주 사이의 근로계약에 터 잡아 사업주의 지배·관리하에서 당해 근로업무의 수행 또는 그에 수반되는 통상적인 활동을 하는 과정에서 이러한 업무에 기인하여 발생한 재해를 말한다. 그런데 비록 근로자의 출·퇴근이 노무의 제공이라는 업무와 밀접·불가분의 관계에 있다 하더라도, 일반적으로 출·퇴근 방법과 경로의 선택이 근로자에게 유보되어 있어 통상 사업주의 지배·관리하에 있다고 할 수 없고, 산업재해보상보험법에서 근로자가 통상적인 방법과 경로에 의하여 출·퇴근하는 중에 발생한 사고를 업무상 재해로 인정한다는 특별한 규정을 따로 두고 있지 않은 이상, 근로자가 선택한 출·퇴근 방법과 경로의 선택이 통상적이라는 이유만으로 출·퇴근 중에 발생한 재해가 업무상의 재해로 될 수는 없다. 따라서 출·퇴근 중에 발생한 재해가 업무상의 재해로 되기 위하여는 사업주가 제공한 교통수단을 근로자가 이용하거나 또는 사업주가 이에 준하는 교통수단을 이용하도록 하는 등 근로자의 출·퇴근 과정이 사업주의 지배·관리하에 있다고 볼 수 있는 경우라야 한다(대법원 2007. 9. 28. 선고 2005두12572 전원합의체 판결).

② 사업주 또는 국가가 발병 원인 물질이 인체에 전혀 무해하다든가, 그 질병이 발병 원인 물질로 인한 것이 아니라 전혀 다른 원인에 의한 것이라는 입증을 하지 아니하는 이상, 그 물질에 발병 원인이 존재하며 그로 인하여 업무상 재해가 발생하였다고 추정하여 인과관계를 인정하는 방향으로 입증 책임을 완화하는 것이 근로자의 업무상 재해를 신속하고 공정하게 보상함으로써 근로자 보호에

이바지함을 목적으로 하는 산업재해 보상 보험 제도의 취지와 손해로 인한 특수한 위험을 적절하게 분산시켜 공적 부조를 도모하고자 하는 사회보험 제도의 목적 및 사회 형평의 관념에 맞는다고 할 것이다(서울고등법원 2009. 12. 2. 선고 2009누8849 판결).

15

노동자의 권리는 무엇인가 : <카트>

2014년 11월 개봉

철창에 갇힌 엄마

"엄마 진짜 죄 지은 거 아냐! 회사에서 정직원 시켜준다고 해 놓고 약속 안 지키잖아." 영화 속 한선희(염정아 분)는 '한 여사'로 불리며 "고객은 왕이다! 회사가 살아야 내가 산다!"고 외치며 5년간 대형마트에서 비정규직으로 열심히 일합니다. '비정규직 근로자'란 기간을 정하여 고용된 '기간제 근로자'와 근로자의 파견을 업으로 하는 사업주가 다른 사업자에게 파견한 '파견근로자'를 모두 가리키는 말입니다.

수당도 제대로 못 받으면서 야근을 밥 먹듯 하고 나이 어린 상급자에게 잘 보이기 위해 굽실거리기도 합니다. 그러나 정규직으로 전환해 주기로 약속한 2달여를 앞두고 느닷없이 다른 동료들과 함께 해고통고를 받습니다.

해고란 사용자의 일방적인 의사표시에 의해 노동계약을 해소하는 것을 말합니다. 민법상으로는 기간의 약정이 없는 고용계약은 당사자가 언제든지 해지통고를 할 수 있고, 1개월의 통고기간이 지나면 그 효력이 발생한다고 규정하지만, 「근로기준법」은 근로자를 보호하기 위해 해고의 자유를 제한해서 ① 사용자는 정당한 이유없이 근로자를 해고하지 못하며(제23조 제1항), 사용자가 정당한 이유 없이 근로자를 해고한 때에는 근로자가 노동위원회에 구제를 신청할 수 있도록 하고 있습니다(제28조). 또 근로자를 해고할 때에는 적어도 30일 전에 예고를 해야 하며, 30일 전에 예고를 하지 않은 때에는 30일분 이상의 통상임금을 지급해야 한다(제26조)는 규정도 두고 있습니다. 한편 경영상 이유에 의한 정리해고를 하기 위해서는, 사용자가 해고를 피하기 위한 노력을 다하여야 하며, 근로자의 과반수로 조직된 노동조합 또는 그러한 노동조합이 없는 경우에는 근로자의 과반수를 대표하는 근로자대표에게 해고를 하고자 하는 날의 50일 전까지 통보하고, 성실하게 협의하여, 합리적이고 공정한 해고의 기준을 정하고 그에 따라 대상자를 선정한 후 해고해야 한다고 규정해서 정리해고의 남용을 방지하고자 하는 규정도 두고 있습니다(제24조).

회사의 느닷없는 해고통고에 맞서 동료들과 함께 파업을 벌이던 한 여사는 급기야 사업장을 불법점거했다는 이유로 체포되어 경찰서 유치장에 갇히게 됩니다. 거기서 면회를 온 고등학생 아들에게 한 여사는 이야기합니다. 엄마는 죄를 지은 것이 아니라고.

영화 속 아들은 폴더폰을 최신형 휴대폰으로 바꾸어 주지 못했어도 불평하지 않고, 수학여행 갈 돈을 마련해 주지 못했어도 자기 힘으로 편의점 아르바이트를 해서 수학여행 경비를 마련하려던 착한 아들이었습니다. 그런 아들을 철장 너머로 바라보아야 하는 엄마의 마음은 얼마나 아팠을까요?

근로자의 싸움을 그린 영화 〈카트〉

영화 〈카트〉는 대형마트 근로자들이 회사의 해고에 맞서 노동조합을 결성하여 파업하면서 회사에 복직하기 위해 싸우는 과정을 그린 영화입니다. 그 근로자들 중에 한 여사를 포함한 '비정규직 근로자'들도 포함되어 있습니다.

노동조합이란 고용조건의 유지와 개선을 목적으로 조직된 노동자의 자주적 조직을 말합니다. 현대의 노동조합은 근대 자본주의 경제의 발전을 배경으로 생성·발달되어 왔습니다. 일반적으로 노동조합은 3가지 기능, 즉 경제적 기능, 공제 및 복리증진 기능, 정치적 기능을 한다고 합니다. 경제적 기능 중 핵심은 단체교섭과 쟁의행위입니다. 단체교섭은 임금인상이나 근로시간단축 또는 해고반대 등 다수조합원의 고용조건 개선요구를 조합임원이 대표해서 사용자 개인 또는 사용자 단체와 교섭하는 것을 말하고, 쟁의행위는 평화적인 단체교섭이 결렬되어 단체협약의 체결이 실패했을 때 근로자가 자신들의 요구와 주장을 관철하기 위해 업무의 정상적 운영을 저해하게 되는 행위로서, 조직적·공동적으로 노무제공을 거부하는 파업, 의식적으로 작업능률을 저하시키는 태업, 파업을 효과적으로 수행하기 위해 근로를 희망하는 사람들의 사업장 또는 공장에의 출입을 저지하고 파업참여에 동참할 것을 요구하는 피케팅 같은 것이 대표적입니다.

비정규직 근로자

한편, 앞에서 '비정규직 근로자'란 ① 기간을 정하여 고용된 '기간제 근로자'와 ② 근로자의 파견을 업으로 하는 사업주가 다른 사업자에게 파견한 '파견근로자'를 가리키는 말이라고 하였는데, 기간제 근로자를 보호하기 위해 「기간제 및 단시간 근로자 보호 등에 관한 법률」은 2007년 7월 1일부터 2년 이상 기간제 근로자를 계속 고용하면 기간의 정함이 없는 정규직으로 간주하도록 하였습니다(제4조). 2년 이상 사용할 근로자라면 정규직으로 고용하라는 취지입니다. 그리고 「파견근로자 보호 등에 관한 법률」은 파견근로자를 2년 이상 사용하게 되면 사업주는 파견근로자를 직접 고용할 의무를 지도록 규정하였습니다(제6조의2). 단, 파견근로자가 55세 이상인 때에는 예외이지만 말입니다. 법의 취지는 일상적인 업무를 위해 파견근로자를 사용하지 말라는 것이지요.

영화 〈카트〉에는 그런 시간적 배경이 명시적으로 나오지 않지만 기간제 근로자에 대한 고용의무가 생기는 법이 효력을 갖기 전에 정규직으로 간주되는 것을 피하기 위해 근로자를 대거 해고했던 실제 사건이 영화의 소재가 된 것입니다. 같은 일을 하면서도 정규직에 비해 차별대우를 받는 비정규직 근로자들에 대해 지금은 고인이 된 노회찬 전 의원은 "착취라는 것은 다른 사람의 성과를 훔치는 것이다. 불법적이든 합법적이든 남의 성과를 훔치는 것은 착취이다. 대표적인 예가 비정규직의 경우일 것이다"라고 비판한 바 있습니다(탁

석산, 『대한민국 50대의 힘』 187쪽).

바위를 뚫는 낙숫물

"낙숫물에 정말로 바위가 뚫릴까요?"

영화 속 근로자들은 회사의 방해에 부닥칩니다. 회사는 노동조합을 결성하고 대화하자는 근로자들을 외면합니다. 이에 근로자들이 파업을 하고 농성을 하자 농성장의 전기를 끊고, 일부 근로자들에게 정규직으로 해 줄 테니 파업을 풀라고 회유합니다. 비정규직 계산원과 청소원 아주머니들의 파업에 합류하게 된 영화 속 강동준 대리(김강우 분)는 묻습니다. 파업근로자들이 입고 있는 조끼에 쓰인 것처럼 정말 낙숫물이 바위를 뚫을 수 있는지를.

"마누라에 애 셋 딸려 봐라. 안 짤리고 다니면 되지."

회사를 위해 맹목적으로 충성하는 영화 속 최 과장은 그런 강대리에게 말합니다. 그렇습니다. 가장에게 식구를 먹여 살리는 일은 절체절명의 중요한 일일 겁니다. 그런데 최 과장은 계산원과 청소원 아주머니들도 단순히 생활비를 벌려고 일하는 것이 아니라 먹고 살려고 일한다는 똑같은 사실을 잊고 있는 건 아닌지 모르겠습니다.

부당해고의 구제

앞서 본 바와 같이 「근로기준법」은 근로자의 의사와 관계없이 사용자가 일방적으로 근로관계를 중단하는 '해고'는 정당한 이유가 없으면 하지 못하도록 규정하고 있습니다(「근로기준법」 제23조 제1항). 해고는 세 가지 경우에 가능합니다. 첫째, 근로자가 업무를 수행할 만한 적격을 갖추지 못한 경우에 행하는 '통상해고', 둘째, 직장 내의 중대한 규율위반을 이유로 한 '징계해고', 마지막으로 긴박한 경영상의 필요에 의한 '경영상 해고'가 그것입니다. 어떤 해고이든 그 요건을 갖추지 못하면 이른바 '부당해고'에 해당하여 노동위원회나 법원을 통해 구제받을 수 있습니다.

즉 부당해고에 대한 구제방법에는 법원에 의한 '사법적 구제'와 노동위원회를 통한 '행정적 구제'가 있습니다. 근로기준법은 '부당해고를 당한 근로자는 3개월 내에 노동위원회에 구제를 신청할 수 있다'고 규정하고 있습니다(제28조). 따라서 부당해고를 당한 근로자는 법원에 민사상 해고무효확인소송 및 임금청구 소송을 제기하는 방법 이외에도 노동위원회에 부당해고 구제신청을 할 수 있습니다.

영화 속 근로자들의 싸움은 끝을 맺지 못합니다. 일부 근로자들이 선별적으로 회사에 복직이 되지만 한 여사와 강 대리는 그렇지 못합니다. 힘차게 카트를 밀고 나가는 그들의 모습을 비추면서 영화는 끝이 납니다.

열정 페이와 최저임금 제도

여기서 열정 페이와 최저임금 제도에 대해 좀 더 살펴보려고 합니다. 열정(熱情)과 페이(pay)가 결합된 '열정 페이'라는 말이 한 때 유행했습니다. 그런데 열정에 대한 정당한 보상이라는 좋은 뜻이 아니라 청년의 절박한 처지를 빌미로 하는 착취를 상징하는 나쁜 표현으로 인식되었습니다. 이러한 '열정 페이'에는 법적인 문제가 없을까요?

「최저임금법」이라는 법률에 '최저임금 제도'가 있습니다. 근로자의 최소한의 생계 보호를 위하여 고용노동부에서 매년 최저임금을 정하고 사용자로 하여금 최저임금액 이상의 임금을 근로자에게 지급하도록 강제하는 제도입니다. 2022년의 최저임금은 시간당 9,160원으로 결정되었습니다(2019년의 시간당 최저임금은 8,350원이었고, 2020년의 최저임금은 시간당 8,590원이었지요). 그런데 「최저임금법 시행령」에 따르면 인턴사원과 같이 수습 중에 있는 사람으로서 근무 기간이 3개월 이내인 사람에 대해서는 시간당 최저임금의 10%를 감할 수 있도록 되어 있습니다.

사용자와 근로자 사이의 근로계약에는 앞서 본 「최저임금법」은 물론 「근로기준법」으로 대표되는 노동법들이 개입하여 약자인 근로자를 보호하려고 합니다. 그래서 최저임금액에 미달하는 임금을 지급하기로 하는 계약은 무효가 되고 최저임금과 동일한 임금을 지급하여야 하는 것입니다. 따라서 여러분은 아르바이트는 물론 그 밖에 근로계약을 체결할 때 「근로기준법」이나 「최저임금법」과 같은 법들에서 정한 것보다 불리한 내용으로 계약을 하지 않을 수 있습니다. 만약 법에서 정한 것보다 불리한 내용의 계약을 요구하는 사용자가 있다면 고용노동부 장관이나 근로감독관에게 신고할 수 있습니다. 따라서 여러분은 법에서 정한 것보다 불리한 계약을 체결하여 그에 따를 필요도 없고 그래서도 안되는 것입니다.

임금을 받지 못하는 경우

한편 여러분이 열심히 일을 하였는데 임금을 받지 못하고 있는 경우에는 어떻게 하여야 할까요? 크게 세 가지를 생각할 수 있습니다. 첫째는 고용노동부에 진정을 하는 것입니다. 「근로기준법」에는 임금을 매월 1회 이상 일정한 날짜를 정하여 지급하도록 하고 있습니다. 그런데 사용자가 근로자에게 임금을 지급하지 않고 있다면 사용자는 「근로기준법」을 위반하고 있는 것입니다.

진정을 하는 구체적 방법은 사업장의 주소지를 맡고 있는 지방 노동관서에 직접 진정서를 제출하거나 인터넷의 '고용노동부 홈페이지'를 이용해서 진정서를 제출할 수 있습니다. 진정서를 제출받은 근로감독관은 근로자와 사용자를 상대로 사실을 조사한 후 사용자에게 밀린 임금을 지급하라는 명령을 내리게 됩니다. 이 명령에 따라 사용자가 임금을 지급하면 사건이 마무리 되지만 그렇지 않으면 근로감독관은 해당 사건을 검사에게 보내고 사용자는 형사 처벌을 받게 되는 것입니다. 근로자의 임금은 근로자의 생계에 직접적 영향을 미치기 때문에 사용자가 임금을 지급하지 않는다면 근로자의 생존권을 위협하여 사회에 해악을 미칩니다. 그래서 근로기준법은 사용자가 임금을 지급하지 않는 경우 근로기준법위반으로 형사처벌의 대상으로 삼고 있는 것입니다.

둘째는 법원에 소송을 제기하는 것입니다. 법원에 임금 청구 소송'을 제기하는 것인데, 소송제기의 한 방법으로 '지급명령 신청 제도'를 활용할 수도 있습니다. '지급명령'이란 변론을 거치지 않고 채권자의 청구에 이유가 있다고 인정되면 채무자에 대해서 일정한 급부를 명하는 재판으로 「민사소송법」 제462조에 규정되어 있습니다. 각 법원의 민원상담창구에 가서 민원상담인의 도움을 받아 쉽게 지급명령신청서를 작성할 수 있습니다. 지급명령신청서에는 여러분이 거주하는 근처에 있는 지방 노동 관서에서 근로자의 민사소송을 도와주기 위해 발급해주는 '체불임금 확인원'을 발급받아 증거로 첨부하면 됩니다. 사용자가 지급명령을 받고 2주 안에 이의를 제기하지 않으면 확정이 되어 사용자의 재산에 강제집행을 할 수 있습니다.

만약 2주 안에 이의가 제기되면 보통의 민사소송절차로 진행됩니다.

한 가지 더 알아두면 유용한 것이 있는데, 「근로기준법」과 「근로자퇴직급여 보장법」은 임금채권이 다른 채권자의 채권보다 우선적으로 지급되도록 '임금채권의 우선변제'에 대해 규정하고 있다는 것입니다. 특히 3개월분의 임금채권 및 재해보상금, 최종 3년간의 퇴직금은 근저당권을 설정한 다른 채권자보다도 우선하도록 규정하고 있습니다. 따라서 회사 재산에 대한 강제집행이나 회사 파산 등의 절차에서 근로자는 3개월분 임금 및 최종 3년간 퇴직금을 다른 채권자들에 우선하여 변제받을 수 있습니다.

셋째는 '체당금' 제도입니다. 체당금이란 「임금채권보장법」에 따라 기업이 도산하여 임금 및 퇴직금 등을 지급받지 못하고 퇴직한 근로자에게, 국가가 사용자를 대신하여 지급하는 것을 말합니다. 다만 체당금을 지급받기 위해서는 기업이 도산한 경우여야 한다는 제한이 있습니다. 따라서 사업장에 대해 법원이 파산선고 또는 회생개시 결정을 하였다는 것과 같이 지방노동관서의 장이 도산으로 인정하여야 합니다. 이 경우 체당금의 지급금액은 퇴직 전 최종 3월분의 임금·휴업수당 및 3년간의 퇴직금 중 미지급액과 체당금 상한액으로 한정되어 있습니다.

세상에 공짜는 없다

'세상에 공짜는 없다'는 말이 있습니다. 많은 사람들이 삶의 진리처럼 이야기하고 있는 것이지요. 노동의 영역에서도 마찬가지입니다. 근로자들의 건전한 노동과 그에 합당한 보수가 주어지는 사회가 되어야 하겠습니다.

생각해보기

1. 다음 글을 읽고 노동3권이 무엇인지 알아보고, 바람직한 노사관계에 대한 자신의 생각을 160자 이상 200자 이내로 적어 보자.

> 물론 노동자들이 합법적으로 자본가에게 대항할 수 있는 장치가 마련되어 있다. 바로 헌법에 규정된 노동3권이고 그 가장 구체적인 제도는 노동조합이다. 흔히 복지국가라고 지칭되는 유럽의 주요 국가들은 모두 이 노동조합의 중요성을 보편적으로 인식하고 제도적으로 정착시킨 나라들이다. 노동자들은 자본가들이 자신들에게 일자리의 은혜를 베푼 사람들이라고 인식하지 않고 있으며, 자본가들도 노동자들을 그렇게 생각하지 않는다. 굳이 표현하자면 자본가와 노동자의 관계는 '파트너십' 관계라 볼 수 있다. 물론 이 상황에 도달하기까지 노동자들이 자신의 권익을 신장하기 위해 각성하고 투쟁하는 과정이 필수적이었을 것이다. 그들도 '노동조합'이라고 하면 '빨갱이'를 연상하던 시절이 있었을 것이다. 그 시절을 거치고 나서 현재에 이르기까지 적지 않은 피와 땀과 노력이 있었을 것이다(권종철, 『비판혁명』, 논비창, 2013, 221쪽).

2. 다음 글을 읽고 비정규직 근로자 보호를 위해 법이 어떤 역할을 해야 한다고 생각하는지 토론해 보자.

> 1997년 외환위기 이후 비정규직 규모가 급증하여 전체 임금 근로자의 3분의 1을 넘어서는 등, 비정규직이 남용되고 이들에 대한 차별대우로 사회 양극화 현상이 심화되었다. 「기간제 및 단시간근로자 보호 등에 관한 법률」이나 「파견근로자보호 등에 관한 법률」과 같은 비정규직보호법은 비정규직에 대한 차별대우를 시정 및 금지하고, 기간제와 단시간 근로의 남용을 제한하며, 불법 파견에 대한 제재와 파견근로자보호를 강화하고자 마련되었지만, 노사 양측이 모두 부정적인 입장을 나타냈다. 예를 들어 기간제 근로자의 경우 2년 이상 일하면 정규직으로 전환하도록 규정했으나, 사용주가 2년 이내에는 언제든지 해고할 수 있게 됨으로써

오히려 고용 불안을 가중시키는 역효과를 초래했다는 것이다. 한편, 경영계에서는 비정규직보호법들이 노동시장의 유연성 제고에 역행하는 처사라며 반발했다.

3. 아래 기사에 대한 자신의 입장을 160자 이상 200자 이내로 적어 보자

비정규직 노동자가 해고된 일이 있었다. 하소연할 곳 없어 끙끙대던 그는 지방노동위원회에 구제를 신청해 이겼다. 노동위원회 구제 절차에서 2심 격인 중앙노동위원회에서도 이겼다. 회사는 중앙노동위원회의 결정을 취소해달라며 법원에 행정소송을 제기했다.

그 사이 1년이 지났다. 노동자는 벌이도 없이 메말라 갔다. 행정소송 1, 2심에서도 노동자가 이겼다. 대법원에서도 노동자 승소를 확정했다. 해고 후 4년 만이다. 직장 동료들이 증인으로 많이도 출석했다. 회사 편을 들며 노동자를 거짓 증언으로 공격했다. 노동자는 배신감에 치를 떨며 우울증을 앓았다.

변호사 비용은 또 어떤가. 1년 연봉이 나갔다. 노동자는 철저한 고독 속에 회사와 4년을 싸웠다. 상처뿐인 영광이다. 그런데 회사는 대법원 판결을 이행하지 않는다. 행정소송이기 때문에 회사는 중앙노동위원회의 결정에 따라야 할 의무만이 발생하는데 이행강제금 몇 푼을 내면서 버티면 그만이다.

이런 경우 노동자는 '해고무효확인' 민사소송을 제기해야 한다. 노동자는 '법이라는 게 이런 것인가' 생각하며 황폐해진 내면과 어두워진 외모를 들여다보며 스스로를 원망한다. 회사가 고통받는 일은 없다. 회사는 마음도 없고 몸도 없다. 모두의 책임은 무책임이기 때문에 인격이 소거된 회사가 존재할 뿐, 손해라고 해봐야 소송비용 푼돈을 회사 공금으로 지출했을 따름이다.

대신 회사는 직원에게 본보기를 보였다. '너희도 이렇게 될래?' 약자는 재판에서 이겨도 지고, 져도 진다는 교훈을 전 직원에게 보여줬다. 누가 승자로 보이는가. 약자들의 소송은 정도의 차이가 있으되 양상이 비슷하다.

약자에겐 소송이 필요 없다는 말이 아니다. 법은 형식적으로 약자들이 마지막으로 두드리는 보루다. 궁지에 몰렸을 때 번거롭더라도 소송을 포함한 일체의 법적 구제절차에 의지해야 한다. 이는 최소한에 불과하거나 겨우 시작일 수 있다.

4. 다음 글을 읽고 바람직한 노사 문화에 대한 자신의 입장을 160자 이상 200자 이내로 적어 보자.

> 세계경제포럼(World Economic Forum,WEF)은 매년 세계 각국을 대상으로 국가경쟁력을 평가하여 그 결과를 발표하고 있다. 노동시장 효율성 부분 10개 항목 중 정리해고 비용(112위), 여성경제활동 참가율(90위) 항목의 경쟁력이 매우 낮았으며, 특히 노사간 협력 항목은 130위로 137개 조사대상국 중 최하위 수준인 것으로 나타났다.

영화로 보는 법과 사회

16. 무엇이 아프게 하는가 : <지슬>

17. 역사를 어떻게 표현할 것인가 : <그때 그 사람들>

18. 과거와 어떻게 화해할 것인가 : <26년>

TAKE 6

역사와 만나는 법 Ⅱ

16

무엇이 아프게 하는가 : <지슬>

2013년 3월 개봉

법에 관한 의문들

'지슬'은 감자를 뜻하는 제주도 사투리입니다. 영화 속 배경은 1948년 11월의 제주입니다. '해안선 5km 밖의 모든 사람을 폭도로 여긴다'라는 소식을 듣고 동굴로 숨어 든 사람들은 이웃이 가져온 지슬을 나눠 먹으며 웃고 떠듭니다. 누구는 집에 두고 온 도새기(돼지) 먹이를 걱정하기도 합니다. 그러면서 이런 상황이 2~3일 내로 끝날 거라 믿습니다. 동굴 밖에서 무슨 일이 벌어지고 있는지 정확히 알지도 못한 채 두려움에 떨면서도 평소 일상대로 티격태격하기도 하며 서로를 보살폈던 겁니다.

4·3을 그린 독립영화

영화 〈지슬〉은 1948년 11월 있었던 소개령을 피해 현재 제주도 서귀포시에 있는 '큰 넓궤'로 피신한 사람들의 이야기를 그린 독립영화입니다. '독립영화' 또는 '인디영화(Independent Film)'라는 건 일반 상업영화 제작사나 투자자의 자본과 지원을 받지 않고, 상업영화의 제작·배급방식으로부터 독립하여 만드는, 창작자의 예술적 의도가 우선시되는 영화를 말합니다. 독립영화가 1만 명의 관객을 모으는 것은 상업영화 기준 100만 명을 동원하는 것과 비슷하다고 합니다. 영화 〈지슬〉은 2013년 5월 28일 누적관객수 14만 838명을 기록했습니다.

영화 〈지슬〉은, 영화에 등장하는 제주 사람들의 대사를 모두 제주 사투리로 처리했습니다. 그럼으로써 제주 사람들이 겪은 4·3이라는 역사적 아픔을 생생하게 표현하는 한편, 더 나아가 그 당시의 정치적 상황을 신랄하게 고발함으로써 제주 사람들의 정체성 회복과 치유 기능에 일말의 기여를 했다고 평가받습니다. 자막이 없다면 영화에 등장하는 제주 사람들의 대화를 우리는 온전히 이해하지 못할 정도인데요. 그만큼이나 우리에게 영화의 배경이 된 '제주 4.3사건'은 아직도 낯설기만 한 건지도 모르겠습니다. 많은 희생자가 발생했음에도 6.25전쟁을 거치고 남북분단이 심화되면서 제주 4.3사건은 입에 언급하는 것 자체가 금기시되었기 때문에 더욱 그러합니다.

역사는 제주 4.3사건을 '1948년 4월 3일 제주도 전역에서 좌익 무장대가 우익 인사들과 경찰관서를 습격했다가 패한 무장봉기'로 기록하고 있습니다. '제주 4.3사건'은 한국 현대사에서 한국전쟁 다음으로 인명피해가 많았던 사건이라고 합니다. 모두 30,000명 이상이 희생되었을 것으로 추정됩니다.

1990년대 들어 민주화의 진전과 남북화해 분위기가 조성되면서 4·3사건에 대한 재조명이 이루어졌습니다. 제주 지역 언론사와 학술단체 등의 헌신적 노력에 힘입어 2000년 1월 12일 제정된 법이 「제주 4.3사건 진상규명 및 희생자 명예회복에 관한 특별법」입니다.

일반법과 특별법

특별법이란 특정한 지역이나, 사람·사물·사항에 대하여 제한적으로 적용되는 법을 말합니다. 예를 들어 「상법」은 상인에게 제한적으로 적용된다는 점에서 「민법」에 대한 특별법이고 「군형법」은 군인과 군무원에게 제한적으로 적용된다는 점에서 「형법」에 대한 특별법입니다.

이에 대해 「대한민국헌법」, 「형법」, 「민법」과 같이 사람이나 장소 또는 사물에 특별한 제한 없이 일반적으로 적용되는 법을 '일반법'이라고 합니다. 일반법과 특별법 사이에는 '특별법 우선의 원칙'에 따라 특별법이 일반법에 우선하여 적용됩니다. 예를 들어 상거래 관계에서는 「상법」이 「민법」에 우선하여 적용되며, 군인 관련 범죄에서는 「군형법」이 「형법」에 우선하여 적용되는 것입니다. 영화 〈범죄소년〉에서 보았던 것처럼, 19세 미만의 소년에 대해 적용되는 「소년법」도 「형법」이나 「형사소송법에 대한 특별법입니다.

「제주 4.3사건 진상규명 및 희생자 명예회복에 관한 특별법」은 "제주 4.3사건"이란 1947년 3월 1일을 기점으로 1948년 4월 3일

발생한 소요사태 및 1954년 9월 21일까지 제주도에서 발생한 무력 충돌과 그 진압과정에서 주민들이 희생당한 사건을 말한다고 정의하고 있습니다(제2조 제1호). 그러면서 '제주 4.3사건 진상규명 및 희생자 명예회복 위원회'를 두어 진상보고서를 작성하는 한편, 제주 4.3사건으로 인하여 사망하거나 행방불명된 희생자, 후유장애가 남은 희생자에 대한 의료지원금과 생활지원금의 지급과 위령묘역 조성 등에 관하여 규정하고 있습니다.

이 법에 따라 희생자 신고를 접수한 결과 최종 1만 3,571명이 신고되었는데, 이는 1948년 당시 제주 인구 28만 명의 약 5%에 해당하는 수치라고 합니다. 유형별로 보면 사망자가 1만 379명으로 대다수를 차지했고, 행방불명 3,053명, 후유장애자 139명으로 집계되었습니다. 그리고 '제주 4.3사건 진상규명 및 희생자 명예회복 위원회'에 의해 작성된 진상조사보고서에 따르면 영화가 그리고 있는 기간을 포함한 1948년 10월부터 1949년 3월까지 6개월 사이에 전체 희생의 80% 이상이 발생하였다고 합니다.

아픔과 논란

"빨갱이들이 동굴에 숨었다고 하니까 이 잡듯이 샅샅이 뒤져라." 1948년 11월 제주도에는 계엄령이 선포되면서 섬 해안선으로부터 5km 밖인 산간 지역의 모든 사람을 적으로 간주하고 무조건 사살하라는 명령이 내려집니다. 이런 초토화 작전에 동원된 영화속 군토벌대 중에는 죄 없는 사람도 죽여야 하는지 갈등을 겪는 박 일병 같은 이도 있는 반면 김 상사와 백 상병은 그렇지 않았습니다. 백 상병은 '밥 쳐먹으려면 폭도들 목을 따오라'며 토벌 실적이 없는 박

일병에게 밥을 주지 않기도 하지요.

영화 〈지슬〉을 보는 동안 아픈 마음을 지울 수 없습니다. 보통 사람들에겐 아름다운 풍광으로만 다가오는 제주에 한국 현대사의 커다란 상처가 숨겨져 있다는 걸 새삼 깨닫기 때문입니다. 영화를 만든 감독은 제주의 아름다운 풍광 때문에 영화 속 이야기가 묻힐까봐 영화를 흑백으로 촬영했다고 합니다.

제주 4.3사건의 발생배경은 1945년 8월 15일 일제로부터 해방된 이후 비롯된 좌·우의 극심한 이념 대립입니다. 8.15 해방 이후 제주도는 일제 강점기의 사회주의 세력들이 정치적 주도권을 잡았다고 합니다. 그중에는 혁명적 좌익성향의 인사들이 많이 포함되어 있었습니다. 그러나 미군정의 지지를 받은 우파 세력이 강화되어 사회주의자들과 사이에 정치적 갈등이 점차 심화되었습니다. 그런 와중에 1947년 3월 1일 있었던 3.1절 기념집회 과정에서 말을 탄 기마경찰에 아이가 치이는 사건이 발생합니다. 이를 그냥 지나치려는 경찰에게 일부 시민들이 반발하는 과정에서 경찰이 민간인에게 발포하여 6명이 사망한 사건이 발생합니다.

이 사건 이후 제주도에 침투하여 암약하던 남조선노동당의 사주에 의해 제주도민들과 미군정 및 우파 세력 사이의 갈등은 걷잡을 수 없이 악화되었습니다. 1948년 4월 3일을 기해 인민유격대가 제주경찰서 등을 기습함으로써 무장봉기를 일으켰고, 이에 편승한 좌익계는 '폭력적 탄압 중지', '남한만의 단독선거 반대', '단독정부 반대', '민족통일, 미군정 반대', '민족독립' 등의 정치적 구호를 내세웠습니다. 사건 초기에 미군정은 경찰을 동원하여 이를 진압하려 하였으나, 사태가 더욱 악화되자 결국 군을 투입하여 진압하기에 이릅니다.

제주 4.3사건을 바라보는 시각은 다양할 수 있습니다. 법적으로도 문제가 된 일이 있습니다. 제주 4.3사건을 두고 '1948년 남한에서 실시된 5.10 총선을 반대하라는 북의 지령을 받은 공산주의자들이 일으킨 무장폭동'이라는 표현을 쓴 신문 기사가 있었습니다. 이에 대해 당시 무고하게 희생된 희생자와 그 유족들이 명예훼손을 당했다며 불법행위 책임을 묻는 소송을 제기한 바 있습니다(제주지방법원 2008. 1. 10. 선고 2002고합560 판결). 그 판결에서는 기사에 사용된 '공산주의자' 또는 '무장폭도'의 의미가 당시 관여한 '무장유격대'나 '공산주의자'를 의미하는 것으로 4.3사건의 희생자들까지 포함하는 것으로 볼 수 없다고 밝힌 바 있습니다.

역사적 사건을 평가하는 일은 쉽지 않습니다. "제주 4.3사건에서 억울하게 희생된 제주도 양민은 그 원한이 풀리고 위로되어야 하며 보상도 받아야 한다. 다만 자유민주적 기본질서를 파괴하고 대한민국 자체를 부정하였던 폭도들까지 무차별하게 희생자로 결정한 것은 대한민국을 위해 싸운 국군과 경찰을 오히려 '학살자'로 만드는 것이기 때문에 이에 대한 시시비비를 철저히 가려야 한다는 것이다"는 주장도 전혀 일리가 없다고 할 수는 없겠습니다.

하지만 영화에서 보는 것처럼 당시 군·경 토벌대에 의해 많은 무고한 민간인이 희생되었음도 사실이며 되풀이 되지 말아야 할 역사일 것입니다. 영화 제목이 된 '지슬'은 다리가 불편하고 나이가 너무 많아 미처 동굴로 피신하지 못하고 집에 남아 있다가 초토화 작전 중 희생된 어머니가 자식들 먹으라고 가슴에 품었던 감자이기도 했습니다. 사람들은 그런 비탄한 내막도 모른 채 감자를 나눠 먹으며 삶을 이어갔지만 결국 토벌대에 발각되어 죽임을 당합니다.

영화 〈지슬〉은 자막을 통해 이렇게 이야기합니다. "당시 제주 북서부 중산간에 위치한 '큰 넓궤'라는 동굴은 토벌을 피해 온 인근 마을 주민들 120여 명이 50~60일 동안 숨어 지냈던 곳이다. 그러나 결국 토벌대에 발각되어, 보초를 서던 마을 청년들의 도움으로 탈출을 하며 위기를 모면하였지만, 한라산 근처에서 대부분이 붙잡히고 만다. 그들 대부분은 1948년 12월 24일 서귀포시 정방폭포에서 총살되어 바다에 버려졌다. 4.3 당시 학살된 제주도민은 3만여 명 이상으로 추산되고 있다. 그들 대부분이 국가 권력에 의해 억울하게 학살된 민간인들이었다."

끝나지 않은 세월

영화 〈지슬〉은 2013년 독립영화제로 유명한 미국 선댄스 영화제에서 월드 드라마 심사위원대상을 수상했습니다. 당시 영화제에서는 "제주에서 온 완전히 새로운 영화, 깊이 있는 서사와 더불어 시적인 이미지까지 〈지슬〉은 우리 모두를 강렬하게 사로잡을 만큼 매혹적이었다"라는 평가를 받았습니다.

영화 〈지슬〉의 부제는 '끝나지 않은 세월'입니다. 제주시 봉개동에 있는 제주 4.3 평화공원에는 비문 없는 비석인 '백비'가 누워 있다고 합니다. 제주 4.3사건의 진정한 해결이 이루어지는 날 비로소 비문이 새겨질 것이며, 누워 있는 비석도 세워질 것이라고 합니다.

원한과 아픔의 세월이 더 이상 계속되어서는 안 된다는 의미에서 그 세월은 이제 끝나야 할 텐데요. 그렇다고 그 세월이 그냥 잊혀지거나 지워져서는 곤란하겠지요. 묻혀진 제주 4.3사건을 바로 세워 현대사의 잔혹함과 비극에 대해 기억하고, 피해자들에 대해서는 진정한 사과를 함으로써 역사적 상처를 화해와 상생의 정신으로 풀어가야 하겠습니다. 그리고 그런 불행한 일이 다시는 일어나지 말아야 하겠습니다.

생각해보기

1. 아래 글을 참고하여 역사 영화가 갖는 의의와 한계에 대해 160자 이상 200자 이내로 적어 보자.

> 하지만 역사 영화가 역사를 담아내는 데 한계는 분명히 존재한다. 로젠스톤은 영화가 가지는 한두 시간의 단일구조의 내러티브가 과거 현실의 다양한 층위의 의미를 제대로 온전하게 구현할 수 없으며, 영화는 논증의 절차가 생략되기 때문에 분석과 비판의 기능이 없다고 하였다. 또한 기승전결로 이루어지는 영화의 전개로는 거대 서사를 담아낼 수 없고, 나아가 영화는 기본적으로 허구를 창조하는 예술 장르이기 때문에 사실을 추구하는 역사학이 되기에는 애초에 불가능하다고 지적한다.

2. 다음 글을 읽고 역사 문제에 법이 개입하는 것이 옳은지 160자 이상 200자 이내로 적어 보자.

> 최근 대법원은 진실·화해를위한과거사정리위원회(이하 '진실화해위원회'로 줄임)가 진실규명결정을 심의·의결한「진도 민간인 희생사건」의 유족들이 국가를 상대로 제기한 손해배상청구소송에서 원고승소의 원심을 파기하고 원심법원으로 환송하였다(대법원 2013. 5. 16. 선고 2012다202819 판결). 대법원은 '진실화해위원회'의 조사보고서 및 결정은 이를 토대로 일반 민사소송에 의한 손해배상청구를 할 것까지 염두에 두고 사실관계를 확정한 것이 아니고 희생자의 명예회복과 배상이나 보상을 위한 특별한 조치를 위할 것을 기대한 것이므로, 이와 같은

후속조치에 대한 기대가 현실화될 기미가 없자 피해자들이 개별적으로 민사소송을 하게 된 특별한 사정이 있다고 하였다. 그러한 특별한 사정을 감안하더라도 일반 민사소송의 영역에 들어온 이상 '진실화해위원회'의 조사보고서 및 결정에 대한 증거의 가치 역시 「민사소송법」에서 요구하는 증거재판의 원리와 증명책임의 원칙, 자유심증주의에 관한 법리에서 예외일 수는 없다는 것이다. 하지만 원심은 국가기관에 의한 조사 및 처분을 존중함이 마땅하다고 전제한 다음 법률상 추정과 같은 정도의 증거가치를 부여하였는데, 이는 앞서 언급한 원리와 원칙 및 법리를 오해하였거나 필요한 심리를 다하지 않은 위법이 있으므로 상고이유의 주장을 받아들여 원심을 파기한 것이다.

다수의견에 찬성하지 않는 반대의견에서 지적된 바와 같이, 사실의 인정과 그 전제로 행하여지는 증거의 취사선택 및 증거가치에 대한 판단은 논리와 경험의 법칙에 위반되어 자유심증주의의 한계를 벗어나는 등의 특별한 사정이 없는 한 사실심법원의 전권에 속하는 것이다. 또한 대법원 다수의견에서 지적된 사항들은 '진실화해위원회'의 조사보고서 내용에 대한 여러 가지 의문제기에 불과할 뿐이고, 이로 인해 당해 사건의 진실규명결정 내용 자체에 상당한 오류가 있는 것은 아니며, 또한 그로 인해 진실규명 결정의 증명력이 분명하게 부족하다고 볼 정도도 아니다.

17

역사를 어떻게 표현할 것인가 : <그때 그 사람들>

2005년 2월 개봉

10·26사건을 그린 정치 블랙 코미디

“이 영화는 역사의 한 사건을 모티브로 한 상상력에 기초하고 있습니다. 대부분의 세부사항과 등장인물의 심리묘사는 모두 픽션입니다.” 영화 〈그때 그 사람들〉은 그렇게 시작합니다. 영화 〈그때 그 사람들〉은 한국 영화에서 보기 드문 정치 블랙 코미디로 평가받습니다. 블랙 코미디란 원래 통렬한 풍자와 어두운 느낌을 주는 섬뜩

한 내용을 담은 희극을 가리키는 연극 용어입니다.

영화는 1979년 10월 26일 있었던 이른바 '10·26사건'을 그 소재로 하고 있습니다. 10·26사건이란 1979년 10월 26일 밤 7시 40분경 서울 궁정동에 있는 중앙정보부 안가에서 당시 박정희 대통령이 중앙정보부장 김재규가 쏜 총탄에 맞아 사망한 사건입니다. 10·26사건 직전의 국내외 상황은 매우 혼란스러웠습니다. 그때로부터 7년 전인 1972년 10월 박정희 대통령의 특별선언 발표와 계엄령 선포에 의해 제3공화국의 헌정이 중단되고, 그해 12월 27일 공포된 유신헌법으로 시작된 유신체제가 더 이상 지속되기 어려운 상태였습니다.

유신체제는 대통령의 절대권력과 장기집권 보장, 자본축적의 심화·확대, 사회적·계급적 통제의 강화, 안보 이데올로기의 강화를 기본 골간으로 했습니다. 그런데 유신체제가 시작된 이후 억압적인 비민주적 정치가 지속되어 1970년대 후반으로 넘어오면서 그 동안의 정치적·경제적 모순들이 폭발하기 시작했습니다.

경제적으로는 유신체제가 중점적으로 육성했던 중화학공업에 대한 무리한 투자로 경제성장이 악화되고 있었고, 고도성장으로 1인 장기집권의 정당성을 보장받으려 했지만 강압통치로 인해 박정희 정권에 대한 민심은 크게 돌아서고 있었습니다. 또한 저임금을 바탕으로 수출주도형 공업화를 기반으로 한 고도성장은 상대적으로 그 희생양이었던 근로자와 농민 등의 소외감을 확대시킴으로써 그 생존권 요구가 점차 거세졌습니다. 이런 민심을 반영하듯 1978년 12월에 실시된 제10대 국회의원 선거에서 집권당인 공화당이 31.7%를 득표한 데 비해 야당인 신민당이 32.8%를 획득함으로써 집권 세력으로서는 위기감이 커져가고 있었습니다.

더욱이 10·26사건 무렵 집권층 내부의 갈등이 당시 중앙정보부장이었던 김재규와 대통령 경호실장이었던 차지철의 대립구도로 표면화되었는데, 이들의 대립을 결정적으로 증폭시킨 것은 유신체제에 대한 국민의 저항, 특히 부마항쟁의 처리 문제였습니다.

부마항쟁은 1979년 10월 16일부터 20일 사이에 부산과 마산 지역에서 일어난 대규모 민주화운동입니다. 당시 각종 시국사건에 대한 정부의 강경대응으로 반정부 인사들에 대한 체포·연행·연금이 잇달은 상황에서 1979년 9월 당시 신민당 총재이던 김영삼이 유력한 외국 언론에게 당시 박정희 정권에 대한 지지를 철회하라는 내용의 기자회견을 합니다. 이에 집권당은 위 기자회견을 문제 삼아 1979년 10월 4일 김영삼 의원을 국회의원직에서 제명함으로써 김영삼의 국회의원직을 박탈합니다. 이를 계기로 김영삼의 정치적 고향이라고 할 수 있는 부산과 마산에서 시민들의 대규모 반정부 시위가 이어졌습니다. 정부는 경찰력만으로 시위 진압이 어렵다고 판단하고 부산과 마산에 각각 계엄령과 위수령을 발동함으로써 군대를 동원하여 시위를 막았습니다.

이러한 정치적 불안 속에서 시위를 강경하게 진압할 것을 주장하는 당시 경호실장 차지철과 이를 받아들인 박정희 대통령이 1979년 10월 26일 당시 중앙정보부장 김재규의 총탄에 피살된 것이 10·26사건입니다. 그동안 차지철의 견제로 불만이 누적되어 오다가 진퇴위기에까지 몰린 김재규가 만찬 도중 대통령과 차지철을 총으로 쏜 것입니다. 영화는 바로 그날 1979년 10월 26일의 일을 그리고 있습니다.

명예훼손인가 표현의 자유인가

그런데 영화가 개봉되기도 전에 박정희 전 대통령의 아들 박지만 씨가 영화 속 장면들이 고인의 명예를 훼손하여 인격권을 침해한다는 이유로 법원에 손해배상을 구하는 한편, 영화 상영을 금지시켜 달라는 소송을 제기했습니다.

박정희 전 대통령을 비롯한 영화 속 주요 등장인물들이 심심찮게 일본말로 대화를 한다든지, 박정희 전 대통령이 젊은 여성들을 불러 유흥을 즐겼다든지 하는 것과 같이 박정희 전 대통령의 친일성향과 여자관계를 다룬 영화 내용이 고인의 명예를 훼손한다는 겁니다.

이에 대해 법원은 당초 영화 중 3분 50초가량의 세 군데 장면, 즉 ① 부마 항쟁 시위 장면, ② 박 대통령 사망 후 김수환 추기경이 조사를 낭독하는 장면, ③ 박 대통령의 장례식 다큐멘터리 장면을 지우고 상영하라는 가처분* 결정을 하였습니다.**

* 가처분이란 원고의 청구가 마땅한가 그렇지 않은가를 가리는 본안 판결을 하기 전에 상대방으로 하여금 목적물을 처분하지 못하게 하거나 기타 특정한 행위를 하거나 반대로 하지 못하도록 하는 법원의 임시 결정을 말합니다. 예컨대 어떤 부동산을 매수한 사람이 매도인이 다른 데 그 부동산을 처분하지 못하도록 하는 '부동산처분금지가처분'이 그 대표적인 예입니다. 이에 비해 가압류라는 것은 소송을 하기 전에 채무자의 재산을 미리 압류해 둠으로써 장래의 강제집행에 대비하는 것을 말하는데, 가처분과 가압류를 합쳐 '보전처분'이라고 합니다.

** 2017년 8월에도 공영방송 장악과 이에 맞서는 언론인들의 투쟁을 다룬 영화 '공범자들'에 대해 전·현직 MBC 사장들이 법원에 영화상영금지 가처분을 신청하였으나 받아들여지지 않은 적이 있었는데, 영화 〈공범

자들〉에 대해서는 'TAKE 8 자유와 법, 22. 언론의 자유란 무엇인가 : 공범자들'편에서 보도록 하겠습니다.

하지만 당초 일부 장면을 삭제하고 상영하라는 가처분 결정과 달리, 영화 〈그때 그 사람들〉에 관해 이후 내려진 판결에서는 "역사적으로 공적인 인물에 대해서는 표현의 자유를 폭넓게 인정해야 한다"라서나, "헌법 제22조 제1항은 모든 국민은 학문과 예술의 자유를 가진다고 선언하고 있는데, 이러한 학문과 예술의 자유를 제한하려면 단순히 인격권 침해로는 충분치 않고, 회복되기 어려울 정도의 침해가 있을 때만 가능하다. 이 영화에서 박정희 전 대통령에 대한 묘사가 표현의 자유를 본질적으로 제한할 만큼 중대하다고 보기 어렵다"는 등의 이유로 다큐멘터리 부분의 상영을 결정하였고(서울중앙지방법원 2006. 8. 10. 선고 2005가합16572 판결), 종국적으로는 앞서 본 바와 같이 "이 영화는 역사의 한 사건을 모티브로 한 상상력에 기초하고 있습니다. 대부분의 세부사항과 등장인물의 심리묘사는 모두 픽션입니다"라는 자막을 영화 첫 부분에 넣는 것으로 양측이 합의함으로써 법적 분쟁이 종결된 바 있습니다.

이를 두고 영화사 측에서는 박지만 씨 측에 공식적인 유감의 뜻을 표하고 원만히 잘 타결됨으로써 표현의 자유를 침범당하지 않게 됐다는 의견을 피력했다고 합니다. 한편 영화를 찍은 감독은 "세상에 책을 내고 영화를 낸다는 게 뭔가. 사람들과 함께 공감하고 즐기고 나누겠다는 거 아닌가"라고 말하며 표현의 자유가 무엇인지 알기 쉽게 이야기한 바 있습니다.

공적 인물의 이론

앞의 판결에서 언급된 것처럼 사생활의 비밀과 자유 그리고 표현의 자유의 한계에 관한 논의로서 사회적으로 큰 영향력을 행사하는 유명인에 대해서는 자유로운 비판이 허용되어야 한다는 이론을 '공적 인물의 이론'이라고 합니다. 다시 말해서 공적 인물은 그 사생활이 공개되더라도 일반인에 비하여 수인하여야 할 경우가 많다는 이론입니다. 이러한 공적 인물의 이론은 1964년 미국의 뉴욕 타임즈 사건에서 처음 제기되었습니다. 사안의 내용은 공무원의 직무상 행위에 대한 신문광고 내용이 명예훼손에 해당하고, 따라서 뉴욕 타임즈에게 징벌적 손해배상 책임이 있는가에 관한 것이었습니다. 여기서 징벌적 손해배상이란 이미 발생한 손해에 대한 배상이 아니라 가해자의 행위에 대한 징벌과 가해자 및 제3자가 장래 유사한 행위를 하지 못하도록 억지할 목적으로 부과되는 배상을 말하는데, 우리나라에서는 아직 일반적으로 받아들여지지 않고 있는 제도입니다.

결국 뉴욕타임즈 사건에서 언론사의 책임이 부정되었는데, 그 이유는 일반 사인과 공무원은 달리 취급되어야 하고, 언론사가 허위임을 알고도 이를 무시하고 보도한 것이 아닌 한, 언론의 자유를 보장하기 위해서는 공무원에 대한 보도 내용이 본의 아니게 다소 허위 보도 내용이 포함되었다 하더라도, 그러한 언론 보도에 대해서는 관용이 베풀어져야 한다는 것이었습니다.

물론 영화 매체의 특성이, 호소력이 매우 강하고 그 영향력 또한 크므로 영화는 공공성을 가지고 만들어져야 한다거나, 모든 사람의 판단력을 완벽한 것이라고 말할 수 없다는 이유로 여전히 영화 〈그때 그 사람들〉을 문제 삼는 입장이 있을 수 있습니다. 그래도 영화

역시 의사 표현의 한 형태로서 그 소재는 물론 표현 방식 또한 다양할 수밖에 없고, 관객들은 영화를 통해 표현된 제작자의 의도를 스스로 판단할 수 있는 능력을 갖고 있지 않을까요?

예술의 자유 또는 표현의 자유와 영화 사전 심의제

한편 헌법재판소는 영화 사전 심의제에 관하여 "의사표현의 한 수단인 영화는 헌법 제21조 제1항이 규정하는 언론·출판의 자유에 속하며, 예술 표현의 수단이기도 하므로 영화의 제작 및 상영은 헌법 제22조 제1항의 학문·예술의 자유에 의해서도 보장된다"고 하였습니다. 그러면서 단지 의사표현의 발표 여부가 오로지 행정권의 허가에 달려 있는 '사전 심사'는 헌법에 위반된다고 한 바 있습니다. 다만 '등급을 심사하는 것은 영화 상영으로 인한 법 위반 가능성을 막고, 청소년 등에 대한 상영이 부적절할 시 유통 단계에서 효과적으로 관리할 수 있도록 하는 것으로 사전 검열이 아니라는 입장을 피력한 바 있습니다.

헌법재판소는 ① 법원의 제청에 의한 법률의 위헌 여부 심판, ② 탄핵 심판, ③ 정당해산 심판, ④ 국가기구 상호간이나 국가기관과 지방자치단체 간 및 지방자치단체 상호간의 권한쟁의에 관한 심판, ⑤ 헌법소원에 대한 심판을 행하는 특별재판소입니다. 박근혜 전 대통령에 대한 탄핵 심판, 통합진보당에 대한 정당해산 심판 등의 사건을 통해 헌법재판소에 대해 많이 들어보았을 겁니다. 헌법재판소는 대통령이 임명하는 9명의 재판관으로 구성되는데, 그중 3명은 국회에서 선출하는 자를, 3명은 대법원장이 지명하는 자를 임명하도록 되어 있습니다(대한민국헌법 제111조 제2항·제3항). 재판관의 임기는 6년이고 재판관의 대우와 보수는 대법관의 예에 따르도록 하고 있습니다.

영화 〈그때 그 사람들〉만큼 개봉 전에 논란이 많이 된 영화도 그리 많지 않을 겁니다. 특히 영화를 둘러싸고 벌어진 표현의 자유와 명예훼손에 대한 논쟁에서 영화가 역사적 사실에서 '모티브만 따왔고 나머지는 작가적 상상력을 이용한 허구일 뿐' 실제 생전 경험과 무관하기 때문에 명백한 명예훼손이라고 주장하는 측이 있었습니다. 특히 대통령의 문란한 사생활과 일본 군국주의 문화에 대한 동경을 묘사한 부분과 죽는 순간 생명을 구걸하는 소인배로 묘사한 장면은 분명한 명예훼손에 해당한다고 강조했습니다.

반면에 다른 쪽에서는 다큐멘터리와 픽션이 혼합된 방식은 영화제작에서 흔히 사용되는 기법이며, 이런 미학적 판단은 법원이 결정하는 것이 아니라 리얼리티를 살리기 위한 연출가의 몫이므로, 표현의 자유에 해당하고 명예훼손이 되지 않는다고 주장했습니다.

그에 대한 법원의 결정이 오직 유일한 정답일 수는 없을 겁니다. '그 누구도 자신의 시선이 옳다고 다른 사람에게 강요할 수는 없다'는 말을 되새겨봅니다.

생각해보기

1. 영화 <그때 그 사람들>에 대한 다음 글을 읽고 자신의 입장을 160자 이상 200자 이내로 적어 보자.

> 대통령은 배에 이어 다시 머리에 총을 맞기 전, "한 방 먹었다 아이가"라고 영화 '친구'의 장동건 식으로 말하고, 김부장은 머리채를 틀어쥐고 한 방을 더 '먹인다'. 한 인간의 죽음에 대한 희롱의 최대치다. 엔카를 부르던 가수 수봉과 '쿨한

년'이라고 자부하던 대학생이 사건 후 도망쳐 올라간 이층방에서 시시덕거리며 술을 마시는 대목에서, 감독은 공포의 극한에선 웃음이 난다고 말하고 싶은 듯하나, 그 블랙유머는 실패했다. 헌법을 뒤지는 한심한 국무위원들의 대사, 안가의 종업원들이 보일러실에 숨어 나름의 세계관을 피력하는 장면, 보안사에서 취조를 당하는 김재규가 "조국을 위해" 시해했다고 자백하는 대목, 생뚱맞게 시해 가담자들의 처형 장면을 내레이션으로 해설하는 대목에서도 블랙코미디적인 재치와 해학은 찾기 힘들다. 물론 안가를 적신 흥건한 피와 시체를 천상에서 내려찍은 장면의 미학적 완성도는 감동적이지만, 그러한 조롱은 무책임했다.

목숨 건 싸움에 "미친 놈들"이라 말하는 건 얼마나 쿨해 보이는가. 하지만 10·26이라는 역사적 사실을 "미친 놈들의 미친 짓"이라 말하는 건 지식인적 니힐리즘이 아니라, 무책임과 회피다. 이 맹목적 시니컬리즘은 나름의 존재적 이유로 충만했던 박정희와 김재규라는 두 인물의 진심을 어느 쪽도 설명하지 못한 채 그저 역사를 모독할 뿐이다. 이런 금기의 소재를 미진한 블랙코미디로 낭비해버린 건, 영화역사에 대한 실례다.

"박정희가 호색한이었다"거나 "박정희가 왜색을 좋아했다"는 영화 속 사실을 '박정희 폄하용'으로 쓰고 싶은 사람 이외에 이 영화를 통해 각성이나 감동을 얻을 사람은 많지 않아 보인다. 이 영화의 최대 악덕은 민감한 내용을 강하게 다뤘다는 게 아니라, 역사를 버릇없고 무책임하게 다뤘다는 점이다.

2. 아래 글을 읽고 A 신문사의 법적 책임이 인정될 수 있는지 자신의 생각을 160자 이상 200자 이내로 적어 보자.

정치인 B는 평소 자동차를 타고 다니는 것에 반대한다며 자전거 이용을 강력하게 주장해 왔다. 그렇지만 정작 자신은 평소 자동차를 타고 동네 빵집에 다닌다는 기사와 사진이 A 신문사에 게재되었다. B는 A 신문사를 상대로 사생활의 비밀과 자유가 침해되었다며 소송을 제기하였다. 이에 대해 A 신문사는 일반 대중은 B가 평소 자동차를 타고 동네 빵집에 다닌다는 사실을 알 충분한 이유가 있다고 주장한다.

3. 표현의 자유와 관련된 다음 글을 읽고 어느 입장에 찬성하는지 160자 이상 200자 이내로 적어 보자.

P 교수는 2011년 7월 자신의 블로그에 남성 성기 사진을 올렸다가 2012년 2월 불구속 기소돼, 1심에서 벌금 300만원을 선고받았다. 1심 재판부는 "P 교수의 게시물이 별다른 사상적·학술적·교육적 가치를 지니지 않아 음란물로 보기에 충분하고, 이를 누구든 접근할 수 있는 블로그에 게시한 이상 고의도 인정된다"고 판단했다.

그러나 대법원은 "방송통신심의위원인 박 교수가 개인 블로그 안의 디렉터리 '검열자의 일기'에 위원회 심의과정에서 느낀 소회 등을 다른 사안들과 함께 게재하면서 '표현의 자유나 심의규정에 비춰 이들 사진을 음란물로 보는 것은 부당하다'는 자신의 학술적·사상적 견해를 피력한 것이어서 게시 동기나 목적이 사회적으로 정당하다"며 무죄를 선고했다.

18

과거와 어떻게 화해할 것인가 : <26년>

2012년 11월 개봉

5.18 광주 민주화 항쟁

1980년 5월 전라남도 광주에서는 '계엄령 철폐와 전두환 퇴진, 김대중 석방' 등을 요구하는 시위가 벌어졌습니다. 약 7개월 전인 1979년 10월 26일 있었던 '10.26사건'으로 박정희 대통령이 피살되었습니다. 그러면서 정치가 불안정해지자 10·26사건 당시 보안사령관이었던 전두환, 육군 제9사단장이었던 노태우 등 군부세력이 1979년 12월 12일 군사반란을 일으켰습니다. 이 일은 '12.12사태' 또는 '12.12군사반란'으로 불립니다. '12.12사태'는 당시 보안사령관이자 10.26사건의 합동수사본부장이었던 전두환이 이끄는 신군부세력이, 당시 계엄사령관인 정승화 육군참모총장을 대통령의 재가도 없이 불법적으로 강제연행하는 과정에서 발생했습니다.

즉 10.26사건을 계기로 정승화 육군참모총장이 계엄사령관에 취임한 이후 수도권 지역의 주요 군 지휘관을 교체하는 등 내부개혁이 진행되었는데 그 과정에서 정치군인을 제거해야 한다는 주장이 군 내부에서 부각되었습니다. 이에 불만을 품은 전두환을 중심으로 한 군내 사조직인 '하나회' 중심의 신군부가 군사쿠데타를 감행하여 불법적으로 군권을 장악한 사건입니다. '12.12사태'를 주도했던 신군부세력은 이후 대부분 승승장구하여 권력의 요직을 차지합니다.

그런 신군부세력의 정권 장악 의도가 점차 드러나게 되자, 1980년 5월 광주시민들이 이에 항거하는 시위를 하게 됩니다. 그러나 민주화 시위에 나선 사람들은 신군부세력에 의해 폭도로 그리고 빨갱이로 매도되었습니다. 시위의 진실이 가려진 채 광주시민들은 총기를 들고 일어난 폭도들로서 오로지 계엄군에 의해 진압되어야 할 대상으로 누명을 쓰게 된 겁니다. 이 과정을 그린 영화로 2007년 개봉한 〈화려한 휴가〉가 있습니다.

영화 〈26년〉은 바로 1980년 5월 광주에서 있었던 '5.18 광주민주화항쟁'의 아픔을 온 몸으로 겪은 사람들의 이야기를 담고 있습니다. 광주민주화항쟁 동안 영화 속 '미진'(한혜진 분)은 엄마를, '종혁'(임슬옹 분)은 누나를, '진배'(진구 분)는 아버지를 계엄군의 총탄에 잃었습니다. 그로 인해 미진과 종혁 그리고 진배와 그 가족들이 겪는 후유증은 가혹합니다.

미진의 아버지는 서울에 올라와 중고서점을 운영하며 살아보려 하지만 광주에서 겪은 분을 삭이지 못한 채 술로 세월을 보냅니다.

그러다가 전두환이 사는 집 근처에서 화염병을 던지며 항의하다 그만 생을 마감하게 됩니다. 한편, 미진은 사격선수가 됩니다.

종혁은 서울에 와 경찰관이 되었으나 계엄군의 총탄에 죽어 간 누이의 환영에 시달립니다. 진배는 어머니가 정신병에 걸리게 되고, 진배 자신은 누구에게도 지지 않을 '깡'만 남은 건달이 됩니다.

영화 속 진배는 김갑세에게 이렇게 묻습니다. "히니 확인합시나. 그 짝도 광주사람 죽여 본 적 있소?" 김갑세(이경영 분)는 5.18 당시 계엄군으로 시위 진압에 참가해 광주시민에게 발포한 일로 죄책감에 시달리며 살아온 인물입니다. 김갑세와 그 아들은 미진과 종혁 그리고 진배를 한 자리에 모읍니다. 그들의 목표는 5.18의 책임자인 '그 사람'을 사적으로 처단하는 겁니다. 영화 속 그들은 과연 처단에 성공할 수 있을까요?

세기의 재판

현실에서 1995년 김영삼 대통령 시절 5.18 광주민주화항쟁을 무력으로 진압하고 대통령이 되었던 전두환, 노태우 두 전직대통령에 대한 재판이 있었습니다. 사람들은 그 재판을 가리켜 '세기의 재판'이라고 불렀습니다. 지난 세기 동안 국가의 최고 권력자를 법의 심판대에 세운 적이 없었던 우리 역사를 생각해보면 가히 '세기의 재판'이라고 부를 만하겠습니다.

두 전직 대통령은 1980년 광주민주화항쟁을 강경하게 탄압한 '5.18사건' 외에도 그에 앞서 1979년 군사반란을 일으켰던 '12.12 사태'로도 법의 심판을 받았습니다. 1심에서는 전두환, 노태우 전직 대통령에게 각각 사형과 징역 22년 6월의 형이 선고되었다가 2심에서 무기징역과 징역 17년으로 각각 감형되었습니다. 아울러 뇌물로 받은 1,893억원과 2,229억원을 몰수하는 것에 갈음하여 추징한다는 형벌도 함께 받았고, 대법원도 2심과 같은 결론을 내렸습니다.

공소시효

사건이 끝난 후 15년, 16년이 지난 1995년에 이르러 두 전직 대통령을 처벌하기 위해서는 1979년에 발생한 12.12사건과 1980년에 있었던 5.18 관련 범죄행위의 공소시효가 문제되었습니다. '공소시효'란 어떤 범죄에 대하여 검사가 일정한 기간 동안 공소를 제기하지 않고 지나친 경우에 더 이상 기소를 할 수 없도록 소추권을 소멸시키는 제도를 말합니다. 시간이 경과함에 따라 가벌성이 감소하고, 증거판단이 곤란하게 되며, 장기간의 도주생활로 인하여 사실상 처벌받은 것과 같은 상태가 되므로 국가의 태만으로 인한 책임을 범인에게만 돌리는 것은 부당하다는 생각에서 생긴 제도가 바로 공소시효 제도입니다.

2019년 여름에 조국 서울대 법학전문대학원 교수의 법무부 장관 후보 지명을 둘러싸고 뜨거운 논란이 있었습니다. 그 와중에 국회 청문회를 목전에 두고 검찰이 조국 교수의 부인을 소환 조사를 하지 않은 상태에서 전격적으로 기소한 일이 있었습니다. 기억할지 모르겠지만 그때 검찰이 내세운 논리 중에 하나가 바로 공소시효가 임박해서 피의자에 대한 소환 조사 없이 재판에 넘겼다는 것이었습니다. 공소시효가 만료되면 더 이상 기소할 수가 없게 되는 것입니다.

그런 공소시효의 제약을 피해 민주화 정착과 민족정기 함양을 목적으로 1995년 12월 21일 제정된 법이 「5.18 민주화운동 등에 관한 특별법」입니다. 특별법은 우선 공소시효 정지에 대해 규정했습니다. 12.12 군사반란과 5.18항쟁을 전후해 발생한 헌정질서 파괴범죄에 대해 노태우 대통령의 임기가 끝나는 1993년 2월 24일까지는 공소시효 진행이 정지되는 것으로 정하였습니다. 그리고 정부가 5.18 민주화운동 정신 계승을 위한 기념사업을 추진할 것과 5.18 민주화운동을 진압한 것을 공로로 받은 상훈에 대해서는 이를 취소하고 훈장을 환수할 것도 규정하였습니다. 이처럼 5.18 민주화운동 등에 관한 특별법에 의해 공소시효가 정지되었기 때문에 두 전직 대통령에 대한 형사처벌이 가능했던 것입니다.

사면, 법의 세계에 미치는 은총의 기적?

그런데 1997년 12월 김영삼 대통령은 당시 대통령으로 당선되어 취임을 앞두고 있던 김대중 당선자와 합의하여 전두환, 노태우 두 대통령에 대해 특별사면을 단행했습니다. 대법원 판결이 확정된 지 불과 8개월 만이었습니다. 명분은 국민대화합이었습니다.

우리 헌법 제79조 제1항은 '대통령은 법률이 정하는 바에 의하여 사면을 명할 수 있다'라고 규정하고 있습니다. '특별사면'이란 이러한 헌법에 근거하여 제정된 「사면법」에 따라 대통령이 이미 형의 선고를 받은 특정인에 대하여 형의 집행을 면제하는 조치를 말합니다. 이에 대하여 '일반사면'은 특정한 사람을 대상으로 하지 않고, 특정한 죄의 종류를 정하여 그에 해당하는 모든 죄인에 대하여 사면을 하는 것입니다. 일반사면을 받게 되면 이미 형을 선고받은 사람에 대하여는 형 선고의 효력이 상실되며, 아직 형을 선고받지 않은 사람에 대하여는 공소권이 상실되어 더 이상 재판을 받지 않게 됩니다.

어떤 법철학자는 이런 사면제도를 가리켜 '법의 세계에 미치는 은총의 기적'이라고 표현한 바 있습니다. 여러분은 사면제도에 대해 어떻게 생각하는지요?

사적 복수

영화 〈26년〉은 전두환 전 대통령이 그와 같이 사면된 후 국가의 경호를 받으며 살아가던 시절을 시간적 배경으로 합니다. 제목이 나타내는 바와 같이 1980년 광주 민주화 운동이 있었던 때로부터 26년이 흘렀으니 영화 속 배경은 2006년입니다.

영화의 원작은 〈순정만화〉, 〈그대를 사랑합니다〉, 〈바보〉, 〈통증〉, 〈아파트〉 등으로 유명한 웹툰 만화 작가 '강풀'의 만화입니다. 웹툰으로 연재될 당시부터 광주민주화운동에 대해 역사책에서만 보아 온 젊은 세대들에게 큰 반향을 얻었습니다.

사회적 인식으로 보나 역사적 평가로 보나 나아가 법원의 판단으로 보나 5.18이 폭도들의 반란이 아닌 민주화를 위한 항쟁이었다는 것은 분명합니다. 그럼에도 그에 상응한 책임자 처벌이나 유가족에 대한 공식적 사죄가 이루어지지 않고 있는 현실에서, 영화 속 주인공들이 사적 처단에 나선 겁니다. 영화는 우리에게 '사적 복수는 정당한가?'라는 숙제를 던집니다.

영화 〈26년〉을 통해 5.18 광주민주화운동 과정에서 희생된 분들과 그 가족들의 아픔을 보게 됩니다. 매년 5월이면 이런 저런 매체를 통해 광주의 아픔이 아직도 끝나지 않았음을 확인합니다. 그리고 굴곡진 현대사에 가슴 한켠이 먹먹해짐을 어쩔 수 없습니다. 한국의 현대사에는 참 많은 사건들이 있었습니다. '12.12, 5.18 재판'을 되짚어 보면서 과연 '정의'가 무엇인지, '법의 역할'은 무엇인지도 곰곰이 생각하게 됩니다.

역사적 진실

전두환 전 대통령은 최근까지도 1980년 5월 광주에서 시민들에게 발포한 것은 자신과 관계가 없다고 합니다. 2017년 4월 출간한 회고록에서 5.18 광주민주화운동을 여전히 '폭동'으로 규정하고 자신을 '광주사태 치유를 위한 씻김굿의 제물'이라고 주장해 논란을 불러일으켰습니다. 이에 5.18 기념재단 등 단체에서는 법원에 5.18 민주화운동을 왜곡한 내용을 담은 전두환 회고록의 출판과 배포를 금지해 달라는 가처분을 신청했고, 법원이 이를 받아들인 바 있습니다.

법원은 책에 서술된 5·18 민주화운동에 관한 내용이 "표현의 자유의 한계를 초과해 5·18을 왜곡"했으며 "5·18 관련 단체 등을 비하하고 그들에 대한 편견을 조장함으로써 사회적 가치 내지 평가를 저해하는 행위로 볼 수 있다"고 인정했습니다.

법원이 회고록 내용에서 허위로 판단한 부분은 이렇습니다. ① 헬기사격은 없었다 ② 5·18은 북한군이 개입한 반란이자 폭동이다 ③ 광주 시민을 향해 총을 겨누지 않았다 ④ 전두환이 5·18의 발단에서부터 종결까지의 과정에 전혀 관여하지 않았다 ⑤ 1980년 5월21일 전남도청 앞 집단발포 직전 시위대의 장갑차에 치여 계엄군이 사망했다 등 모두 30여 개에 이릅니다.

사건이 발생한 지 40년이 넘도록 시민들에게 발포하도록 명령을 내린 사람이 누군지 밝혀지지 않고 있는 건 5.18 광주민주화운동의 역사성이나 중대성을 생각할 때 쉽게 이해되지 않는 일입니다.

우리는 2017년 8월 개봉한 영화 〈택시운전사〉에서도 5.18 광주민주화운동의 진실을 보도하려는 외국 기자와 그를 도운 한 택시기사의 눈물겨운 이야기를 볼 수 있습니다. 하지만 당시 누가 시위대를 향해 사격명령을 내렸는지, 과연 헬기를 동원하여 사격까지 했는지와 같은 더 큰 진실은 아직도 논쟁이 되고 있는 형편입니다. 역사를 정확하게 알고 또 불행한 역사가 되풀이되지 않도록 하기 위해서라도 5.18 민주화운동에 관한 역사적 진실이 반드시 밝혀졌으면 합니다.

생각해보기

5.18 광주민주화운동에 관한 아래 글을 읽고 자신의 생각을 160자 이상 200자 이내로 적어 보자.

"아니야, 문제를 공수부대로 축소시키면 안 돼. 군인은 명령에 죽고 명령에 산다고 하잖아. 공수부대가 왜 그런 만행을 멋대로 저지르겠어? 위에서 적을 무찌르듯이 무슨 짓을 해서든 데모를 진압하라는 명령을 내린 것 아니겠어? 그렇지 않고서야 어떻게 그런 끔찍하고 무지막지한 짓들을 즈네들 맘대로 저질러."

"… 신문에서 사실을 정확하게 보도해야 하는데 그 임무를 하지 않고 있으니까 소문만 자꾸 무성해지고, 뭐가 뭔지 알 수가 없게 되잖아."(조정래, 한강 10권, 57 광주를 향하여 중에서)

영화로 보는 법과 사회

19. 간첩이란 무엇인가 : <자백>

20. 누구를 위한 개발인가 : <두 개의 문>

21. 소수는 보호받을 수 있는가 : <소수의견> 1

TAKE 7

국가와 법

19

간첩이란 무엇인가 : <자백>

2016년 4월 개봉

간첩

'적국을 위하여 국가기밀을 탐지, 수집하는 것.' 형법상 처벌되는 간첩행위의 뜻입니다. 간첩행위를 하는 자를 '간첩'이라고 하지요. 영화나 소설 등에서는 '첩자', '밀정', '스파이'라고도 부릅니다.

형법상 간첩죄가 성립하려면 다음과 같은 요건이 필요합니다. 간첩은 적국을 위한 것이어야 하므로 적국과 의사연락이 있어야 간첩죄가 성립합니다. 그리고 국가기밀이란 '제한된 범위의 사람에게만 알려져 있고 대한민국의 외적 안전에 대한 중대한 불이익을 초래할 위험을 방지하기 위하여 적국에 대하여 비밀로 하여야 할 사실, 대상 또는 인식'을 말합니다. 간첩에는 '군사간첩', '외교간첩', '선동간첩'은 물론, 외국의 간첩을 잡아내는 '역간첩'도 있다고 합니다.

간첩죄가 성립하면 아주 무거운 형벌에 처해집니다. 「형법」은 '적국을 위하여 간첩하거나 적국의 간첩을 방조한 자', '군사상의 기밀을 적국에 누설한 자'는 '사형, 무기 또는 7년 이상의 징역에 처한다'고 규정합니다(제98조). 냉엄한 국제 현실에서 간첩행위를 엄하게 처벌하는 것은 쉽게 이해할 수 있는 일입니다. 한편, 「국가보안법」은 '반국가단체'와 관련된 행위를 처벌하는 여러 규정을 두고 있습니다.

기록영화

영화 〈자백〉은 이른바 '서울시 공무원 간첩조작 사건'으로 알려진 사건을 40개월에 걸쳐 기록한 기록영화(다큐멘터리)* 입니다. '기록영화가 무슨 영화야?'라고 반문할 사람이 있을지 모릅니다. 하지만 영화는 크게 극영화와 기록영화로 분류됩니다. 기록영화는 실제 소재를 다룬 엄연한 영화의 한 분류로서 영화제작 초기부터 널리 보급되어 있었습니다.

프랑스의 뤼미에르 형제**가 처음 상영하여 영화의 효시로 일컬어지는 필름도 공장 노동자의 퇴근 모습을 그대로 기록하여 보여주는 〈뤼미에르 공장을 나서는 노동자들〉(1985)이었습니다. 기록영화는 자연이나 현실 생활을 정확하게 꾸밈없이 묘사하는 것을 특징으로 합니다. '다큐멘터리'라는 용어를 처음 사용했다는 영국의 존 그리어슨은 다큐멘터리를 '현실의 창조적 처리(creative treatment of actuality)'라고 정의했다고 합니다.

* 다큐멘터리(documentary) : 역사에 남을 만한 사회적 사건을 허구적 요소 없이 그린 기록물. '다큐멘터리'라는 용어는, '기행의 기록'을 의미하는 프랑스어 documentaire에서 나온 말로 영국의 기록영화 작가인 J. 그리어슨이 1926년에 처음 사용했습니다.

** 뤼미에르 형제 : '시네마토그라프'라는 초창기의 영화 카메라 겸 영사기를 발명한 프랑스 사진 장비 발명가. 뤼미에르 형제가 발명한 기계는 하나의 카메라로 초당 16토막의 속도로 촬영과 영사를 동시에 할 수 있는 장비입니다. 이들의 초창기 영화들은 프랑스의 일상생활을 묘사한 것이었습니다.

허위진술에 의한 재판

이쯤에서 영화 〈자백〉에 대해 살펴보겠습니다. 유우성 씨는 북한에 살던 중국 국적 화교였습니다. 그는 탈북한 뒤 서울시의 탈북자 담당 공무원으로 일하면서 탈북자의 신상정보를 북한에 알렸다는 간첩혐의로 재판을 받게 됩니다. 영화 〈자백〉은 사건의 결정적 증거가 된 유씨 여동생의 진술이 허위임을 유씨 여동생의 입을 통해 확인하고 있습니다. 유씨 여동생이 국가정보원에서 6개월가량 조사를 받으면서 강압과 회유를 이기지 못하고 허위로 진술하였다는 것입니다. 유씨 여동생은 "국정원 조사에서 오빠가 간첩인 것처럼 유도했다"며 "이에 따르면 오빠 형량을 낮춰주고, 나중에 오빠와 함께 한국에서 살 수 있게 해주겠다고 회유했다"고 말합니다.

'국가정보원'은 정부조직법에 따라 국가안전보장에 관련되는 정보·보안 및 범죄수사에 관한 사무를 담당하기 위하여 대통령 소속으로 조직된 국가기관입니다(「정부조직법」 제17조). 국가정보원의 전신은 중앙정보부와 국가안전기획부입니다. 중앙정보부와 국가안전기획부는 정보를 기반으로 국가의 중요 정책결정 및 집행에 중요한 역할을 담당했습니다. 그러나 군사정권 이래 불법적으로 국내 정치에 개입하고 인권을 침해함으로써 국민적 비판의 표적이 되었습니다. 1999년 1월 '국가안전기획부(안기부)'는 국가정보원으로 이름을 바꾸게 됩니다.

국가정보원법은 국가정보원의 국내정치 개입을 차단하기 위해 국정원장·차장 및 기타 직원은 정당이나 기타 정치단체에 가입하거나 정치활동에 관여하는 행위를 할 수 없다고 규정하고 있으며(국가정보원법 제11조), 인권유린을 방지하기 위해 국정원장·차장 및 기타 직원은 그 직권을 남용하여 법률에 의한 절차에 의하지 않고 사람을 체포 또는 감금하거나 다른 기관·단체 또는 사람으로 하여금 의무 없는 일을 하게 하거나 사람의 권리행사를 방해하여서는 안 된다고 규정하고 있습니다(국정원법 제13조).

유우성씨는 재판 결과 일부 유죄가 인정됩니다. 함경북도 회령에 살던 중국 국적의 화교임을 숨기고 북한국적의 탈북자인 것처럼 속여 북한이탈주민으로 지원을 받은 것입니다. 하지만 가장 중요한 혐의인 간첩 부분에 대해서는 법원에서 무죄를 선고받습니다. 그런데 재판 과정에서 믿기 힘든 일이 벌어집니다. 국가정보원이 유씨의 간첩 혐의를 증명하기 위해 검찰을 통해 제출한 일부 증거들이 조작되었음이 밝혀진 것입니다. 진실게임의 양상을 띠던 사건이 유씨의 출입경 기록이 위조된 것이 드러나는 바람에 국가정보원과 검찰로서는 입이 열 개라도 할 말이 없는 상황이 되어 버렸습니다.

2017년 9월 유우성 씨를 변호했던 '민주사회를 위한 변호사모임'

소속 변호사들은 국가정보원으로부터 명예훼손을 당했다며 낸 손해배상 청구소송에서 '국가는 1명당 300만원씩을 지급하라'는 승소판결을 받습니다. 국가정보원에 의해 사건이 조작됐다고 주장했던 변호사들에 대해 "조사 당시 회유나 협박을 통한 사건 조작이 있었다는 것은 허위사실"이라며 "변호인들이 유씨 여동생의 감성을 자극해 진술 번복을 교사한 것은 방어권을 넘어서는 중대한 국기문란 사안"이라고 주장했던 국가정보원이 패소한 것입니다.

열 사람의 진범을 놓치더라도

"열 사람의 진범을 놓치더라도 무고한 한 사람을 처벌해서는 안 된다"는 법언이 있습니다. 남북이 분단된 상황에서 국가안보의 중요성과 더불어 간첩을 엄벌해야 할 필요성은 누구도 부인할 수 없습니다. 그러나 간첩을 수사함에 있어서도 위와 같은 법언이 포기될 수는 없을 겁니다. 그렇지 않으면 나를 포함한 누구라도 똑같은 일을 당할 수 있기 때문입니다. 지난 몇 년 동안 과거에 간첩으로 수사를 받아 유죄가 확정되었던 사건들이 재심절차를 통해 무죄가 선고되는 일을 보아도 그러합니다.

"한국인은 목적을 위해서 수단 방법을 가리지 않았어." 지난 시절 억울하게 간첩으로 몰렸던 한 재일교포 유학생의 말이 가슴을 찌릅니다. 간첩으로 몰려 고문을 당했다*는 그는 말합니다. "얼마나 한국이 나쁜 나라인지 말하고 싶습니다. 압니까?" 고문에 의한 자백은 재판에서 유죄의 증거로 삼을 수 없는데요.* 현실에서는 그렇지 못했음을 알 수 있습니다.

* 자백배제법칙 : 피고인의 자백이 고문, 폭행, 협박, 신체구속의 부당한 장기화 또는 기망 기타의 방법에 의하여 자의로 진술된 것이 아니라고 인정될 때에는 … 증거로 쓸 수 없다는 원칙을 말합니다(「대한민국헌법」 제12조 제7항, 「형사소송법」 제309조).

고문이 왜 자행되어서는 안 되는지 다음 글을 읽어보면서 이번 이야기를 마치고사 합니다.

… 고문이 정당화될 수 없는 이유는 바로 이러한 맥락에서 찾아볼 수 있다. 고문은 진실을 밝히기 위해 근육을 쥐어짜는 것으로서, 인간성의 비인간화를 초래하기 때문이다. 인간은 진실을 근육 속에 감추지 않는다. 따라서 근육을 쥐어 짜봐야 진실이 나올 수 없다. 나오는 것은 피와 땀뿐이다. 그럼에도 불구하고 근육에 고통을 가하여 문제를 해결하려는 것은, 인간이 진실을 근육 속에 감추는 것으로 여기는 것과 같은 인간성의 비하를 초래하기 때문에 고문은 정당화되지 않는다(김광수, 『논리와 비판적 사고』, 철학과 현실사, 2002, 23쪽).

생각해보기

1. 아래 글을 참고하여 간첩죄가 강화될 필요가 있는지 자신의 입장을 160자 이상 200자 이내로 적어보자.

> 문제는 우리나라 형법상의 간첩죄에 있다. 형법 제98조에는 간첩죄가 규정되어 있는데 ① 적국을 위하여 간첩하거나 적국의 간첩을 방조한 자는 사형 무기 또는 7년 이상의 징역에 처한다. ② 군사상의 기밀을 적국에 누설한 자도 전항의

형과 같다라고 되어 있다.

뭔가 이상하지 않은가? 적국이라는 표현이 나오는데, 적국은 어디인가? 과거 한국전쟁 상황이라면 적국은 명확하였다. 분단된 상황에서 북한이 적국이라는 것도 이해가 간다. 그런데 중국과 러시아는 적국일까, 적국이 아닐까? 그렇다면 일본은? 혹은 미국은? 일본이나 미국은 현재 대한민국의 입장에서 볼 때 적국은 아닌 듯하다. 그렇다면 일본이나 미국을 위해 간첩행위를 하는 것은 형법상 간첩죄가 아닌가? 하는 의문이다.

미국 외에도 당연히 세계 각국은 간첩죄에 대한 처벌 규정을 명문화하고 있다. 독일은 형법 제94조를 통해 '국가기밀을 외국이나 권한 없는 자에게 전달 공표하여 국가안전에 중대한 위험을 야기하는 간첩행위'를 처벌하도록 되어 있고, 프랑스는 형법 제411-6조를 통해 '외국 정부, 외국에 속하거나 외국의 지배하에 있는 기업이나 조직 또는 요원에게 정보, 기법, 물품, 정보처리데이터 또는 파일의 인도 취득 원조'를 처벌하도록 정하고 있다. 민주주의의 모범적 사례로 널리 알려진 영세중립국 스위스조차 형법 제273조에 '외국 및 외국의 기관, 사기업을 위한 제조비밀, 영업비밀의 정탐, 누설행위 등 경제적 첩보활동'에 대한 처벌규정을 두고 있다(진병춘, 간첩죄는 강화되어야 한다, 『대한민국, 누구를 위한 민주주의인가』 중에서).

2. 아래 글을 참고하여 고문이 허용되는 경우가 있을 수 있는지 160자 이상 200자 이내로 적어 보자.

칸트에 따르면 인간은 목적 그 자체다. "인간은 그 자체로 존엄하다." 그러므로 칸트는 어느 누구도 다른 사람을 '목적의 수단'으로 이용해서는 안 된다고 강조한다. 법학자들은 이것을 기반으로 '수단 공식'을 발달시켰다. 국가가 인간을 객체로 만들면, 즉 목적의 수단으로 만들면, 공구함에서 드라이버를 꺼내 쓰듯 맘대로 쓰면 그것이 곧 인간의 존엄성을 해치는 행위다. 고문을 하는 사람은 인간을 객체로 만든다. 그는 인간을 인간이 아니라 원하는 정보가 저장되어 있는 컴퓨터 하드디스크처럼 대한다. 그는 인간을 두려움과 고통의 화신으로 만든다. 과거 독일에서 이런 일이 벌어진 적이 있다. 헌법은 국가가 같은 잘못을 다시 저지르지 않도록 막고자 한다. 그래서 [독일] 헌법은 제1조 1항에서 명확히 말한다. "인간의 존엄성은 훼손할 수 없다."(폴코 키츠, 배명자 옮김, 『법은 얼마나 정의로운가』, 한스미디어, 2017, 232~233쪽)

3. 아래 글을 읽고 고문을 행하는 사람의 심리에 대한 자신의 생각을 160자 이상 200자 이내로 적어 보자.

피실험자들이 앉은 의자 앞에는 스위치 30개가 배치되어 있었다. 이 스위치는 옆방에 마련된 의자와 연결되어 있었다. 옆방 사람은 그 의자에 벨트로 단단하게 결박되었다. 스위치를 조작하는 피험자들은 옆방에서 의자에 결박된 사람에게 전기 충격을 줄 수 있었다. 전류 강도는 15볼트에서 시작해 무려 450볼트까지 있었다. 피실험자들은 사실상 옆방 사람들에게 대부분 의미가 없는 몇몇 단어를 낭독했다. 옆방 사람들은 이 단어를 기억하고 말해야 했다. 실험 진행자는 단어를 제대로 못 외워 실수를 저지를 경우, 학습 실패자에게 전기 충격을 주도록 지침을 내렸다. 그리고 실수를 저지를 때 마다 전류를 높이도록 했다. 피실험자는 확성기를 통해 옆방에 있는 자신의 학생에게 어떤 일이 일어나는지 들을 수 있었다. 옆방에서 들려온 것은 충격적이었다. 전기 충격을 받은 '학생'이 비명을 질렀다. 물론 이 사람은 배우였다. 이 배우는 모든 피실험자에게 똑같은 패턴으로 반응한 뒤 -스위치 역시 모조품이다! - 전기 충격을 받은 척 했다. 105볼트에 이르자 배우는 실험을 중단하고 싶어 했다. 150볼트에 이르자 우선 비명을 지른 다음 "심장에 이상이 있다"고 호소했다. 315볼트에 이르자 배우는 더 이상 끽 소리도 내지 않았다. 이 때문에 이른바 고문을 가한 사람은 자신이 내린 전기 충격 때문에 옆방 학생이 실신 상태에 이르렀다고 생각한 게 틀림없었다.

20

누구를 위한 개발인가 : <두 개의 문>

2012년 6월 개봉

참사

"2009년 1월 19일 용산 재개발 지역 철거민들은 강제철거에 저항하며 이주대책을 요구하기 위해 남일당 건물 옥상에 망루를 짓고 점거 농성을 시작했다. 농성 25시간 만에 경찰의 진압이 끝이 났고 이 과정에서 대규모 화재가 발생, 철거민 5명과 경찰특공대 1명이 사망하는 참사가 발생했다. 이 다큐멘터리는 경찰 진술과 증거 동영상을 바탕으로 용산 참사와 재판과정을 재구성한 것이다."

영화 〈두 개의 문〉은 위와 같은 자막으로 시작합니다. '용산 참사'('용산 사태', '용산 사건'이라는 표현을 쓸 수도 있습니다. 그러나 서울 도심에서 철거민 5명, 경찰특공대원 1명 등 모두 6명의 목숨을 앗아간 사건임을 감안할 때 마땅히 '참사'로 불러야 할 겁니다)가 발생한 지 벌써 10년이 넘는 세월이 흘렀습니다.

영화 〈두 개의 문〉은 용산참사가 경찰의 무리한 강경진압으로 벌어진 잘못된 공권력의 행사임을 지적하려 합니다. 사망한 철거민의 유가족을 변호했던 변호사들의 증언과 시민단체 활동가의 인터뷰를 통해서입니다.

그러면서 용산 참사가 철거민들의 불법적인 농성과 위협적인 시위 때문이었다는 반대 시각도 함께 보여줍니다. 비록 화면에 얼굴이 공개되고 있지는 않지만, 재판과정에서 철거민들을 심문한 검사들과 증언대에 선 경찰특공대원들, 당시 진압작전을 지휘한 경찰간부 등의 시각이 그것입니다.

법과 질서 그리고 GDP

영화 초반에 "법과 질서만 제대로 지켜지면 GDP가 1%는 올라갈 수 있다." "법과 질서를 지키면 그것이 더 경제성장을 주도할 수 있다"라는 당시 대통령의 발언이 등장합니다. 본래 법치주의는 인권보장을 목적으로 논의되었으나 언제부턴가 법치주의를 경제발전과 연관시켜 논하는 경향이 있습니다.

그러나 '법과 질서'가 경제성장이라는 목적을 위해 존재하는 것처럼 인식하는 것은 자칫하면 위험할 수 있습니다. 왜냐하면 법과 질서를 잘 지킨 것의 여러 결과 중 하나가 경제성장일 수는 있겠지만, 마치 법과 질서를 지켜야 하는 주된 이유가 경제성장을 위해서인 것처럼 본말이 전도될 수 있기 때문입니다. 그 결과 경제성장에 장애가 되면 법과 질서에 위반되는 것으로 치부해 버릴 위험이 내포되어 있습니다.

그런 점에서 용산 사건을 두고 '개발'과 '발전'을 지상목표로 한 당시 정부의 저급한 본질을 그대로 드러내는 사건이었다는 지적에 동감하지 않을 수 없습니다. 당시 정부가 그와 같은 인식을 가지고 법과 질서를 위반한 국민의 요구와 주장에 대해 '무관용'으로 대한 측면이 큽니다. '불법 폭력은 국가에 대한 도전'이라는 시각으로 말입니다.

물론 공공의 이익을 위한 국가의 적법한 작용으로 국민이 손실을 보는 때가 있습니다. 용산 재개발의 경우도 철거민들이 재개발로 인해 재산권을 침해받게 된 경우입니다. 이런 경우 공공복리*를 위해 희생되는 국민의 손실을 금전으로 보상해 주는 제도가 마련되어 있습니다. 바로 '손실보상' 제도입니다. 예를 들어 토지수용에 대한 손실보상이 대표적입니다. 손실보상은 적법행위로 인한 손실(재산권침해)의 보상이라는 점에서 불법행위로 인해 발생하는 '국가배상'과 구별됩니다.

* 공공복리 : 사회 구성원 전체에 두루 관계되는 복지. '공공복지'라고도 합니다. 공동으로 사회생활을 영위하는 사회 구성원 전체를 위한 공존공영의 이익을 말합니다. 대한민국헌법 제23조 제2항은 "재산권의 행사는 공공복리에 적합하도록 하여야 한다"고 규정합니다.

「대한민국헌법」은 "공공필요에 의한 재산권의 수용·사용 또는 제한 및 그에 대한 보상은 법률로써 하되, 정당한 보상을 지급하여야 한다"라고 규정하고 있습니다(제23조 제3항, 정당보상의 원칙). 그런데 여기서 '정당한 보상'이라는 부분이 어렵습니다. 예를 들어 이야기해보겠습니다.

정당한 보상의 어려움

내게 중고 승용차가 1대 있습니다. 인터넷을 검색해보니 중고 시세가 150만원이라고 합시다. 150만원을 받고 그 자동차를 강제로 팔아야 하는 상황이 벌어진다면 나는 쉽게 동의하기 어렵습니다. 그 차에는 가족과 함께 차를 타면서 보낸 추억과 애환이 서려 있을 수 있습니다. 비록 쇠붙이로 된 기계이지만 애정(?) 같은 감정도 있을 수 있습니다. 이런 것은 시세에 해당하는 돈으로 결코 보상받을 수 있는 것이 아닙니다.

굳이 계산하자면 내게는 150만원이 아니라 적어도 300만원 아니 500만원 이상의 가치가 있을 수도 있습니다. 무엇보다도 보상받은 150만원으로는 새차는 물론 비슷한 정도의 중고차를 살 수도 없습니다. 중고차를 파는 사람들은 매입가격에다가 어느 정도의 이윤을 붙여 더 높은 가격으로 팔기 때문입니다.

이처럼 중고차의 경우에도 정당한 보상을 논하기가 어려운데 삶의 터전에 대한 보상 문제에서는 정당한 보상이라는 것이 얼마나 심각해질지 미루어 짐작할 수 있습니다. 여기에 '법과 질서'를 생각할 때 약자나 소수자를 배려하는데 훨씬 더 신경을 써야 할 이유가 있습니다.

헌법재판소는 구 「지가공시 및 토지 등의 평가에 관한 법률」에 따른 보상이면 정당한 보상이라는 입장을 취한 바 있습니다. 여기의

'정당한 보상'에 사업의 시행으로 인해 인상되는 지가인 '개발이익'은 포함되지 않습니다.

두 개의 프레임

어떤 이는 영화 〈두 개의 문〉을 가리켜 한국 다큐멘터리 영화사에서 전환점이 될 수 있는 훌륭한 영화라고 칭찬합니다. 그 판단은 영화를 보는 관객의 몫이겠지요. 개인적으로는 영화 〈두 개의 문〉은 '법과 질서'의 의미를 다시 한번 생각케 하는 기회를 제공해 준다고 생각합니다. 개발을 위한 각종 사업 현장에 일반 경찰이 아닌 테러진압이 본연의 임무인 경찰특공대가 투입되어야 하는 상황이 벌어지는 건 정말로 안타까운 일입니다.

아래에 용산 철거민 사건을 바라보는 두 개의 프레임을 소개합니다.

> 프레임은 이념, 논조와 조금 다르다. 오히려 사건, 사고, 인물을 다루는 '방식'에 가깝다. 철거 세입자가 농성을 벌이다 경찰진압으로 사망한 '용산 사건'의 경우, 당시 두 종류의 프레임이 경쟁을 벌였다.
>
> 남일당 망루에 누가 올라갔나, 얼마나 많은 화염병을 준비했나, 누가 화염병을 던졌나 등 사건 현장에 초점을 맞춘 프레임이 있었다. 이 프레임으로 기사를 쓰면, 독자의 관심은 '폭력성'에 맞춰진다.
>
> 다른 프레임이 있었다. 그들은 왜 망루에 올랐나, 여러 재개발 가운데 하필 용산이 문제가 된 이유는 무엇인가, 재개발은 무엇인가 등에 초점을 두었다. 이 프레임으로 용산 사건을 보면, 재개발의 전근대성과 폭압성이 드러난다.
> (안수찬, '기사쓰기', 『나는 어떻게 쓰는가』, 한겨레출판, 2014, 57~58쪽)

생각해보기

1. 아래 글을 참고하여 '법치주의' 또는 '법의 지배'에 대한 자신의 입장을 160자 이상 200자 이내로 적어 보자.

법의 지배가 실현되기 위해서는 크게 두 가지 조건이 필요하다. 하나는 보통의 시민보다 영향력이 큰 사회적 강자 집단들과 국가의 권력 집단이 법의 지배에 따르도록 강제할 수 있어야 한다. 다른 하나는 보통의 시민들이 법의 지배에 따르는 것이 자신들의 목적을 달성하는 방법이라고 생각할 수 있어야 한다. 요컨대 보통의 시민들에게 법에 순응할 만한 충분한 이유가 실증되어야 한다는 말이다. 오직 이럴 때에만 법의 지배는 공동체를 규율하는 규범이자 의무가 될 수 있다(서형, 부러진 화살, 후마니타스, 2012, 61쪽).

2. 아래 글을 읽고 정당한 보상에 대한 자신의 입장을 160자 이상 200자 이내로 적어 보자.

토지수용권은 얼핏 과세의 자의적인 방법 가운데 하나로 보일는지 모른다. 수용자는 토지수용권을 행사할 때 수용되는 재산의 시장 가격으로만 보상하도록 요구된다. 보통 부동산 소유자의 주관적인 가치평가는 시장가격을 초과하는 법이다. 왜냐하면 그 부동산이 소유자의 필요나 취향에 특별히 잘 맞거나, 또는 이주에 많은 비용이 들기 때문이다. 그렇지 않다면 그는 그 부동산을 처분했을 가능성이 높다. 그러므로 그 부동산을 원하는 사적 구매자는 소유자가 그 부동산의 특유한 가치를 잃은 데 대한 보상으로 합당하도록 시장 가격보다 충분히 높은 가격을 지불하지 않으면 안 된다. (대체 가능한 재산이 아닌) 토지를 매매하는 계약이 파기되었을 때에는 법원에서 손실 보상이 불충분하다면서 특정이행 specific performance을 명령하기도 하는데, 부동산의 그런 가치를 알기 때문에 그렇게 하는 것이다. 토지수용권은 정부에 대해 시장 가격만 지불하고 부동산을 취득하는 것을 허용하는데, 그렇게 함으로써 소유자 개인에게 특유한 가치를 소멸시킨다. 정부의 비용 지불을 돕기 위해 소유자 개인에게 특유한 가치를 사실상 일종의 조세로 떼는 셈이다. 수용 선고된 부동산의 시장 가격이 10만 달러이고 총 가격(소유자 개인에게 특유한 가치를 포함한 가격)이 12만 5,000달러라면, 수용 선고는 정부가 그 부동산을 취득하면서 10만 달러는 국고에서 지불하고 2만 5,000달러는 소유자의 호주머니에서 때어내 지불하는 결과를 만들어내는 것이다(리처드 포스너, 법관은 어떻게 사고하는가, 한울아카데미, 2016, 456쪽).

3. 아래 글을 읽고 국가의 목적이 무엇이어야 하는지 자신의 입장을 160자 이상 200자 이내로 적어 보자.

민주적 시민 정신을 위한 교육을 생각해보기 위해 우리는 무엇이 민주국가인지, 그 국가가 무엇을 지향하는지 생각해봐야만 한다. 대체 한 국가가 '진보한다는 것'은 무엇을 의미하는가? 어느 견해에 따르면 그것은 곧 1인당 국내총생산량GDP의 증대를 의미한다. 국가적 성취도에 대한 이러한 측정법은, 마치 그것이 한 나라의 전반적 삶의 수준을 표상하는 훌륭한 대리물이라도 되는 양, 지난 수십 년 동안 전 세계 개발 경제학자들에 의해 사용되어온 표준 측정법이다.

이러한 발전 모델에 따르면 국가의 목표는 경제 성장이 되어야 한다. 분배와 사회적 평등? 안정적 민주주의라는 선요건? 수준 높은 성·인종 관계? 경제 성장과 잘 연결이 안 되는, 인간의 복된 삶을 위한 다른 요소들의 개선? 마음 쓰지 마라. 이 모델이 생략하고 있는 것이 무엇인지 보여주는 한 가지 표지는 아파르트헤이트(aprtheid)* 아래의 남아공이 [경제] 발전 지표상의 상위권을 계속 차지했던 국가라는 사실이다. 당시 남아공에는 수많은 부(wealth)가 있었는데, 옛 발전 모델은 그러한 '성취'(또는 '행운')에 잘 보답해 주었다. 경악할 만한 분배 불평등, 잔혹한 아파르트헤이트 정권 그리고 그 정권하에서의 핍진한 건강·교육 등의 사태를 [통째로] 무시하면서 말이다(마사 누스바움, 우석영 옮김, 학교는 시장이 아니다, 궁리, 2016, 41~42쪽).

* 남아프리카공화국에서 있었던 흑인·유색인 차별 정책. 1993년에 폐지되었다.

21

소수는 보호받을 수 있는가 : <소수의견> 1

2015년 6월 개봉

국선변호인 제도

영화 〈소수의견〉에서 윤진원 변호사(윤계상 분)는 그렇고 그런 경력의 변호사로 등장합니다. 그런 윤 변호사가 박재호(이경영 분)라는 철거민의 국선변호를 맡게 됩니다. 박재호는 뉴타운 개발에 반대하며 건물 철거 현장을 점거하고 시위하를 하다가 진압경찰을 때려 죽게 한 혐의로 재판을 받게 된 사람입니다.

변호인이란 형사절차에서 수사를 받는 피의자나 재판을 받는 피고인의 이익을 보호하는 보조자로서 변호를 담당하는 변호사를 말합니다. 변호인에는 사선변호인과 국선변호인이 있습니다. 사선변호인은 피고인·피의자나 그 가족 등이 사적으로 선임한 변호인임에 비하여, 국선변호인은 법원에 의하여 선정된 변호인을 말합니다.

좀 더 구체적으로 이야기하자면, 국선변호인 제도는 경제적 빈곤 등의 이유로 사선변호인을 선임할 수 없는 피의자나 피고인의 변호권을 보장하기 위해 국가가 변호인을 선정하는 것입니다. 「형사소송법」 제33조는 ① 피고인이 구속된 때, ② 피고인이 미성년자인 때, ③ 피고인이 70세 이상인 때, ④ 피고인이 청각과 발음기능에 모두 장애가 있는 농아자인 때, ⑤ 피고인이 심신장애의 의심이 있는 때, ⑥ 피고인이 사형·무기 또는 단기 3년 이상의 징역이나 금고에 해당하는 사건으로 기소된 때 등의 경우 국선변호인을 선정해야만 하도록 규정하고 있습니다.

현재 국선변호인 제도는 형사사건에서만 인정되고 있기 때문에 민사소송에는 국선변호인 제도가 없습니다. 다만 민사소송에는 '소송구조'라는 제도가 있어서, 소송비용을 지출할 자금능력이 부족한 사람이 법원에 신청하여 소송구조결정을 받으면 우선 비용을 들이지 않고 소송을 할 수 있도록 하고 있습니다. 그 밖에 대한법률구조공단 소속 변호사로부터 도움을 받을 수 있는 '법률구조' 제도도 있습니다.

특수공무집행방해치사

영화에서 박재호는 경찰의 머리를 쇠파이프로 때려 경찰관을 죽게 합니다. 경찰이 철거민들의 철거현장에 진입하는 과정에서 그 경찰이 휘두른 헬멧에 박재호 씨의 아들이 머리를 맞아 죽게 되는 걸 보고 격분하여 벌어진 일입니다.

"경찰이 사고치는 바람에 나라가 아주 곤란해졌어. 야! 너 이거 지금 나라를 돕는 거야. 폭행치사로 기소되면 집행유예로 풀려날 수 있어."

집행유예란 유죄를 인정하여 형을 선고하되, 여러 유리한 정상을 참작하여 일정한 기간 동안 그 형의 집행을 미룬 후, 특별한 사고 없이 그 기간을 경과하면 형 선고의 효력을 상실하게 하는 제도를 말합니다. 예를 들어 '징역 1년에 집행유예 2년'의 선고를 받은 경우, 2년 동안 다른 죄를 저질러 금고 이상의 형을 선고·확정받는 일 없이 2년의 집행유예 기간이 경과하면, 당초 선고 받았던 징역 1년의 형이 집행되지 않고 면제받는 것이지요. 물론 집행유예 판결을 받아 공무원직을 상실한 경우와 같이, 집행유예 판결을 받음으로 인해 이미 발생된 법률효과에는 영향을 미치지 않지만 말입니다. 집행유예 제도는 단기 징역형의 집행으로 인한 폐해를 방지하고 범죄인에게 형의 집행을 받지 않으면서 스스로 사회에 복귀할 수 있는 길을 열어주겠다는 형사정책적 의지가 반영되어 있는 제도입니다.

검사는 철거 현장에 경찰이 투입된 사실을 감추려고 박씨의 아들을 때려 죽게 한 사람은 경찰이 아니라 철거용역원이라며 사실을 은폐하려 합니다. 그래서 김수만이라는 철거용역원에게 집행유예 판결을 받게 해주겠다고 회유해서 철거용역원을 박씨 아들을 때려 숨지게 했다는 '폭행치사죄'로 재판에 넘깁니다.

반면, 박재호는 공무집행 중인 경찰을 흉기로 때려 죽게 했다는 이유로 특수공무집행방해치사죄를 적용해 재판을 받게 합니다.

국가배상청구

"난 무죄를 원합니다." 재판을 받게 된 박씨는 윤 변호사에게 자기 아들을 죽게 한 것은 철거용역원이 아니라 경찰이며, 자기는 아들을 구하려 한 것이니 정당방위라고 억울해 합니다. 윤 변호사는 사건의 진실을 알아내기 위해 검찰에 사건기록의 열람을 요청하지만 거부당합니다. 그러자 박재호 말처럼 사건이 조작되었다고 생각하게 됩니다. 그리고 박씨를 변호하는 데 도움을 받고자 같이 일하는 선배 변호사를 통해 국가를 상대로 100원을 지급하라는 국가배상 청구소송을 제기합니다.

국가배상제도란 공무원의 직무상 고의나 과실로 국민에게 발생한 손해와 같이 국가의 위법한 활동으로 인해 발생한 손해에 대해 국가가 그 손해를 배상하는 제도입니다. 헌법은 국가배상청구권을 기본권의 하나로 인정합니다. 그래서 헌법 제29조 제1항은 "공무원의 직무상 불법행위로 손해를 받은 국민은 법률이 정하는 바에 의하여 국가 또는 공공단체에 정당한 배상을 청구할 수 있다"라고 규정하고 있습니다. 「국가배상법」이 그 기본권을 실현하기 위해 제정되어 있습니다.

영화에서 윤 변호사가 국가배상청구소송을 제기한 건 경찰 작전 중에 경찰에 의해 박씨의 아들이 죽는 사고가 벌어진 것이니까 박씨 아들의 죽음에 대해 국가가 책임을 져야 한다는 이유에서였습니다. 청구금액의 많고 적음이 문제가 아니라 국가가 잘못했다는 걸 국가배상 청구소송을 통해 인정받고자 한 것이지요. 그렇게 되면 박씨의 행위가 국가의 잘못에 대한 정당방위였음을 인정받아 무죄선고를 받겠다는 전략이었습니다. 즉 박씨의 아들을 죽인 건 철거용역원이 아닌 경찰이었고 아들을 죽인 경찰에 대한 박씨의 공격은 정당방위에 해당한다는 논리입니다.

정당방위

정당방위란 형사법에서 위법한 침해로부터 자신을 보호하기 위한 방위수단으로 타인에게 어떤 범죄가 행해졌다면 위법성이 없으므로 죄가 되지 않는다는 법리입니다. 「형법」 제21조 제1항은 정당방위에 대해 "자기 또는 타인의 법익에 대한 현재의 부당한 침해를 방위하기 위한 행위는 상당한 이유가 있는 때에는 벌하지 아니한다"라고 규정하고 있습니다. 정당방위는 어떤 행위가 위법하지 않다는 '위법성 조각사유'의 하나입니다. 형법은 '정당방위' 외에도 '긴급피난', '자구행위', '피해자의 승낙' 및 '정당행위' 등 다섯 개의 위법성조각사유에 대해 규정하고 있습니다.

정당방위에 관해 좀 더 구체적으로 살펴보면 이렇습니다. 정당방위가 성립하려면 3가지 요건을 충족해야 합니다.

첫째, 현재의 부당한 침해가 있어야 합니다. 현재의 침해에 한하므로 과거 또는 미래의 침해에 대하여는 정당방위가 허용되지 않습니다. 그리고 부당한 침해여야 하므로 마땅히 감수해야 할 정당한 이유가 있는 침해에 대하여는 정당방위를 할 수 없습니다.

둘째, 자기 또는 타인의 법익을 방어하기 위한 행위여야 합니다. 따라서 방위자는 방위할 의사를 가지고 행동해야 합니다.

셋째, 상당안 이유가 있는 행위여야 합니다. 상당한 이유가 있는 행위란 침해에 대한 방위가 사회윤리에 비추어 상당한 정도를 넘지 않고 당연시되는 것을 말합니다. 사소한 법익을 위하여 중대한 법익을 손상하는 심한 불균형의 방위행위는 '과잉방위'라 하여 허용되지 않습니다. 과잉방위는 경우에 따라 형이 감경되거나 면제될 수 있을 뿐입니다.

몇 해 전 자기 집에 침입해 들어 온 도둑을 발견하고 심하게 때려 결국 사망하게 하였던 사람에게 '정당방위'나 '과잉방위'가 인정될 수 있느냐가 논란이 되었습니다. 그러나 이미 제압이 된 상태에서 폭행이 이루어졌기 때문에 정당방위로도 과잉방위로도 인정받지 못했던 일이 있었습니다.

정당방위는 인정될 것인가

"철거민 편을 드는 게 아니구요. 뭔가 숨기는 쪽이 있다는 겁니다." 마침 정의감에 불타는 영화 속 기자 공수경(김옥빈 분)의 도움으로 드디어 사건은 세상의 이목을 끌게 됩니다. 그러나 검사는 끝까지 박씨의 아들을 죽게 한 것은 경찰이 아닌 철거용역원이며 게다가 박씨가 죽게 한 경찰은 뒤통수를 맞고 죽었는데 뒤통수를 때리는 정당방위가 어디 있느냐고 강변합니다.

경찰이 아닌 철거용역원이 박씨의 아들을 폭행했다는 내용의 거짓 보고서를 써 내라는 경찰청장의 지시에 반발하여 경찰을 퇴직한 전직 경찰 문 경위의 증언이 있었지만, 그 증언을 대가로 변호인으로부터 돈을 받았다는 이유로 위법증거가 되어 증거로 인정을 받지 못합니다. 그러나 검사에게 회유되었던 철거용역원 김수만은 자신이 박씨의 아들을 때렸다는 종전의 진술을 번복하며 검사가 시켜서 거짓말을 했다고 이야기합니다. 그러면서 검사가 자신을 회유하던 당시의 대화 내용을 녹음한 결정적 증거를 윤 변호사를 통해 제출합니다. 그러나 판사는 그 녹음의 진위를 확인할 수 없다는 이유로 역시 증거로 인정하지 않습니다.

국민참여재판

국민참여재판의 형식으로 진행된 영화 속 재판에서 배심원이 평결을 내리는 데에는 많은 시간이 걸립니다. 배심원들의 의견이 쉽게 모아지지 않는 겁니다. 결국 배심원들은 만장일치로 박씨의 행위가 정당방위에 해당한다고 인정합니다.

그러나 「국민의 형사재판 참여에 관한 법률」은 배심원단의 의견이 형사재판을 하는 판사를 구속하지 않고 단지 권고하는 효력만을 부여하고 있습니다. 영화 속에서도 판사는 배심원들의 의견과 달리 박씨에게 정당방위를 인정하지 않고 박씨에게 징역 3년의 형을 선고합니다.

조금 이상하게 느껴집니다. 비록 다수의견이 항상 옳은 것은 아니지만 다수의견과 소수의견이 갈리는 경우에는 다수의견에 따르는 것이 보통입니다. 그런데 「국민의 형사재판 참여에 관한 법률」은 판사의 의견이 배심원들의 다수의견을 무시할 수 있도록 돼 있는 겁니다. 법을 만들 당시 일반 국민들로 구성된 배심원들의 법지식이 부족하다고 생각했기 때문일까요? 가장 큰 이유는 현행 헌법은 법관에 의한 재판을 받을 권리를 기본권으로 인정하고 있기 때문에 배심원의 평결에 권고적 효력만을 인정한 것입니다

사회공동체는 다수인 간의 관계이며 특히 민주사회는 다수결의 원리가 지배하는 사회입니다. 하지만 다수결의 원리는 항상 소수의 존재를 전제로 합니다. 따라서 나와 다른 타인을 인정하고, 나의 견

해가 존중받기 위해서는 타인의 견해도 존중되어야 합니다. 그렇지 않으면 민주사회는 유지되기 어렵습니다. 민주사회에서 의사결정에 참여한 구성원은 자신이 소수일 때에는 다수의 견해에 승복하여야 하는 측면이 있는 반면, 다수는 언제나 소수의견을 존중해야 하고 특히 반대의견에 대해서는 충분히 설득할 필요가 있을 겁니다.

국가란 무엇인가

"전 죄인입니다. 사람을 죽였으니까요."

박씨는 판사의 판결을 받아들입니다. 윤 변호사는 항소했지만 세상의 관심은 이미 사라졌고, 국가를 상대로 했던 국가배상 청구소송에서도 패소하고 맙니다. 그리고 경찰과 박씨의 아들이 죽은 건물의 철거는 다시 시작됩니다. 건물이 있던 마을은 이제 사라졌습니다.

"국가라는 건 말야. 누군가는 희생을 하고 누군가는 봉사를 하고 그 기반 위에서 유지되는 거야. 말하자면 박재호는 희생을 한 거고 나는 봉사를 한 거지. 근데 넌 뭘 한거냐?"

사건을 은폐하려던 검사는 검사직을 그만 두고 변호사가 되었습니다. 변호사가 되어 법원에서 윤 변호사와 마주 친 검사의 말입니다. 하지만 국가를 위해 누가 봉사를 하고 누가 희생을 해야 하는 걸까요? 과연 그건 누가 정하는 걸까요? 검사의 위와 같은 말은 영화 〈소수의견〉을 보는 우리에게 또 다른 과제를 던지며 끝을 맺습니다.

생각해보기

1. 아래 글을 읽고 자신의 생각을 160자 이상 200자 이내로 적어 보자.

형법상 정당방위가 성립하기 위해서는 주관적 요건으로 방위의사가 요구된다. 그런데 상호싸움의 경우에는 공격과 방어의 의사가 교차되는 등 공격의사가 강하므로 정당방위가 인정되지 않는다고 한다. 이러한 취지의 판례로는 대법원 2004. 6. 25. 2003도4934 등도 있다.

하지만, 외관상 싸움인 것처럼 보여도 서로 격투를 한 당사자 중 일방의 유형력의 행사가 타방의 일방적인 불법 폭행에 대하여 자신을 보호하고 이를 벗어나기 위한 저항수단으로서 소극적인 방어의 한도를 벗어나지 않는 때에는 정당방위 또는 정당행위로서 위법성이 조각된다고 할 수 있다(대법원 1999. 10. 12. 99도3377 판결).

2. 아래 글을 읽고 자신의 생각을 160자 이상 200자 이내로 적어 보자.

어떻든 이들 다양한 의견 가운데 일단 다수의 지지를 받는 것이 현실을 지배.주도하고, 현재의 삶의 형식을 엮고 이끌어간다. 유념할 것은 대부분의 결정이 다수의 견해에 따라 이루어지는 까닭은, 그 다수의견이 언제나 진리이기 때문이 아니라, 단지 그러한 방향으로 나아가기를 '원하는' 사람이 많기 때문이라는 점이다. 법제도 또한 이러한 다수파 견해의 통용력을 뒷받침하는 것을 일차적인 임무로 삼고 있다. 그러나 세상에는 남달리 보고 남달리 생각하는 사람들이 있기 마련이다. 이러한 예외적 존재에 우리는 여러 가지 이름으로 부른다. '괴짜, 돌연변이, 이단, 전위. 기인, 외톨박이, 문제아, 소수극렬분자' 등이 그것이다. 소수설 가운데는 단지 근소한 지지율의 차이 때문에 정설로서의 대접을 받지 못하는 것도 있다. 또 돌연변이로 치부되어 무시되는 경우가 있는가 하면, 기행 혹은 전위라는 정도로 단순한 호기심의 대상으로 그치는 수도 있다. 또 때에 따라서는 사회적 일탈행위로서 주의의 대상이 되기도 한다. 뿐만 아니라 개중에는 다수설의 주장과는 상당한 거리가 있어서 — 다수설측에서는 이럴 때 '과격'하다는 딱지를 즐겨

붙인다 — 냉대를 받거나 위험시되는 것도 있다. 그 밖에도 불온하다 하여 이단으로 몰리거나, 기성권위 또는 체제에 대한 정면도전으로 죄악시 되어 단죄되는 것에 이르기까지 그 뉘앙스가 다양하다(김성태, 우리는 왜 소수의견을 존중해야 하는가, 1994).

영화로 보는 법과 사회

22. 언론의 자유란 무엇인가 : <공범자들>, <제보자>
23. 예술의 자유는 어디까지인가 : <실미도>
24. 종교와 법은 무슨 관계일까? : <미션스쿨>

TAKE 8

자유와 법

22

언론의 자유란 무엇인가 : <공범자들>, <제보자>

2017년 8월 개봉

2014년 10월 개봉

1) <공범자들>

세상을 보여주는 창

개가 사람을 물면 뉴스가 안 되지만, 사람이 개를 물면 뉴스가 된다는 말이 있습니다. 뉴스는 우리 생활에 직·간접적으로 영향을 미치는 최근의 일상적이지 않은 특이한 사건을 다룹니다. 흔히 '긴급성', '특이성', '변화', '스토리'의 4가지를 뉴스의 요소라고 합니다. 우리는 뉴스라는 창을 통해 세상을 봅니다.

영화 <공범자들>은 그런 뉴스를 제작하고 방송하는 공영방송을 상대로 이명박 정권에 의해 자행된 방송 장악 과정을 고발하는 다큐멘터리 영화입니다. 영화는 '점령'·'반격' 그리고 '기레기'라는 3가지 소제목을 달고 전개됩니다.

점령

KBS(Korean Broadcasting System) 한국방송공사의 경우 사장 교체, 정권에 비판적인 프로그램 폐지, 탐사보도팀 해체, 대통령 홍보 프로그램의 편성 등이 이루어집니다. 뉴스전문채널 YTN도 청와대 홍보수석 출신을 사장으로 임명하고, 기자 6명을 해직합니다. 영화의 가장 많은 부분을 차지하는 MBC 문화방송의 수난에는 검찰 수사가 동반됩니다. 2008년 미국산 수입 쇠고기의 광우병 위험을 보도한 걸 두고 당시 농림수산식품부 장관 등의 명예를 훼손하였다거나 쇠고기 수입업자의 업무를 방해했다는 혐의로 검찰 수사가 진행된 것이지요. 뉴스 앵커가 경질되고 사장이 교체된 것은 물론입니다. 심지어 선날 밤 9시 MBC 뉴스의 클로징 멘트가 무엇이었는지가 국무총리에게 보고되는 지경에 이릅니다.

언론의 자유

대한민국헌법은 "모든 국민은 언론· 출판의 자유와 집회·결사의 자유를 가진다"라고 선언하고 있습니다(제21조 제1항). 영국의 철학자이자 경제학자인 존 스튜어트 밀은 『자유론』이란 책에서, 언론·출판의 자유가 진리 발견 및 전파에 필수적임을 강조한 바 있습니다.

언론인들은 언론의 자유가 민주주의를 건강하게 하는 산소 역할을 한다고 강조하기도 합니다.

'언론의 자유'는 본래 사상이나 의견을 불특정 다수인에게 표명하고 전달할 자유를 뜻하였습니다. 그러나 현대적 의미의 언론의 자유는 그보다 폭이 넓습니다. 즉 사상이나 의견을 표명하고 전달하는 자유 외에 정보원으로부터 일반적 정보를 수집할 수 있는 '알 권리', 자신의 사상이나 의견을 발표하기 위하여 언론매체에 자유로이 접근하여 이용할 수 있는 권리인 '액세스권', 언론의 보도로 피해를 입은 자가 이에 대한 반론을 게재 또는 방송해 줄 것을 해당 언론기관에 요구할 수 있는 권리인 '반론권', 그리고 언론기관설립권은 물론 언론기관의 대내외적 자유까지 포함합니다. 언론기관의 대외적 자유는 보도 및 논평의 자유, 취재의 자유, 보급의 자유, 보조활동의 자유를 말합니다. 언론기관의 대내적 자유는 바로 편집·편성의 자유를 뜻합니다.

언론의 자유는 근대 여러 나라의 권리선언이 보장하는 전통적인 자유권의 하나로 우리 헌법도 기본적 인권의 하나로 보장하고 있는 것입니다. 언론의 자유는 출판의 자유와 더불어 개성 신장 또는 자아실현의 기능을 합니다. 어떤 문제에 관해 자신의 견해를 발표할 수 있는 것은 인간 존엄성의 측면에서 절대적으로 필요합니다. 또한 민주적 통합의 기능도 합니다. 정치적 의사결정에 국민을 참여하게 함으로써 안정과 변화 사이의 균형을 가능하게 하는 것이지요.

물론 언론의 자유가 무한정일 수는 없고 일정한 한계와 제한을 가지고 있습니다. 무엇보다 타인의 명예나 권리, 공중도덕이나 사회윤리를 침해해서는 안 됩니다(헌법 제21조 제4항). 한편, 언론을 규제하는 입법은 명백하고 현존하는 위험(clear and present danger)이 있을 때 명확하게, 그리고 최소한의 범위 내에서 발동되어야 합니다.

제4부의 권력

우리는 종종 언론은 제4부의 권력이라는 말을 들을 수 있습니다. 언론이 단순히 정보만을 다루는 게 아니라, 우리가 생각해야 하는 이슈와 사태에 대한 판단, 과거의 평가, 우리의 행동에 이르기까지 강력한 영향을 미치기 때문에 입법권, 행정권, 사법권 못지 않은 권력기관이라는 뜻입니다.

그런 이유에서인지 권력을 쥔 집단은 언론을 통제하려는 경향을 갖습니다. 그리고 권력이 통제하려는 언론에는 신속성과 광역성 및 광범한 영향력을 가지고 있는 방송의 경우도 예외일 수 없습니다. 1980년대 있었던 「언론기본법」의 제정과 무려 899명에 이르는 언론인의 강제해직 및 강제적 언론통폐합 사건은 언론통제의 대표적인 예라고 하겠습니다.

언론기본법은 독일의 일부 학자들이 언론에 관한 헌법이론으로 발전시킨 이른바 '언론의 공적 책임론'을 기초로 하고 있다고 합니다. 언론의 공적 책임론은 언론이 여론형성 및 여론전달기관으로서 국가통치구조상 특수한 지위를 차지하는 것으로 인정합니다. 이런 관점에서는 언론의 '자유'보다는 '책임'을 강조하는 측면에서 접근함으로써 언론의 자유가 마치 언론의 공적 책무에 대한 반사로서 보장되는 것처럼 파악하여 많은 논란을 불러일으켰다고 합니다.

언론인 강제해직은 1980년 5월 17일 비상사태 선포 직후 계엄사의 보도검열을 거부하고 계엄사령부 당국이 강압적으로 나올 경우 제작거부를 결의했던 한국기자협회 간부들의 연행으로부터 시작되었습니다. 이후 6월 9일에는 5·18 광주민주화운동 보도에 대한 계엄사령부의 검열에 반대해 제작거부를 주도했던 언론인들을 '악성유언비어를 유포시켜 국론통일과 국민적 단합을 저해하고 있는 혐의'를 적용하여 8명의 언론인들을 다시 구속했습니다. 계속해서 7월에 이르러 한국 신문·방송·통신협회의 자율정화결의를 내세워 정화조치자 298명, 자체 인사정화자 635명 등 933명을 강제해직한 한국 언론사상 최악의 조치였습니다. 이는 파행적 정치상황 속에서 진실추구라는 언론 본연의 사명을 다하려 애썼던 언론인들과 권력강화에 혈안이 된 신군부세력이 충돌하는 과정에서 빚어진 가장 악렬한 언론탄압정책으로 평가받습니다.

논평은 자유지만 사실은 신성하다

영화 〈공범자들〉은 지난 정권 아래서도 언론의 자유가 침해되어 왔음을 보여줍니다. 그리고 정권의 언론 장악은 '기자'와 '쓰레기'를 합성한 '기레기'라는 말을 낳게 됩니다. '기레기'는 수백 명이 배와 함께 가라앉은 세월호 사고 당시 '세월호 전원 구조'라는 보도를 한 것처럼, 그저 정부 발표만 받아쓰고 되뇌는 언론인을 가리키는 상징적 단어가 되었습니다.

'논평은 자유지만 사실은 신성하다'는 언론계의 격언이 무색해진 겁니다. 진실을 전달하고, 이해관계를 논평하며 시민들 사이의 의사소통을 보장한다는 민주주의 사회에서 가장 중요한 역할을 하는 언론의 자유가 먼 나라의 이야기가 되고 만 겁니다.

"언론이 질문을 못하게 하면 나라가 망해요!" 영화 속 최승호 전 MBC PD는 말합니다. 언론이 정권의 입이 되고 권력의 부역자가 되면 나라가 망한다고 말입니다. 신뢰할 만한 뉴스가 공개적인 의사 표명과 집회, 투표, 공직 출마와 같은 시민의 권리를 유지하는 데 도움이 되고, 또한 언론의 자유가 식량, 안전, 건강과 같은 인간의 기본권을 유지하는 데에도 큰 역할을 하는 걸 생각해보면 결코 과장된 말은 아닌 듯 합니다.

진정한 민주주의를 향해

시민들은 언론의 보도와 논평을 통해 사실을 파악하고 의사소통을 하면서 그 이해관계를 조정하여 통합적 여론을 형성합니다. 이것이 민주주의에서 가장 중요한 언론의 역할일 겁니다.

그러나 영화에 등장하는 공영 방송 장악의 '공범자들'은 아무런 잘못이 없는 것처럼 말하고 행동합니다. 그런 그들의 행태가 영화를 보는 이를 불편하고 화나게 합니다. 방송국 간부들은 물론 언론출판의 자유를 외치고 학생들을 가르쳤을 언론학자들의 언행은 자괴감마저 불러일으킵니다. 자신들의 행위에 진정 잘못이 없다고 믿는 걸까요?

영화 〈공범자〉를 통해 제대로 된 언론출판의 자유가 집회결사의 자유와 더불어 보장될 때 비로소 제대로 된 민주주의가 가능함을 다시 한번 확인합니다.

2) <제보자>

제보

"진실과 국익 중에 어느 것이 우선인가요?" 영화 속 NBS 방송국의 'PD 추적' 팀 윤민철 PD(박해일 분)는 충격적인 제보를 받습니다. 줄기세포 복제에 성공해 국가적 영웅이 된 한국대학교 이장환 박사(이경영 분)에 대한 것입니다.

줄기세포란 생물을 구성하는 세포들의 기원이 되는 세포로 필요한 경우 신경·혈액·연골 등 몸을 구성하는 모든 종류의 세포로 분화할 가능성을 갖고 있는 세포를 말합니다. 예를 들어 피부에 상처가 나면 시간이 지나면서 새로운 피부가 만들어지는데, 이는 피부 아래쪽에 피부세포를 만들어내는 줄기세포가 있기 때문입니다. 이처럼 생물의 생명활동에 필요한 세포를 만들어 주는 것이 줄기세포입니다. 줄기세포에는 출생 후부터 몸의 여러 조직에 존재하는 성체줄기세포와 생명의 시초가 되는 수정란에서 유래하는 배아줄기세포의 두 종류가 있다고 합니다.

영화 속 이장환 박사는 그런 줄기세포의 복제에 성공한 한국의 영웅입니다. 모두가 그런 줄로만 알고 있었습니다. 그런데 이장환 박사 밑에서 연구하던 심민호 연구원(유연석 분)은 줄기세포 복제에 성공한 적이 단 한 번도 없었다고 말합니다. '수정란 줄기세포'를 '복제 줄기세포'라고 속였다는 겁니다. 모양이 같아서 전문가도 수정란 줄기세포와 복제 줄기세포를 구별하지 못한다고 합니다.

거기에 그치지 않고 이장환 박사가 논문도 조작하라고 시켰고, 불법으로 매매된 난자를 연구에 사용하였으며, 여성 연구원들에게 난자를 기증하도록 사실상 강요하기도 했다는 겁니다.

대한민국 모두와 맞서야 한다

"제가 줄기세포를 연구하는 이유는 단 한 가지입니다." 영화 속 이장환 박사(이경영 분)는 난치병 환자들에게 희망이 되기 위해서 줄기세포를 연구한다고 강조합니다. 그러면서 엄격한 윤리 기준을 지켜가며 연구하고 있다고 합니다. 그리고 자기는 마음으로 품은 사람 절대 버리지 않는 사람이라고 덧붙입니다.

이장환 박사가 세계 어떤 나라보다 앞서 줄기세포 복제에 성공함으로써 난치병에 시달리고 있는 환자들을 치료하고, 대한민국의 국위를 선양할 것이라고 굳게 믿고 있는 사람들은 심민호 연구원의 말을 믿을 수가 없습니다.

국민을 등에 업은 이장환 박사는 제기된 의혹들을 강하게 부인합니다. '복제 줄기세포가 있나.' '연구원 난자 기증은 절대 사실이 아니다.' '난자가 불법 매매된 줄은 전혀 몰랐다'라는 겁니다. 너무도 의연한 그의 태도에 사람들은 제보자와 윤 PD를 불신하고 비난합니다.

"사람을 살리고 싶어서 의사가 되었는데 … 거짓된 희망으로 사람을 속이고 있다는 것이 너무나 힘들었습니다." 심 연구원은 제보 동기를 털어놓습니다. 그리고 "이 바닥에서 박사님한테 반기를 들고 살아남을 수 있다고 생각해?"라며 말리는 아내도 그의 제보를 막지 못합니다.

고발은 짧고 고통은 길다

현실에서도 제보자들은 큰 고통을 겪는 경우가 많습니다. 제보 내용의 참·거짓을 떠나 조직을 해친 고자질쟁이 또는 밀고자로 비난받거나, 동료나 상급자로부터 배척받고 괴롭힘을 당하는 겁니다.

게다가 부정행위를 했다거나 명예를 훼손했다고 고소를 당하기도 합니다. 이런 제보자의 경험을 연구한 한 학자는, 존재가 뿌리째 뽑혀나가는 것 같은 경험을 통해 제보자가 도달하는 고독한 심리 상태를 사회의 모든 연관관계로부터 끊어져 다른 세계를 떠도는 '우주유영(space walking)'에 비유하기도 합니다.

영화 속 심 연구원의 처지도 별반 다르지 않습니다. 제보를 하는 사람들이 그런 상처를 입지 않는 일이 가능할까요? 아래에서 공익제보와 양심선언에 대해 알아봅니다.

공익제보는 비유하자면 '고양이 목에 방울 달기'입니다. 누군가는 해야 하지만 누구도 선뜻 나서지 않는 일입니다. 내부에서 벌어진 그 은밀한 일들은 용감한 공익제보자가 없으면 그냥 그렇게 넘어가기 마련입니다.

영화 속 심 연구원이 한 '공익제보'는 '내부고발' 또는 '양심선언'의 또 다른 이름입니다. 내부고발이란 용어가 우리의 역사적·사회적 배경에서 밀고나 고자질 같은 부정적 의미를 연상시키기 때문에 '공익제보'라는 용어가 만들어졌습니다. 과거 권위주의 정부 시절 자신의 정당함을 오로지 자신의 양심에 걸고 공표할 수밖에 없었던 '양심선언'도 공익제보와 같은 의미로 볼 수 있겠습니다.

사회의 소금

공익제보자를 보호하기 위한 제도들이 있습니다. 「부패방지 및 국민권익위원회의 설치와 운영에 관한 법률」(약칭: 부패방지권익위법)은 제보자가 신고를 했다는 이유로 신분상 불이익이나 근무조건상 차별을 받지 않으며, 신분이 노출되지 않고 신변보호를 받을 수 있도록 규정하고 있습니다(제62조). 신변에 불안이 있는 경우에는 신변보호 조치도 받을 수 있습니다(제64조). 나아가 신고에 의해 공공기관에 재산상 이익을 가져오거나 손실을 방지한 경우 또는 공익의 증진을 가져온 경우에는 포상금을 받을 수도 있습니다(제68조).

한편 「공익신고자 보호법」도 있습니다. 공익을 침해하는 행위를 신고한 사람 등을 보호하고 지원함으로써 국민 생활의 안정과 투명하고 깨끗한 사회풍토의 확립에 이바지할 목적으로 제정되었습니다. 「공익신고자 보호법」은 국민의 건강과 안전, 환경, 소비자의 이익 및 공정한 경쟁을 침해하는 행위를 신고한 공익신고자가 원하는 전출·전입, 파견근무 등 인사 조치를 우선적으로 고려하고(제16조), 공익신고로 인한 정신적·경제적 손해에 대한 구조금을 신청할 수 있는 제도(제27조)도 마련하여 두고 있습니다. 이 모두가 사회적 소금인 공익제보자를 두텁게 보호하기 위함입니다.

그런데 현행 「공익신고자 보호법」은 공익신고 대상범위나 신고대상 범위 그리고 신고기관이 제한적이고 내부고발자 신상정보가 누설될 위험이 있으며 그에 따른 불이익조치가 행해질 가능성이 높다는 문제점이 지적되고 있습니다.

정의는 어둠 속에서 실현될 수 없다

"정직, 공정, 소통, 진실이 바로 국익입니다." "언론의 존재 이유는 공정과 진실이라고 저희 PD 추적은 믿고 있습니다." 내·외부의 온갖 난관을 뚫고 심 연구원의 제보를 바탕으로 한 NBS 방송국 프로그램은 결국 전파를 탑니다.

'기자의 윤리는 팩트와 육하원칙에 근거한다'라는 말이 있습니다. 진실에 근거하지 않은, 육하원칙을 제대로 갖추지 않은 보도는 불신을 조장합니다. 잘못된 언론의 보도는 보도를 믿는 사람과 의심하는 사람 그리고 믿지 않는 사람으로 나누어 서로를 반목하게 만듭니다.

내가 상대방의 말을 의심 없이 믿을 수 있을 때 우리는 서로를 신뢰할 수 있습니다. 오늘 한국의 기자들은 나아가 한국의 언론은 사실에 근거하여, 또 그 사실을 육하원칙에 따라 올바로 보도하고 있는지 돌아봐야 합니다.

영화 속 윤 PD는 소리 높여 외칩니다. "우리는 방송의 주인이 국민임을 명심하고 공정성, 정확성, 객관성을 바탕으로 진실만을 전달한다. 우리는 헌법과 방송법이 정한 바에 따라 편성과 보도, 제작의 자유를 가지며 어떤 일이 있어도 이 자유는 지킨다."

영화 〈제보자〉는 2005년경 실제 있었던 '황우석 박사' 사건에서 영감을 얻어 영화적으로 재구성된 픽션입니다. 영화를 보며 "진실은 먼저 당신을 화나게 한 후에 당신을 자유롭게 한다"라는 말을 되새기게 됩니다.

생각해보기

1. 아래 글을 읽고 언론출판의 자유에 대한 자신의 입장을 160자 이상 200자 이내로 적어보자.

> 언론출판의 자유는 양심의 자유에 기반하고 있으면서, 자신의 양심을 외부로 표현할 수 있는 권리를 의미하기 때문에 오히려 양심의 자유라는 약간은 추상적인 자유보다는 보다 구체적인 언론출판의 자유가 더 정치적 쟁점이 되는 경우가 많다.
>
> 인간은 생각하였기 때문에 발전해왔다. 그리고 여기서 생각은 대부분 다른 사람의 생각과 연결되어 있다. 서로의 생각을 말하고 주고 받고 내 생각을 고치고 그러면서 인류는 진보해 온 것이다. 과학에서 갈릴레이의 지동설이 그런 생각의 하나였다.
>
> 민주주의의 제1원리인 국민주권 사상은 어느 날 갑자기 우리에게 생긴 것이 아니다. 수많은 사람들의 행동과 사유가 있었고, 그 행동과 사유가 사람들에게 언론출판이라는 행위를 통해 공유되었기 때문에 형성될 수 있었다. 이런 점에서 양심의 자유는 언론출판의 자유가 뒷받침해주지 않으면 아무런 사회적·정치적 의미가 없다.
>
> 언론출판의 자유야말로 국민주권을 현실로 만드는 무기이다. 이 때문에 권력을 가진 자들이 가장 먼저 억압하고 억누르려 한 것이 바로 언론출판의 자유였다(진병춘, 대한민국, 누구를 위한 민주주의인가?, 트러스트북스, 2017).

2. 아래 기사를 읽고 H씨의 행동에 대한 자신의 입장을 160자 이상 200자 이내로 적어 보자.

> 지난 3년간 A대는 극심한 '홍역'을 앓았다. 학교 재단 예산 1억3천여 만원이 K 이사장의 해외 여행, 가족 골프 용도로 유용된 사실이 드러났다. K 이사장이 재단 돈으로 학교 펜트하우스 인테리어 공사를 한 뒤 이를 무단으로 사용했다는

의혹도 불거졌다. 잇달아 드러나는 '사학비리'에 학생과 교직원, 교수들은 비상사태를 선언하고 이사장 퇴진운동을 벌였다. K 이사장은 업무상 횡령 혐의로 징역형의 집행유예 확정판결을 받고 물러났다.

재단의 비리를 세상에 알린 이는 실직 위기에 몰려있다. A대 직원노조위원장을 맡았던 H씨는 이사장의 법인카드 부당지출 의혹, 법인 공금 횡령 등을 폭로하는 데 앞장섰다. 교육부가 감사를 벌여 K 전 이사장을 검찰에 고발하게 하는 실마리도 제공했다.

학교 이사회는 이런 H씨가 달갑지 않았다. 학교 일반직원 징계위원회는 "학교 이미지를 실추시켰다"며 그를 파면했다. 서울지방노동위원회가 부당해고 판정을 내려 복직했지만, 한 달 만에 다시 파면됐다. 이번엔 2년 전 H씨가 K 전 이사장 사생활 의혹을 담은 이메일을 교육부와 학교 직원들에게 보냈다가 명예훼손 유죄 판결을 받은 것을 문제삼았다. 중앙노동위원회가 이번에도 부당해고로 판단하자, 학교는 소송을 냈다. 서울행정법원은 "파면은 과도하다"고 판단했고, 학교 쪽 항소 포기로 이 판결은 확정됐다. H씨는 복직했다.

23

예술의 자유는 어디까지인가 : <실미도>

2003년 12월 개봉

684부대

영화 속에서 깡패짓 말고 할 수 있는 게 아무것도 없었다는 강인찬(설경구 분)은 살인미수죄로 사형이 확정됩니다. 실미도 특수부대장 최재현 준위(안성기 분)는 강인찬과 같은 사형수나 사회 밑바닥에서 아무 희망도 없이 살던 사람들을 실미도로 데려갑니다. 실미도는 현재 인천 중구에 있는 섬입니다. 그리고 최 준위는 국가의 명령에 따라 '684부대'를 창설합니다. 영화의 실제 배경은 이렇습니다.

1968년 1월 21일 북한의 무장게릴라 31명이 청와대를 습격하기 위해 서울에 침투한 '1.21사건'이 발생했습니다. 게릴라전 특수훈련을 받은 북한 무장간첩 31명이 우리 국군 복장으로 휴전선을 넘어 서울시내 세검정 고개 자하문 초소까지 잠입했습니다. 그들은 정체가 탄로나자 수류탄을 던지고 기관단총을 발사해 경찰관 1명이 사망하고 2명이 중상을 입었으며, 민간인 5명이 사망했습니다. 사건 후 곧바로 출동한 군경합동수색진에 의해 29명이 사살되고 1명이 생포되었으며 나머지 1명은 도주했습니다. '684부대'는 이에 대한 보복작전을 위해 만들어졌습니다.

영화 속 실미도 부대의 부대장은 부대원들에게 말합니다. "작전에 성공하면 물질적 보상은 물론 통일을 앞당긴 영웅이 될 수 있다." 부대원들의 목표는 오직 하나, 북한에 침투하여 김일성을 암살하는 겁니다. 부여된 임무를 수행하고 그동안의 인생을 청산하여 떳떳하게 살아가겠다는 부대원들의 의지는 실전을 방불케하는 지옥 같은 훈련을 이겨내는 힘이 됩니다.

멋있게 싸우고 값있게 죽자

영화 속 부대 내무반에 걸린 문구는 살벌합니다. 훈련과정도 속된 말로 장난이 아닙니다. 스무 번도 넘게 평양을 넘나들었다는 부대장의 지휘 아래 실탄이 오가는 가운데 부대원들은 목숨을 건 훈련을 받습니다. 훈련 도중 죽는 사람도 생깁니다. 작전 중 체포되면 자살하는 것이 최선이라고 배웁니다. 그런 혹독한 훈련을 거치면서 부대원들은 드디어 북에 침투하여 임무를 수행하게 되기만을 바라는 단계에 이릅니다. 그러나 시대 흐름이 바뀌면서 684부대는 목표를 상실합니다. 급격하게 진행된 남북간의 화해 무드는 오히려 부대의 존재 자체를 부담스럽게 합니다.

"국가가 목적을 갖고 만든 부대입니다. 목적이 없어졌다면 국가가 책임을 져야 합니다. 정식 부대로 인정해 주십시오." 부대원들을 정식 군인으로 인정해 달라는 부대장의 간곡한 호소에 '구 시대의 유물을 잘 정리해야 새시대가 온다'는 냉혹한 답변만이 돌아올 뿐입니다. "권력을 가진 자가 의지를 갖고 명령을 내린다. 그것이 국가의 명령이다. 지금 대한민국의 의지는 684부대의 완전 소멸을 명령하고 있는 것이다. 일주일 내에 정리하지 않으면 전원 사살이다."

우여곡절 끝에 자신들의 존재가치가 없어진 걸 알게 된 부대원들은 결국 생존을 위해 부대장 이하 군인들을 사살합니다. 높은 사람을 만나기 위해 서울로 향합니다. 주민등록마저 말소되어 사라진 존재가 되었다는 자신들의 존재를 인정받기 위해서입니다. 그러나 방송에서는 그들을 남침한 무장공비로 보도합니다. 무장공비로 몰린 그들은 버스 안에서 총격전을 벌이다 자폭함으로써 모두 죽음을 맞이합니다.

실미도 사건

영화 〈실미도〉는 1971년 8월 23일 실미도 부대 공작원 24명이 교관 등을 살해하고 서울로 진입해 군·경과 총격전을 벌인 실미도 사건을 소재로 하고 있습니다. 실미도 부대는 실제로 1968년 4월 1일 북한 침투 특수공작원 양성을 목적으로 중앙정보부가 주도해 창설되었습니다.

실미도 부대원 31명은 현역 군인과 민간인 출신이었으며, 이들은 모집 과정에서 훈련 뒤 장교 임관과 미군부대 취직 등의 약속을 받고 실미도 부대원이 되었다고 합니다. 강제 격리된 상황에서 고된 훈련과 구타 등에 시달리던 부대원 가운데 5명은 훈련 도중 탈영을 시도하거나 기간병에게 반말을 했다가 사망했습니다.

1971년 8월 23일 기간병 18명을 살해하고 실미도를 탈출한 부대원들은 버스를 탈취해 서울로 향하던 중 인천에서 육군과 총격전을 벌였습니다. 이후 서울 영등포구 대방동에 있는 유한양행 건물 앞에서 다시 군·경과 총격전을 벌이다 20명이 사망했습니다. 이때 경찰과 민간인도 모두 8명이 목숨을 잃었습니다. 생존한 부대원 4명은 군법회의에서 사형이 선고되어 사형이 집행되었습니다. 정부는 사건 직후 '무장공비들의 소행'이라고 발표했다가 3시간 만에 '공군 관리 아래 있는 군 특수범'이라고 말을 바꾸게 됩니다. 이것이 실미도 사건의 실제였습니다.

팩션 영화의 한계

영화 〈실미도〉는 이러한 사실(fact)에 기반하여 허구(fiction)가 가미된 팩션(faction=fact+fiction) 영화입니다. 영화 초반에 흐르는 자막은 이렇습니다. "영화 〈실미도〉는 1968년 창설된 '실미도 684부대'에 관한 영화이며 영화 속 훈련병들의 출신성분이나 상황설정이 과거 혹은 현재의 다른 북파공작부대나 북파공작원과는 무관함을 알려드립니다."

그럼에도 실미도 부대원 유가족 12명은 영화 내용이 부대원들과 유족의 명예를 훼손하고 인격권을 침해했다며 소송을 제기했습니다. 부대원들을 악질적인 살인범이나 사형수로 묘사하고, 나아가 훈련 중 또는 탈영 후 서울로 향하는 버스 안에서 북한 군가를 부르는 장면 등이 일반인에게 부대원들을 흉악범 출신의 용공주의자로 오해하게 한다는 겁니다. 과연 팩션 영화의 한계는 어디까지일까요?

예술의 자유

「대한민국헌법」 제22조 제1항은 "모든 국민은 … 예술의 자유를 가진다. 저작자·발명가·과학기술자와 예술가의 권리는 법률로써 보호한다"고 규정하고 있습니다.

이러한 '예술의 자유'는 ① 예술창작활동을 자유로이 할 수 있다는 '예술창작의 자유', ② 창작한 예술품을 일반대중에게 전시·공연할 수 있다는 '예술표현의 자유', ③ 예술활동을 위해 집회를 개최하고 결사를 조직할 수 있다는 '예술의 집회·결사의 자유'를 그 내용으로 합니다.

그렇다고 예술의 자유가 무제한으로 보장되는 것은 아닙니다. 대표적으로 헌법 제37조 제2항에 의해 국가안전보장, 질서유지 또는 공공복리를 위하여 필요한 경우에는 법률로 제한될 수 있습니다.

한편 예술의 자유 이외에 개인의 인격권과 알권리도 모두 헌법이 보호하는 중요한 가치입니다. 인격권은 권리의 주체와 분리할 수 없는 인격적 이익을 누리는 권리로서 생명권·신체권·명예권 등이 이에 속합니다. 다른 권리와 마찬가지로 인격권의 침해가 있으면 불법행위로 인한 손해배상청구도 가능하고 사전적·예방적 구제수단으로 침해행위의 방지 및 예방청구도 가능하다는 특징이 있습니다.

그리고 알권리란 가능한 모든 정보원으로부터 일반적 정보를 수집하고 또 처리할 수 있는 권리를 말합니다. 여기서 일반적이란 신문·잡지·방송 등 불특정다수인에게 개방될 수 있는 것을 말하고,

정보란 양심·사상·의견·지식 등의 형성에 관련이 있는 일체의 자료를 말합니다. 개인에게는 알권리가 공공기관과 사회집단 등에 대하여 정보공개를 요구할 수 있는 권리를 의미합니다. 정보의 독과점과 비대칭성, 일반국민의 정보에 대한 욕구 증대, 정보화 사회, 국가기밀의 증대 등이 알권리의 배경이 됩니다.

헌법재판소는 알권리의 근거를 표현의 자유에서 구하고 있는데, 알권리의 구체적 내용으로는 일반적으로 접근할 수 있는 정보원으로부터 방해받지 않고 정보를 수령할 수 있는 '정보수령권', 일반적으로 접근가능한 정보원으로부터 능동적으로 정보를 수집할 수 있는 '정보수집권', 비자발적 정보원에 대해 적극적으로 정보의 공개를 청구할 수 있는 '정보공개청구권'이 있습니다.

영화 〈실미도〉의 경우는?

영화는 '영상'과 '소리'로 스토리를 압축하여 전달합니다. 그런 영화 제작 과정에서 사실과 허구가 결합하면서 사실이 변질되거나 윤색되어 누군가의 명예를 훼손하거나 역사적 사실을 왜곡하는 일이 생길 수 있습니다. 팩션영화는 태생적으로 예술창작의 자유나 알권리와 특정인의 명예나 인격권 사이에 충돌을 일으키기 쉬운 겁니다. 영화 〈실미도〉가 부대원과 유족의 명예를 훼손했다는 청구에 대해 법원은 어떤 결론을 내렸을까요?

법원은 명예훼손 책임을 인정하지 않았습니다. 영화에서 문제가 된 표현들이 고유한 창작의 영역에 속하거나, 그 내용이 진실이라고 믿을 만한 상당한 이유가 있다고 판단했기 때문입니다.

한편 실미도에서 탈출하다가 사망한 북파공작원 3명의 유족들이 국가를 상대로 낸 손해배상 청구 소송에서 국가의 책임이 일부 인정되었습니다. 그리고 실미도 부대원이 아닌 다른 북파공작원이 겪는 후유증에 대해 국가배책임을 인정한 판결도 있습니다. 그에 따르면 영화 속 훈련 과정이 그저 영화적 상상력에 기초한 허구만은 아님을 알 수 있습니다. 왜냐하면 '훈련 과정에서 받은 과도한 소음 노출이나 성대 혹사, 잠수 훈련, 유독가스 노출 등이 유해요인으로 작용하여 … 북파공작원이 겪고 있는 질병이 군 복무와 사이에 상당인과관계가 있다'고 인정했기 때문입니다.

영화 〈실미도〉는 2003년 개봉되어 1,100만 관객을 끌어들였습니다. 영화 〈실미도〉는 우리에게 팩션 영화의 한계는 물론 남북 분단으로 빚어진 비극 나아가 국가의 역할에 대해 다시 생각하게 하는 영화입니다.

생각해보기

아래 글을 읽고 예술의 자유에 관한 자신의 생각을 160자 이상 200자 이내로 적어 보자.

> 법원은 인격권침해로 인한 구제방법의 하나로 상영금지 등을 청구할 수 있도록 하고 있으나, 예술적 창작물인 영화의 상영 자체를 금지하거나 그 영화내용을 직접 수정, 삭제하라는 취지의 피해자의 주장을 인용하는 것은 "사법적 절차를 통하여 예술의 자유를 직접적으로 제한하는 결과를 야기할 수 있기 때문에, 이 같은 직접적 구제수단이 허용되기 위해서는 명예훼손, 인격권 침해의 태양 및 정도, 침해 경위 등 제반사정을 종합적으로 고려하여 그 인격권의 핵심적 내용이 중대하게 훼손되는 경우 등으로 한정해야 한다고 한다.

24

종교와 법은 무슨 관계일까? : <미션스쿨>

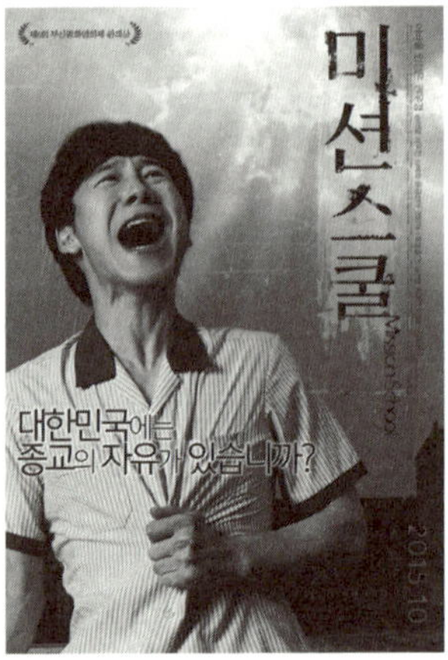

2015년 10월 개봉

종교의 자유

종교는 신이나 초자연적인 절대자 또는 힘에 대한 믿음입니다. 그리고 그 믿음을 통해 인간생활의 고뇌를 해결하고 삶의 궁극적 의미를 추구하는 문화체계를 말합니다. 그런 종교생활의 가장 기본적 요소는 아마도 예배일 겁니다. 도덕적 행위, 올바른 믿음, 종교단체에의 참여 등도 물론 종교생활의 구성요소가 됩니다.

헌법 제20조는 "모든 국민은 종교의 자유를 가진다. 국교는 인정되지 아니하며, 종교와 정치는 분리된다"라고 선언하고 있습니다.

지극히 당연한 내용을 담고 있는 것처럼 보입니다. 하지만 종교의 자유가 실현된 건 생각보다 그리 오래된 일이 아닙니다.종교사에서 보면 편협과 박해는 어느 한 시대 또는 어느 특정 종교에 국한된 것이 아니었습니다.

종교인들은 자신이 믿고 있는 진리의 절대성과 우월성을 주장하기 때문에 자기와는 다른 종교를 거부하거나 배격하기 쉽습니다. 그럼에도 다른 종교에 대한 관용의 가르침은 세계 여러 종교들에서 발견됩니다. 대체로 불교는 현재나 과거에나 관용적이라고 평가받아 왔습니다. 그 밖에 다른 종교의 추종자들에 대한 관용은 유대교, 그리스도교, 이슬람교 등에서도 발견된다고 합니다.

흔히 이슬람교가 신속하고도 광범위하게 확산된 원인을 무력으로 선교사업을 강행한 이슬람교의 전투적 성격 때문이라고 생각합니다. 이런 생각을 뒷받침하듯 어떤 역사책에서는 '한 손에는 코란, 한 손에는 칼'이라는 말이 마치 이슬람 경전의 한 구절인 양 쓰여 있다고 합니다. 하지만, 정작 이슬람교의 경전인 『코란』 제2장 제256절에서는 "종교에는 강제가 있을 수 없다"라고 하고 있고, 제10장 제99절에서는 "사람들을 강요해서는 믿음을 갖게 할 수 없다"라고 하여 신앙의 자유를 설교하고 있다고 합니다.

그리스도교에서도 다른 종교에 대한 관용 및 종교적 자유에 대한 가르침은 오랜 역사를 가지고 있습니다. 3세기경 그리스도교의 주요 신학자였던 테르툴리아누스(Tertullianus, 약 155년~240년경)는 종교의 자유가 '인간의 권리이자 자연의 특권'이라고 주장함으로써 종교의 자유에 대한 자연법적인 기초를 마련한 것으로 평가받습니다.

한편, 다른 종교에 대해서는 관용적 입장을 취하면서도 같은 종교 내의 다른 교리적 견해에 대해서는 관용이 허용되지 않았습니다. 특히 그리스도교의 역사는 교회의 권위에 도전하거나 교회와 맞서는 교리적 견해를 주장했던 사람들을 용납하지 않았던 경우가 적지 않습니다. 예를 들어, 13세기에 『신학대전』을 통해 신의 존재를 논증한 바 있는 토마스 아퀴나스(Thomas Aquinas, 1224년 또는 1225~1274년)는 이교도들에 대해서는 상대적으로 너그러웠습니다. 그러나 그리스도교 내부의 이단들에 대해서는 결코 용납하려 하지 않았습니다. 16세기의 종교개혁가 마르틴 루터도 다양한 믿음을 지닌 사람들이 조화롭게 살아가는 다종교적 사회를 생각하지 못했다고 합니다. 나아가, 그리스도교는 종교재판을 통해 이단자들을 처단한 역사도 가지고 있습니다.

모든 국민은 종교의 자유를 가진다

종교의 자유는 법적으로 1649년 영국의 인민협정(Agreement of People)에서 최초로 규정되었습니다. 프랑스에서는 1789년의 혁명을 통해 칼뱅파와 유대인들이 가톨릭교도들과 동등한 종교의 자유를 누리게 되었습니다. 미국에서는 청교도들의 신대륙 이주 초기에 비관용정책이 시행되고 종교의 자유에 반대하는 움직임도 있었으나, 1791년 헌법에서 세계 최초로 교회와 국가를 분리하는 정교분리원칙을 규정했습니다. 동시에 종교 행사의 자유도 규정하였습니다. 독일에서는 1794년 프로이센 보통법전에 종교의 자유가 규정되기에 이릅니다.

이처럼 종교의 자유가 근대 헌법이나 권리장전에서 기본적 인권 또는 시민적 자유의 하나로 규정되고 보장된 건 종교의 자유를 획득하기 위한 오랜 투쟁의 결과였습니다. 19세기 독일의 법학자 예링

(Jhering)도 『권리를 위한 투쟁』이라는 유명한 책에서 '노예제도와 농노제도 폐지, 토지소유권과 종교의 자유 보장' 등이 격렬하고 때로는 수 세기 동안 계속된 투쟁을 통해 획득됐다는 점을 지적한 바 있습니다. 2차세계대전 이후 종교의 자유는 비로소 세계 각국에서 널리 인정되는 공리(公理)가 되었습니다. 그럼에도 오늘날 전 세계적으로 종교의 자유가 충분히 실현되고 있다고 말하기는 어려운 게 현실입니다.

신앙의 자유 vs 종교교육의 자유

"저는 오늘부터 예배를 거부하겠습니다. 예수님께서는 원수도 사랑하라고 하셨습니다. 하지만 학생들에게 종교를 강요하는 선생님들이 원수를 사랑할 수 있을까요?"

영화 〈미션스쿨〉의 주인공 이바울의 발언입니다. 미션스쿨이란 본래 그리스도교의 선교부가 개척지 선교사업의 일환으로 설립한 학교를 말합니다. 근래에는 학교설립 주체가 다양화되어 '미션스쿨'이라는 용어보다는 '그리스도교계 학교'라는 명칭이 일반적으로 사용됩니다.

한국에서는 1882년 미국과 사이에 '조미수호통상조약'이 체결되면서 미션스쿨이 설립되기 시작했습니다. 1885년 최초의 미션스쿨인 배재학당이 설립되었습니다. 미션스쿨은 근대 교육사에서 조선인의 이익에 어긋나는 활동을 했다는 비판도 받지만, 근대교육·여성교육·영어교육·민족교육의 발판을 마련하는 데 기여했다는 점에서는 긍정적 평가를 받고 있습니다.

영화 〈미션스쿨〉은 영화 감독 강의석 자신이 실제로 2004년 그리스도교계 고등학교에 다니던 중 종교 수업과 예배를 받아들일 수 없다며 벌인 1인 시위와 단식투쟁을 주된 소재로 하고 있습니다.

영화에서 강의석 역을 맡은 이바울의 행로는 순탄치 않습니다. 이바울의 입장을 지지하던 교목실장(목사)은 종교다원주의자로 몰려 학교에서 쫓겨나고, 부모님과 친구들 역시 바울의 행동을 탐탁지 않게 여깁니다. 예배를 거부한데다가 선생님에게 불손한 태도를 보인 것까지 문제가 되어 바울은 결국 학교로부터 퇴학 처분을 받습니다. 그리고 바울의 문제는 법의 판단을 받게 됩니다.

종교교육은 특정 종교가 특수한 문화를 형성한 곳에서는 그 문화를 유지하는데 중요한 역할을 합니다. 그리고 특정 종교가 다른 종교와 공존하는 문화에서는 종교교육이 주로 특정종교를 유지하는 역할을 합니다. 한국의 경우는 조선시대에는 유교가 국교로 인정되었고, 근대에 이르러 문호가 개방되면서 비로소 세속적인 교육과 구분되는 종교교육이 의미를 갖게 되었습니다. 현대의 종교교육은 현대 과학, 테크놀로지, 대중문화, 현대 국가에서 나타나는 권력 집중의 심화 등과 같은 현실에 대응하고자 종교단체와 종교지도자들의 노력이 계속되고 있는 상태라고 하겠습니다.

영화 〈미션스쿨〉과 관련된 현실의 재판에서 핵심적인 쟁점은 종교교육의 자유에 관한 것이었습니다. 즉 학교 강제배정제도를 시행하고 있는 우리나라에서 선교 목적으로 세워진 사립학교의 종교교육을 어느 범위까지 허용할 수 있느냐는 것입니다.

이바울과 같이 신앙의 자유를 강조하는 측에서는 이렇게 주장했습니다. "학교가 별도의 대체 과목 편성 없이 일방적으로 특정 종교 수업을 편성하고, 학생들에게 종교 의식에 참여하도록 하는 것은 학생의 기본권을 침해하는 것"이라고 말이지요. 종교 교육의 자유는 존재하며 사립학교 설립의 전제가 되는 것이지만 학생의 신앙의 자유라는 내심의 자유는 어떤 이유로도 통제할 수 없는 기본권이라는 겁니다.

이에 대해 종교 교육의 자유를 주장하는 학교측은 이렇게 맞섰습니다. "사립학교 교육에 대한 국가의 간섭은 사립학교가 공교육을 담당하고 있는 한도, 즉 학력 인정에 필요한 교육의 충실을 도모하는 한도에 그쳐야 한다"라고 말이지요. 교육의 중립성은 정치적 중립성을 말하는 것일 뿐 종교적 중립까지 제한할 수는 없으며, 사립학교는 국공립학교와는 본질적으로 다르다는 겁니다.

대법원 판결

2010년 4월 대법원의 다수의견(대법원 2008다38288 전원합의체 판결)은 다음과 같이 결론을 내렸습니다. "학교에 대한 선택권 없이 강제배정으로 입학한 학생들에게 건전한 상식의 한계를 벗어난 특정 종교의 의식과 종교 교육을 강요하는 것은 헌법상 기본권인 종교의 자유를 침해한 것으로 위법하다"라고. 나아가 주인공의 퇴학 사유가 되었던 담임교사에 대한 불손한 행동은 결코 가벼운 것이라고 볼 수 없지만 퇴학처분은 지나치다고 덧붙였습니다.

헌법이 보장하는 종교의 자유는 내면적인 신앙의 자유와 외면적인 종교적 행위의 자유로 구분할 수 있습니다. 내면적인 신앙의 자유는 사람이 어떤 종교든지 믿고 싶은 것을 믿고, 믿고 싶지 않은 것을 믿지 않을 자유입니다. 외면적인 종교적 행위의 자유는 여러 가지 형태로 신앙을 표현하는 자유로서 행위의 내용에 따라 예배의 자유, 종교적 집회·결사의 자유, 종교교육의 자유, 선고의 자유 등 종교적인 여러 활동의 자유가 포함됩니다. 학교측에서 주장했던 종교교육의 자유가 바로 이 종교적 행위의 자유의 하나였습니다. 영화 〈미션스쿨〉은 바로 이러한 신앙의 자유와 종교교육의 자유가 정면으로 충돌했던 경우입니다.

여러분은 대법원의 결론이 수긍이 되는가요? 만약 수긍이 안 되더라도 너무 낙담할 일은 아닙니다. 위 대법원 판결에도 학교측의 입장을 지지하는 소수의견이 있었으니까요. 세상에는 간단히 결론을 내릴 수 없는 일들이 언제나 있기 마련입니다.

종교의 자유 보장을 위해

1948년 국제연합이 채택한 세계인권선언 제18조는 종교의 자유에 대해 이렇게 선언하고 있습니다. "사람은 누구나 사상·양심·종교의 자유를 누릴 권리를 가진다. 이 권리는 자신의 종교 또는 신념을 바꿀 자유와, 자기 혼자서 또는 남들과 함께 공공연히 또는 은밀하게 그의 종교나 신념을 교육·행사·예배·의식이라는 형태로 밝히는 자유를 포함한다."

내 종교가 소중한 바로 그만큼 남의 종교를 존중해야 하고 나아가 함부로 비난해서는 안된다고 생각합니다. 하지만 서두에서 살펴봤던 것처럼 종교인들은 자신이 믿고 있는 진리의 절대성과 우월성을 주장하기 때문에 자기와는 다른 종교를 거부하거나 배격하기 쉽습니다. 세계 각지에서 종교의 차이로 인해 발생하는 갈등과 분쟁이 사라지지 않는 이유도 여기에 있지 않을까 합니다. 종교의 영역에서도 관용과 포용의 정신이 필요합니다.

생각해보기

아래 기사를 읽고 자신의 생각을 160장 이상 200자 이내로 적어 보자.

국가인권위원회가 기독교 대학의 채플을 문제 삼으며 대체과목을 개설하라는 권고를 내린 것과 관련해 한국교회언론회도 14일 논평을 발표했다. 언론회는 "기독대학에서의 예배는 기독교적 소양으로써 중요하다"면서 "국가인권위의 지나신 간섭이 종교의 자유를 침해한다"고 비판했다.

언론회는 먼저 "국민의 교육과 대학설립은 헌법에 보장된 것"이라면서 헌법 제31조 제1항 '모든 국민은 능력에 따라 균등하게 교육을 받을 권리를 가진다', 제4항 '교육의 자주성, 전문성, 정치적 중립성 및 대학의 자율성은 법률이 정하는 바에 의하여 보장된다'는 조항을 제시했다.

그러면서 "종립학교는 처음부터 특정 종교의 정신에 따라 설립되는 것을 국가가 인정한 것이다. 그런데 어찌하여 이제 와서 종립학교에서의 종교교육을 문제 삼는 것인가"라고 따졌다.

또한 언론회는 "예배는 기독교 신앙의 기본이며, 기독교 소양으로써도 필요한 대목이다. 인권위는 기독교학교에서의 채플을 기존 교회의 예배 행위와 다름없다면서 기독교 소양으로 인정하지 않는 우를 범하고 있다. 기독교에서는 교리 공부나 성경 교육도 중요하지만, 가장 기본적인 것이 예배"라며 "이를 국가인권위는 인정하지 않겠다는 것인가"라고 재차 지적했다.

아울러 언론회는 "이 학교가 비록 채플 참석이 졸업에 영향을 준다고 하지만, 그것을 학점이나 성적으로 연결시킨 것이 아니라 'Pass'로 했다. 그것도 전체에서 2분의 1 참석이면 '통과'로 인정한 것"이라며 "그런데도 이것마저 문제 삼는 것은 종립대학의 정체성을 인정하지 않고 무너뜨리는 결과를 낳는다"고 꼬집었다.

나아가 "대학은 본인의 선택이며, 이에 대한 책임이 따른다. 이 대학은 학생 본인이 선택할 때 이미 기독교 학교이며, 그에 따른 종교 행위가 있다는 것은 불문가지"라며 "그런데 뒤늦게 문제를 제기한다면 그것은 본인의 귀착 사유가 아닌가? 그 책임을 학교에 전가시키는데 국가 기관이 앞장서는 것은 잘못"이라고 질타했다.

언론회는 "개개인의 의견이나 주장도 존경해야 하지만, 제도적으로 합의되고 편성된 교육과정과 그에 따라 만들어진 학칙을 준수하는 것도 중요한 교육과정으로 보아야 한다. 국가기관이 개인의 소극적 종교의 자유만을 강조한다면, 오히려 헌법에 명시된 진정한 '종교의 자유'마저 침해하는 꼴이 된다"고 비판했다.

따라서 언론회는 "국가인권위는 권고를 철회하는 것이 마땅하다고 본다. 국가인권위가 '인권'을 중시하여 만들어진 국가기관이라지만 편협되고 편파적인 인권에 치중한다면, 누가 이를 공정하게 받아들이며, 그 결정에 순복하겠다는 마음이 들겠는가"라고 논평했다(크리스천연합신문, 2021. 6. 14).

영화로 보는 법과 사회

25. 정말 유전무죄, 무전유죄인가 : <홀리데이>
26. 배심재판이란 무엇인가 : <소수의견> 2
27. 잘못된 재판을 바로잡을 수 있는가 : <재심>, <검사외전>

TAKE **9**

사법제도 I

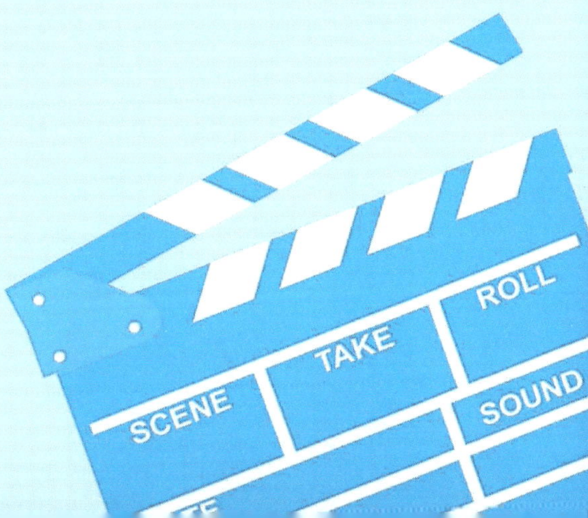

25

정말 유전무죄, 무전유죄인가 : <홀리데이>

2006년 1월 개봉

공정하다는 것

어느 한쪽으로 치우침이 없이 공평하고 올바른 것을 가리켜 우리는 공정하다고 합니다. 공정하다는 것은 어떤 사안을 평가하고 판단함에 있어 어느 한쪽으로 치우치지 않고 모든 경우를 동일한 비율로 다룬다는 뜻입니다. 그 과정에 사사로운 이익이 개입된다면 공정하다고 말할 수 없음은 물론입니다.

공정함은 법을 적용함에 있어서도 아주 중요한 요소가 됩니다. 모든 사람은 법 앞에서 동등하게 취급되어야 합니다. 그리고 어떤 사건에 법을 적용함에 있어서 공정해야 하는 건 물론이고 그 사건과 다른 사건을 비교해 보았을 때에도 공정하다는 평가를 받을 수 있어야 합니다. 영화 〈홀리데이〉를 통해 법의 공정성에 대해 생각해 보기로 하겠습니다.

유전무죄! 무전유죄!

영화 〈홀리데이〉는 실제 사건을 소재로 하고 있습니다. 서울올림픽이 끝난 1988년 10월 8일부터 16일 사이에 벌어졌던 죄수들의 탈주와 인질극이 그 소재입니다. 흔히 '지강헌 일당 집단 탈주 사건'이라고 불립니다.

'지강헌 일당 집단 탈주사건'은 주범으로 알려진 지강헌을 포함한 재소자 25명이 호송버스를 타고 다른 교도소로 이감되던 중 시작되었습니다. 그들은 교도관의 총기를 빼앗아 버스에서 탈출했습니다. 그중 지강헌을 포함한 4명이 8박 9일 동안 도피하다가 서울의 한 가정집에서 그 집 가족들을 인질로 붙잡고 인질극을 벌이게 됩니다. 인질극을 벌인 4명 중 두 명은 자살하고, 지강헌은 유리조각으로 자해하는 과정에서 경찰의 총을 맞고 사망하였으며, 남은 1명은 체포된 비극적 사건이었습니다.

지강헌은 인질극을 벌이는 과정에서 취재를 위해 몰려든 기자들을 향해 "대한민국은 유전무죄, 무전유죄"라는 말을 남겼습니다. 그리고 마지막 소원이라며 '홀리데이(holiday)'라는 음악을 틀어달라고 요구했습니다. 그런 그의 행동이 이 사건을 더욱 유명하게 만들었습니다.

지강헌이 인질극을 벌인 마지막 날인 1988년 10월 16일이 마침

휴일인 일요일이었습니다. 그리고 지강헌이 경찰과 대치를 하면서 틀어달라고 했던 〈홀리데이〉라는 노래는 호주 출신의 영국 음악 그룹 '비지스(The Bee Gees)'가 부른 팝송의 제목이기도 했습니다. 지강헌은 아마도 자기의 생이 끝날 거라는 예감에 '홀리데이'라는 음악을 틀어 달라고 했는지도 모르겠습니다. 영화 제목이 〈홀리데이〉가 된 이유는 그 팝송 제목 때문이었겠지요.

영화 〈홀리데이〉는 위와 같은 집단 탈주 사건이라는 실화를 모티브로 하고 있지만 영화 내용이 현실과 그대로 부합하는 건 아닙니다. 예를 들어 영화 속 무허가 건물의 철거 장면에서 지강헌을 묘사한 인물인 '지강혁(이성재 분)'의 동생이 건물 철거에 반대하는 과정에서 경찰이 쏜 총에 맞아 죽거나, 수감된 죄수들을 쓰레기라고 부르며 잔혹하게 취급하는 교도소 부소장(최민수 분)의 악행 장면 등은 실제와는 달리 영화적 상상력이 가미된 허구로 보입니다.

또한 극적 재미를 더하기 위해 영화 속 탈주자들을 필요 이상으로 미화한 측면도 있어 보입니다. 하지만 영화 속에서 지강혁이 외친 '유전무죄! 무전유죄!'는 아직도 우리 사회에서 인구에 회자되는 유명한 말입니다.

공정한가?

실제 현실에서 탈주 사건이 있기 한 달 전인 1988년 9월에 한 가지 사건이 있었습니다. 1981년부터 1987년까지 대한민국 제5공화국 대통령이었던 전두환의 동생 전경환이 재판을 받은 것입니다. 전직 대통령의 동생이 새마을운동중앙회 총재로 있으면서 70억원이 넘는 공금을 횡령하고 10억원을 탈세했다는 죄였습니다.

그런 거액을 횡령하고 탈세한 전경환이 선고받은 형은 징역 7년과 벌금 32억원이었습니다. 이 소식에 지강헌은 심한 박탈감을 느낀 것으로 탈주 사건 후 알려졌습니다. 지강헌은 7차례에 걸쳐 모두 556만원을 훔친 죄로 '징역 7년'에 '보호감호 10년'이라는 처벌을 받았습니다. 그가 비록 여러 차례에 걸쳐 범행을 저지르긴 했지만 자신이 저지른 죄에 비해 훨씬 무거운 죄를 저지르고도 돈과 권력을 가진 자에게 내려진 벌이 너무도 약해서 억울했다는 것입니다.

보호감호

지강헌이 징역형과 함께 선고받은 '보호감호'는 보안처분의 일종입니다. 보호감호는 전두환 대통령 시절인 1980년 12월 「사회보호법」에 추가되었습니다. 실형을 복역한 뒤에도 재범의 위험성을 예방하고 사회복귀에 필요한 직업훈련을 위해 보호감호소에 격리 수용해서 교화하는 것을 목적으로 했습니다.

법적으로 보안처분은 형벌과는 다릅니다. 형벌로는 범죄자의 사회복귀와 범죄의 예방이 불가능하거나 범죄자의 특수한 위험성 때문에 형벌의 목적을 달성할 수 없는 경우에 형벌을 대체하거나 보완하기 위한 예방적 성질의 조치이기 때문입니다. 지강헌에게 징역 7년 외에 선고된 보호감호 10년이 바로 이러한 보안처분이었던 겁니다. 보호감호는 형벌과 동시에 선고해서 형벌을 먼저 집행한 후 이어서 보호감호처분을 집행했습니다. 그러니까 지강헌은 7년간 징역을 살고 이후 10년간 보호감호소에서 사회복귀에 필요한 직업훈련 등을 받아야 했던 겁니다.

문제는 현실에서 보호감호가 징역형과 잘 구별되지 않은 채, '또 다른 징역형'이나 다름 없이 운영되었던 데 있습니다. 당초의 입법 취지와는 달리 '사회복귀'는 사라지고 사회와의 '격리'만 강조되었던 것입니다. 그런 이유로 영화 속에서도 '징역 7년에 보호감호 10년 해서 도합 17년을 살아야 되나'라는 절망적인 탄식이 등장합니다. 보호감호 제도는 이중처벌이라는 비난을 이기지 못하고 결국 영화 〈홀리데이〉가 개봉되기 한 해 전인 2005년 8월에 국회에 의해 폐지되었습니다.

단순하게 비교하기는 어렵겠지만, 지강헌은 70억원이 넘는 거액을 횡령하고 10억원을 탈세하고서도 징역 7년을 선고받은 것과 500여 만원을 훔친 자신에게 선고된 징역 7년과 보호감호 10년이 불공정하다고 느꼈습니다. 그것이 지강헌으로 하여금 영화에서 보는 것처럼 '유전무죄! 무전유죄!'의 외침으로 표출된 것이지요.

가석방까지

비록 영화의 소재가 된 탈주사건 이후의 일이긴 하지만 실제로 징역 7년형을 선고받은 전경환은 약 3년 정도 복역하다가 1991년 가석방되기에 이릅니다. 가석방이란 형기 중 석방되어 특별한 사정이 없으면 더 이상 나머지 형을 살지 않게 되는 제도입니다. 징역형의 3분의 1 이상을 복역한 수형자 중에서 개전의 정이 현저하다고 인정되는 경우에 형기 만료 전에 수형자를 가석방합니다. 그리고 가석방 중에 다른 죄를 저지르지 않는 등으로 가석방을 취소할 사유가 없는 채로 나머지 형기가 경과하면 모든 형의 집행을 종료한 것으로 간주하는 제도입니다. 역사적으로 가석방제도는 1800년 영국의 식민지였던 오스트레일리아에서 복역 중인 죄수에게 섬 안에 있을 것을 조건으로 허가장을 주고 석방하는 관행에서 유래했다고 합니다.

1980년대 당시 70억원이 넘는 돈을 횡령한 전경환 씨가 7년형을 받고 가석방이 되었을 정도면 지강헌이 외쳤던 '유전무죄, 무전유죄'는 그저 공허한 외침에 불과한 것은 아니었던 것 같습니다. 비록 지강헌은 여러 번에 걸쳐 죄를 저지르긴 했지만 말입니다. 누구라도 그렇게 느낄 것 같은데, 과연 우리 국민은 법이 얼마나 공정하게 적용된다고 생각하고 있을까요?

범죄연구의 분석 및 형사정책 등을 연구하기 위해 설립된 한국형사정책연구원(2021년 6월 한국형사·법무정책연구원으로 이름이 바뀜)에서 작성한 2004년의 보고서를 보겠습니다. 보고서에 따르면 '같은 죄를 짓더라도 가난한 사람이 부유한 사람보다 불리한 처분을 받는다'는 문항에 대해 국민의 77.8%가 매우 그렇거나 그런 편이라고 대답하였습니다. 나아가 '사법제도는 힘 있는 사람들의 기득권을 유지시켜 주는 제도인가'라는 문항에 대해서도 72.3%의 국민이 역시 매우 그렇거나 그런 편이라고 대납했습니다. 그것은 과거의 일이라구요? 저로서는 상당한 세월이 흐른 현재에도 국민들의 그런 인식은 크게 달라지지 않았을 것같아 염려스럽습니다.

공정한 법의 집행을 위해

10여년 전 미국 워싱턴에 간 일이 있었습니다. 자연스럽게 미국 연방대법원 건물을 한번 보고 싶다는 생각에 그 앞을 방문했었지요. 그리고 연방대법원 건물 윗 부분에 'EQUAL JUSTICE UNDER LAW"라는 문구가 새겨져 있었던 것을 기억합니다. '법 아래 같은 정의'로 직역될 수 있겠습니다만 결국 법 앞에 모두가 평등하다는 뜻으로 해석될 수 있겠습니다. 서울 서초구에 있는 우리 대법원 건물에는 어떤 문구가 새겨져 있을까요? 그렇습니다. '자유, 평등, 정의'의 세 가지가 새겨져 있습니다. 기회가 되면 한번 확인해 보시기 바랍니다.

법의 이념 내지 목적이 무엇인지에 대해서는 여러 논의가 있을 수 있겠지만 정의와 평등은 빠지지 않는 것 같습니다. 정의에 대해서는 고대로부터 현재까지 여러 설명이 있어 왔지만 그 합일점을 쉽게 찾기는 어렵습니다. 하지만 공정함이 정의의 한 내용이 되어야 한다는 데에는 별다른 이의가 없을 겁니다.

한편 『인간불평등기원론』과 『사회계약론』 등으로 유명한 18세기 프랑스의 철학자 장 자크 루소(Jean-Jacques Rousseau)는 "어느 나라를 막론하고 법의 보편적 정신은 늘 약자보다는 강자를 편들게 되어 있고, 가진 게 아무것도 없는 사람보다 가진 사람을 편들게 되어 있다. 이런 문제는 불가피하며, 예외는 없다"고 갈파한 바 있습니다. 그리고 계속해서 "불평등을 없앨 수는 없지만 불평등을 줄일 수는 있다"라고도 했습니다.

법이 강자와 가진 자의 편을 들게 마련이라는 루소의 말은 우리를 불편하게 합니다. 물론 그에 대한 반론도 있을 겁니다. 인간이 본래 선하고 행복했으나 사회를 형성한 때부터 악이 출현했으며, 인간 불평등은 인간이 자연과 순진무구함으로부터 소외되어 온 오랜 역사 과정의 부산물이라는 루소의 주장은 루소 개인의 생각이고, 지나간 시대의 일이라고 말입니다.

하지만 2015년 당시 한국형사정책연구원이 만 19세 이상 성인 남녀 1,000명을 상대로 한 조사결과에 따르면 현실은 우울합니다. '권력이 있는 사람들은 법을 위반해도 처벌받지 않는 경향이 있다'

라는 의견에 82.6%가, '돈이 많은 사람들은 법을 위반해도 처벌받지 않는 경향이 있다'는 의견에는 82.8%가, '같은 범죄를 저질러도 가난하고 힘없는 사람이 더 심한 처벌을 받는다'는 의견에는 78%가 동의를 나타냈기 때문입니다. 이런 조사결과에 따르면 법이 강자와 가진 자의 편을 들게 마련이라는 루소의 말이 오늘날에도 여전히 불편한 진실로 남아 있는 게 아닌가 우려됩니다.

인간 사회에서 불평등을 완전히 없앨 수는 없을 겁니다. 하지만 불평등을 완화함으로써 영화 속 외침이었던 '유전무죄, 무전유죄'라는 말이 더 이상 국민들의 공감을 얻지 못하고 하루속히 사라지는 그런 사회가 되었으면 좋겠습니다. 아래에 재판의 공정함과 관련된 중국의 옛 고사를 하나 소개합니다.

백성에게 성심을 다했다면 출병하십시오

BC 684년에 제나라가 노나라를 치려고 출병했다. '장공'이 이를 맞받아치려고 준비하고 있는데, '조귀'라는 사람이 장공을 알현하려고 했다. 그러자 마을 사람들이 말렸다.

"높은 분이 꾀하는 일인데, 우리 같은 무지렁이가 참견해서는 안 되네."

그러나 조귀는 막무가내였다.

"높으신 분들은 눈이 어두워 멀리 내다볼 수 없는 법이오."

그는 기어코 장공을 만나 이렇게 입을 열었다.

"무엇을 믿고 싸우려 하십니까?"

장공이 대답했다.

"백성이다. 평소에 나는 백성들에게 먹을 것과 입을 것을 충분히 주어 편안히 살게 해 주었다."

"그런 은혜를 입은 사람은 소수에 지나지 않습니다. 그러므로 백성 모두가 공을 따르지는 않을 것입니다."

"그럼 신이다. 나는 늘 조상께 정성을 다해 희생을 바치고 재물을 올려 제사를 드렸다. 그러므로 나를 굽어살피실 것이다."

"그것은 자그마한 성의에 지나지 않으므로 신들은 공을 돕지 않을 것입니다."

"그렇다면 지금까지 내가 행한 공정한 재판이다. 나는 소송이 제기되면 크고 작은 일을 가리지 않고 공정하게 재판해 주었다."

"아, 그건 백성에게 성심을 다했다 할 수 있습니다. 한번 싸워 볼 만합니다. 그 싸움에 소인도 데려가 주십시오."(다케우치 미노루, 『절대지식 중국고전』, 이다미디어, 2010)

생각해보기

1. 본문에 나오는 중국의 옛고사에 대한 자신의 생각을 160자 이상 200자 이내로 적어보자.

2. 아래 글을 읽고 법의 세계에서 공정성을 구현할 수 있다고 생각하는지 160자 이상 200자 이내로 적어보자.

> 첫째, 불공정성이나 부당함을 금지하거나 회피한다. 즉, '독점규제 및 공정거래에 관한 법률'을 위시한, 명시적으로 '공정'을 이념으로서 표방하고 있는 법규들

은, 무엇이 공정한 것인가를 말하는 대신, 무엇이 공정하지 않은 행위인지 규정하고 이를 금지하거나 회피하게 함으로써 공정성을 도모하고자 한다. 문제는, 구체적인 행위가 과연 그러한 불공정한 것인지 여부에 대한 판단은 여전히 모호하다는 점이다. 둘째, 우리 법은 현저한 불균형을 회피함으로써 공정성을 확보하고자 하기도 한다. 이 경우 역시 어느 정도가 현저히 유리하거나 불리한지 판단하기 쉽지 않다는 문제가 있다. 셋째, 상당히 많은 규정들에서는 비공개를 통해 업무의 공정성을 기하고자 하는 방식을 취한다. 그렇지만 공개로 공정성이 위대로워진다는 우려 자체가 다분히 행정편의적인 발상이다. 아울러, 제척, 기피, 회피 등 공정한 재판을 받을 권리를 위한 몇몇 절차적 제도들도 있지만 '공정한 재판을 기대하기 어려운 사정'에 대한 판단은 여전히 질적일 수밖에 없으며 그 때문에 자연히 이에 대한 시비도 있다(오정진, '법의 공정성: 허구적 당위에서 실천으로' 중에서).

26

배심재판이란 무엇인가 : <소수의견> 2

2015년 6월 개봉

국민참여재판

“배심원단은 만장일치로 피고인의 정당방위 주장을 인정하였습니다. 하지만 배심원의 평결은 본 재판부의 판결을 돕기 위한 권고적 효력만 있습니다. … 판결을 선고하겠습니다. 본 재판부는 피고인의 범죄사실과 폭행 정도를 살펴 피고인의 정당방위 성립을 부정한다.” 영화 〈소수의견〉의 재판장은 배심원들이 정당방위를 인정하였음에도 이를 받아들이지 않고 정당방위 성립을 부정합니다. 그리고 피고인 박재호에게 실형을 선고합니다.

영화 〈소수의견〉 속 박재호(이경영 분)는 뉴 타운 개발에 반대하여 건물 철거 현장을 점거하고 시위하던 중, 현장에 진압한 경찰을 쇠파이프로 때려 죽게 한 일이 있었습니다. 함께 있던 아들이 경찰 헬멧에 머리를 맞아 쓰러지는 걸 보고 격분하여 벌어진 일이었습니다. 공무집행 중인 경찰을 흉기로 때려 죽게 했기 때문에 박재호는 '특수공무집행방해치사죄'로 재판을 받게 됩니다.

영화 속에서 박재호에 대한 재판은 '국민참여재판'으로 진행됩니다. 국민참여재판은 2008년부터 시행된 「국민의 형사재판 참여에 관한 법률」에 따라 일반 국민이 배심원으로서 형사재판에 참여하는 재판입니다. 2007년경 로스쿨이라 불리는 법학전문대학원 제도와 함께 도입된 대표적인 사법개혁 조치의 하나입니다. 국민의 사법참여를 보장하고, 유전무죄나 전관예우*와 같은 사법부에 대한 불신을 해소하고자 도입되었습니다. 현재로서는 모든 재판에서 실시되지는 않고 형사재판에 한해서 국민참여재판이 실시되고 있습니다. 그것도 살인·강도·강간 등 강력범죄와 뇌물죄 같은 일정 범위의 부패범죄처럼 비교적 형량이 무겁거나 사회적으로 중요하다고 생각되어 판사 3명이 재판하는 합의부 사건에서 피고인의 신청이 있는 경우에 국민참여재판이 시행되고 있습니다.

* 전관예우는 판사, 검사로 근무하다 개업한 변호사를 예우한다는 측면에서 특별히 유리한 결정을 내리는 것으로 인식되는 현상을 말합니다. 좀 더 자세한 것은 29. 〈도가니〉 참조.

배심재판의 존재 의의

우리가 도입한 국민참여재판의 원형은 배심재판인데, 배심재판의 장단점을 두고 여러 이야기가 있습니다. 19세기 프랑스의 정치학자인 알렉시 드 토크빌(Alexis de Tocqueville)은 배심재판을 가리켜 '민주정치의 가장 활력 있는 방법'이자, '누구에게나 개방되어 있는 무료의 공립학교'로서 '국민에게 어떻게 훌륭한 민주정치를 실시할 것인지 가르치는 가장 유효한 방법'이라고 배심재판을 찬양한 바 있습니다. 역사적으로는 이탈리아의 무솔리니, 스페인의 파시스트, 일본의 군벌이 모두 배심제를 폐지한 걸 보면, 민주화가 후퇴할수록 배심제는 축소되거나 폐지되고, 민주화가 될수록 배심제가 확대되는 걸 볼 수 있습니다.

한편 배심재판의 단점이나 문제점을 지적하는 견해도 있습니다. 배심원들이 각자 주체적으로 판단하지 못하고 목소리 큰 한두 명의 말에 따라 의견이 오락가락한다거나, 사회적인 평가나 관심도 등 여론에 따라 유·무죄의 결론이 달라질 수 있다는 것과 같은 비판이 대표적입니다.

1995년 미국에서 있었던 O. J. 심슨재판을 예로 들어 배심재판의 문제를 지적하는 사람도 있습니다. 흑인으로서 인기 미식축구 스타였던 O. J. 심슨이 백인인 전처를 살해했는지를 두고 재판이 벌어졌습니다. 그런데, 형사 배심재판에서는 무죄가 선고되었지만, 민사 배심재판에서는 O. J. 심슨의 책임이 인정되어 거액의 배상금을 지급하라는 결정이 내려졌습니다. 이런 결과를 두고 형사배심재판에서 배심원들이 O.J. 심슨이 무죄라고 결정한 것이 과연 옳았느냐는 의문이 제기되었습니다. 비록 형사재판에서는 민사재판보다 더 엄격하게 '합리적 의심의 여지가 없을 정도의 증명을 해야 한다'는 원칙이 있지만, O.J. 심슨을 변호한 초호화 변호인단이 인종 문제를 들먹이며 배심원들로 하여금 무죄를 이끌어낸 것이 아니냐는 의견이 있었던 겁니다.

"이번 재판은 일반 형사사건 80건을 처리하는 비용이 든다는 거 알고 있지요?" 영화 속 재판장의 말처럼 배심재판은 일반 형사사건에 비해 배심원 선정 및 소환과정에 드는 비용과 배심원들에게 지급되는 수당 등 배심제도를 유지하는 데 많은 비용이 든다는 단점도 있습니다.

하지만 배심재판의 여러 문제점에도 불구하고 배심재판제도는 포기할 수 없는 것이 아닌가 생각합니다. 그 이유는 성인 남녀 누구에게나 투표권을 주어 선거를 치렀더니 바람직하지 않은 결과가 초래되었다고 해서 투표권을 가진 사람 누구에게나 1표를 인정하는 '보통선거 제도'를 포기할 수 없는 것과 같습니다. 이런 관점에서 배심재판 내지 국민참여재판은 국가의 의사를 최종적으로 결정하는 권력인 주권이 국민에게 있다는 국민주권주의가 사법절차에 반영된 것으로 이해되어야 하지, 국가가 국민에 대해 베푸는 시혜적 조치로 이해되어서는 안 될 겁니다.

이번 글의 맨 첫 부분에 인용했던 대사에서 볼 수 있는 것처럼 현행 「국민의 형사재판 참여에 관한 법률」은 배심원이 내리는 유·무죄에 관한 결정, 즉 배심원의 평결에 반드시 법원이 따르지 않아도 되는 것으로 규정하고 있습니다. 다시 말해서 현행법은 배심원들이 만장일치 또는 다수결의 방법으로 유·무죄에 관하여 결정하고, 만약 그 평결이 유죄인 경우에 판사와 함께 어느 정도의 형벌을 부과할 것인지에 관하여 토의하고 의견을 개진할 수 있도록 하면서도,

그러한 배심원의 유·무죄에 관한 평결과 양형에 관한 의견이 법원을 기속하지는 않는다고 규정하고 있는 것입니다(「국민의 형사재판 참여에 관한 법률」 제46조).

그러나 이처럼 배심원이 내리는 결정에 판사가 따르지 않아도 되도록 규정한 것은 바람직하지 않다고 생각됩니다. 배심재판의 원래 취지가 앞서 본 것처럼 국민주권주의가 사법절차에 반영된 것으로서 '사실인정은 배심원에게 맡기고, 법률문제는 법관에게 맡기자'는 것인데, 이런 취지에 충실하자면 배심원의 유·무죄에 관한 평결에 대해서는 법원이 이에 따르도록 즉 기속되도록 하는 것이 타당하다고 생각되기 때문입니다.

국민참여재판이 도입된 2008년부터 2016년까지 국민참여재판으로 진행된 사건에 관한 통계에 따르면, 전국적으로 93.1%의 사건에서 배심원의 평결과 판사의 판결이 일치했다고 합니다. 연도별로는 국민참여재판 시행 첫 해인 2008년에 87.5%의 사건에서 평결과 판결이 일치되던 것이 2016년에는 92.5%까지 그 비율이 상승함으로써 배심원 평결에 대한 법원의 신뢰가 전반적으로 높아진 것으로 확인된 바 있습니다. 그럼에도 여전히 배심원의 평결과 판사의 판결이 달랐던 나머지 사건들은 어떻게 이해해야 하는 것인지 여전히 의문이 남습니다. 앞으로 제도개선이 필요한 부분이 아닐까 생각합니다.

주체적이고 비판적인 시민

영화 〈소수의견〉은 첫 장면에서 영화 속 이야기가 실화가 아니며 인물 또한 실존하지 않는다는 자막을 보여주고 있습니다. 하지만 앞에서 이미 살펴봤던 영화 〈두 개의 문〉에 등장하는 용산철거사건을 모티브로 하고 있습니다. 영화 〈소수의견〉의 원작이 된 소설의 저자는 현실과 픽션을 섞어 놓을 때 픽션도 설득력을 얻고, 현실도 픽션에 영향력을 행사할 수 있는 범위가 커지기 때문에 현실과 픽션을 섞어 놓는 것을 중요하게 여긴다고 밝히고 있습니다.

영화 〈소수의견〉에는 다양한 입장을 가진 인물들이 등장하여 스토리가 전개됩니다. 박재호는 건물철거에 대한 합당한 보상과 자신과 아들에게 가해지는 폭력에 대해 폭력으로 맞서고, 이를 진압하기 위해 동원된 경찰은 무조건 복종해야 하는 상부의 명령에 따라 폭력을 행사하며, 국선변호사와 신문사 기자는 사건을 통해 유명해지고 싶다는 욕망과 더불어 권력의 남용을 고발하기 위해 행동하며, 검사는 국가에 봉사한다고 믿으며 사실을 은폐하려 합니다. 영화 〈소수의견〉은 그런 가운데 누가 가해자이고 누가 피해자인지, 과연 정의는 무엇인지를 찾아가는 영화라고 할 수 있습니다.

한편, 영화 〈소수의견〉은 법정 공판 장면과 판·검사들의 언행을 실감나게 묘사함으로써 한국 법정 영화의 수준을 한 단계 높였다는 평을 듣기도 합니다. 그리고 그런 평가에 걸맞게 영화 속에서 그려지는 국민참여재판의 모습도 현실의 재판에 비교적 가깝습니다. 국민참여재판에서 배심원의 평결과 판사의 판결이 달라질 수 있다거나 배심재판의 장·단점에 대한 논의에 대해서는 앞서 이야기한 바 있습니다. 여기서는 국민참여재판의 성패를 가름한다고 생각되는 비판정신에 대해 이야기해 보고자 합니다.

국민참여재판은 기본적으로 시민의 건전한 상식에 기해 정의로운 재판을 할 수 있다는 믿음에 바탕을 두고 있습니다. 민주주의의 성패가 그러하듯이 국민참여재판의 성패 또한 우리가 주체적이고 비판적으로 생각하고 토론하는 시민이 될 수 있는지에 달려 있다고 할 수 있습니다.

여기서 비판적으로 생각한다는 건 무슨 뜻일까요? 독일 태생의 유대계 미국 정치이론가인 한나 아렌트(Hannah Arendt, 1906~1975년)는 이렇게 이야기한 바 있습니다. '사유한다는 말은 항상 비판적으로 생각한다는 뜻이고, 비판적으로 사유한다는 것은 늘 적대적인 태도를 취하는 것'이라고 말입니다. 한편, '중요한 사안에 대해 빠르게 의견일치가 이루어진다면 결정을 내리지 말라'는 말도 있습니다. 지나치게 빨리 만장일치에 도달한다면 그건 아무도 그 사안을 깊이 들여다보지 않았다는 뜻이라는 겁니다. 여기서 우리는 다시 한번 다수의견만이 아니라 소수의견에 귀를 기울여야 하는 이유를 알 수 있습니다.

다만 비판과 비난은 구별되어야 하겠지요. 비판은 합리적 근거를 들어 옳은지 그른지, 좋은지 나쁜지, 설득력이 있는지 없는지 등을 따지는 일입니다. '공감'하면서 '비판'할 수도 있습니다. 또 장점을 드러내어 칭찬하는 것도 비판의 한 모습입니다. 비판의 목적은 서로의 발전에 있습니다. 반면에 비난은 근거 없이 또는 잘못된 근거를 가지고, 경우에 따라서는 감정적인 이유를 들어 헐뜯는 것입니다. 비난의 목적은 화풀이나 공격에 그칩니다.

흔히 비판적인 사람은 질서를 해치는 소란스러운 사람으로 오해받기 쉽습니다. 그러나 진정한 비판정신의 소유자는, 다른 사람과의 관계에서 자기비판적 태도를 유지하면서, 자기와 다른 사람을 대등한 주체로 보기 때문에 기본적으로 평화주의자라고 하겠습니다. 비판하는 걸 두고 기존 질서에 대한 도전과 투쟁으로만 오해하여서는 안 됩니다. 사회에서 제기되는 여러 문제들에 대해서는 언제나 이런 저런 의견들이 있기 마련입니다. 결론에 공감할 수도 있고, 공감하지 못할 수도 있습니다. 근거를 갖춰 얼마든지 비판하는 것은 바람직하나 근거 없는 비난은 곤란합니다. 근거 없는 비난으로 얼룩지는 세상이 아니라 올바른 비판을 통해 좀 더 바람직한 세상이 되기를 소망해 봅니다.

생각해보기

O.J. 심슨 사건에 대한 다음 글을 읽고 자신의 입장을 160자 이상 200자 이내로 적어 보자.

> 익히 알려진 1995년도의 O.J. 심슨 사건에서, 유죄가 명백한 것 같았으나 "의심스러우면 무죄"라는 원리·원칙에 따라 무죄평결이 내려지자, 여론은 "형사재판은 그런 것"이라면서 이를 수긍하고 받아들였다. 우리의 수준은 오늘날에도, 무죄판결 또는 영장기각의 결정이 내려질 때마다, 판단기관의 고유권한을 침해하는 언행을 서슴지 않는 시대에 머물러 있다(양삼승, 『권력, 정의, 판사-폭풍 속을 나는 새를 위하여』, 까치, 2017, 320~321쪽).

27

잘못된 재판을 바로잡을 수 있는가 : <재심>, <검사외전>

2017년 2월 개봉

2016년 2월 개봉

1) <재심>

사람은 이기적 존재입니다. 그래서 아무도 자기에게 행동을 할 리가 없다고 생각합니다. 그런데 왜 실제로는 무고한 사람이 허위자백을 하고, 수사기관은 허위자백을 받아내며, 법원은 허위자백을 밝혀내지 못하는 일이 생기는 것일까요? 영화 〈재심〉을 통해 그 이유를 알아봅니다.

'약촌 오거리 택시 기사 살인사건'

영화 〈재심〉은 2000년 8월 전라북도 익산시에서 실제로 발생했던 '약촌오거리 택시 기사 살인사건'을 소재로 하고 있습니다. 영화 〈7번방의 선물〉이 그러하듯 영화로 만들어진 사건들은 그 자체가 극적인 요소를 지니고 있습니다. 물론 영화 〈재심〉이나 〈7번방의 선물〉 모두 실화의 바탕 위에 영화적 재미와 상상력을 더하고 있습니다.

여기서 잠시 영화 〈재심〉의 스토리를 살펴보겠습니다. 영화 속 현우(강하늘 분)는 택시 기사를 살해했다는 죄로 10년간 복역 후 교도소에서 출소합니다. 한편, 변호사 준영(정우 분)은 자신의 돈을 들여가며 신도시 아파트 집단소송을 하다 패소하는 바람에 빚에 쪼들리며 생활고에 시달립니다. 준영은 의뢰인의 사정을 고려하기보다는 돈이 되는 큰 사건을 수임해서 한탕해보자는 생각을 하게 됩니다. 그런 준영은 대형 로펌 테미스(Themis)*에 취직하기 위해 테미스에서 하던 무료 변론 봉사에 참석합니다. 그러던 중 현우의 사연을 듣게 되고, 처음에는 유명세를 타기 위해 현우의 재심을 준비하지만 점차 진심으로 현우의 살인 누명을 벗겨 주기 위해 힘쓰게 됩니다.

* 테미스(Themis) : 그리스 종교에 나오는 정의의 화신, 지혜와 사려 깊은 조언의 여신, 신들의 뜻을 해석하는 신.

어떤 설에 따르면 우라노스(하늘)와 가이아(땅) 사이에서 태어났다고 합니다. 때로는 가이아와 동일시되기도 합니다. 테미스는 제우스의 둘째 부인으로서 호라들과 모이라들, 또 어떤 설에 의하면 헤스페리데스도 낳았다고 합니다. 올림포스 산에서 질서를 유지하고 의식을 관장했으며, 신탁을 베풀었는데 일설에 의하면 한때 델포이의 신탁소를 주재하다가 후에 아폴론에게 넘겨주었다고 합니다. 테미스를 숭배하는 의식은 그리스 전역에 널리 퍼져 있었고, 흔히 저울을 들고 다니는 신중한 여인으로 표현되었습니다.

그리스신화에 나오는 정의의 여신으로 테미스보다 더 자주 사용된 것은 '디케(Dike)입니다. 로마시대에는 유스티티아(Justitia)로 대체되었습니다. 오늘날 영어에서 정의를 뜻하는 '저스티스(Justice)'는 여기서 유래한 것입니다.

재심이란

영화의 제목이기도 한 '재심'은 무엇일까요? 형사재판에서 재심이란 유죄로 확정된 판결에 사실을 잘못 인정한 흠이 있을 때 그 잘못을 시정하기 위한 절차입니다. 사실인정이 잘못되어 불이익을 당한 피고인을 구제하려는 것입니다. 하지만 재심을 받는다는 게 쉬운 일은 아닙니다.

판결이 확정되면 다시 똑같은 사건을 심판하는 것은 허용되지 않는 게 원칙입니다. 그래서 재심을 할 수 있는 사유는 극히 제한되어 있습니다. 확정된 판결에 잘못이 있다고 모두 재심을 할 수 있는 것이 아니라, 확정판결에 잘못이 있다고 생각되는 '현저한 사유'가 있어야 재심이 허용됩니다. 재심은 이처럼 특수한 상황이고, 그래서 형사소송법에서는 통상적이지 않다는 의미에서 '비상구제절차'라고 부릅니다.

예를 들어 판결을 하는 데 사용되었던 증거가 위조 또는 변조되었거나 허위임이 밝혀지는 경우가 대표적인 재심사유입니다. 이런 경우에는 재심을 허용하여 잘못된 판결을 바로잡아야 하는 것이지요. 이와 같은 재심 제도가 없다면 어떤 이들은 평생 범죄자라는 억울한 누명 속에서 살아가야 할지도 모릅니다. 마치 영화 〈재심〉 속의 현우처럼 말입니다.

재심절차는 2단계 구조로 되어 있는데, 재심을 청구한 사건에 재심사유가 있는지를 심사하여 재심을 개시할지 결정하는 '재심개시절차'가 1단계입니다. 그리고 재심개시절차에 따라 개시된 재심절차에서 다시 사건을 심판하는 '재심심판절차'가 2단계입니다. 쉽게 말해서 1단계는 재심을 할지 말지를 결정하는 절차이고, 2단계는 다시 재판을 하는 절차입니다. 영화 속에서 변호사 준영의 노력으로 재심개시결정이 내려집니다. 현우는 준영으로부터 재심개시결정서를 건네받으며 "이길 수 있을까? 재판에 100프로는 없다면서"라고 말합니다. 재심개시결정에 따른 재심심판절차에서 자신의 무고함을 인정받을 수 있을지 묻는 장면입니다. 그때가 바로 1단계인 재심개시절차에서 재심을 하기로 재심개시결정이 내려진 상태였던 거지요.

사과할 수 있는 기회

준영은 이어진 재심절차에서 이렇게 말합니다. "15년 전 대한민국 사법부가 한 소년에게 저질렀던 잘못에 대해 사과할 수 있는 기회를 주고자 이 자리에 섰습니다"라고. 영화는 그렇게 변론을 시작하는 준영의 모습을 마지막으로 끝을 맺습니다. 그리고 이어지는 자막은 '2016년에 실제 재심에서 무죄가 선고되었다, 영화에 현우로 등장하는 인물이 지금은 결혼하여 두 아이의 아빠가 되었음'을 보여줍니다.

영화 〈재심〉의 모티브가 된 실제 사건에서 최모 씨는 15살 때인 2000년 8월 택시운전사 살인사건의 범인으로 재판을 받고 10년간 수감생활을 마치고 2010년 출소했습니다. 그리고 2016년 11월 '재심심판절차'에서 무죄를 선고받았습니다. 같은 날 검찰은 진범을 체포했습니다. 사건 발생 당시인 2000년에 최씨는 1심에서 범행을 부인했지만 징역 15년이 선고되었습니다. 그러자 2심에서는 범행을 인정하고 감형받아 징역 10년을 선고받았고, 대법원에 상고하지 않은 채 10년 형기를 모두 복역한 것입니다. 영화에도 등장하지만 2003년 6월경 진범으로 생각되는 사람이 나타났지만 경찰과 검찰은 이를 신중하게 다루지 않고 묵살했다는 의혹이 제기되었습니다.

"택시 기사를 사정 없이 찔러븐 거여!"

자 이제 서두에 얘기했던 것처럼 왜 이런 일들이 일어나는지 이야기할 때가 된 것 같습니다. 최씨를 수사한 경찰은 잠을 재우지 않은 채 강압적인 수사를 했습니다. 검찰 또한 경찰 수사 내용 그대로 재판에 넘겼으며, 법원은 최씨가 범인이 아닐 수도 있다는 합리적 의심이 충분했음에도 유죄판결을 내렸다는 비판을 받을 수밖에 없습니다. 형사사법제도가 제대로 작동하지 않은 것입니다.

앞서 다루었던 영화 〈살인의 추억〉과 〈이태원 살인사건〉에서도 보았던 것처럼, 수사와 재판 과정에서 '의심스러울 때는 피고인의 이익으로(in dubio pro reo)' 판단해야 한다든지, "열 명의 범인을 놓치더라도 단 한 명의 억울한 범인을 만들어선 안 된다"라는 형사법의 기본적인 원칙이 지켜지지 않았던 것이지요. 반드시 범인을 잡아 피해자의 한을 풀어주겠다는 수사기관의 과잉의욕, 어련히 죄 지은 사람을 수사했겠지 하는 법관의 안일한 생각, 흉악범을 다루려면 어느 정도의 불법은 필요악이라는 일반인의 의식 등이 모두 원인이 되었을 것입니다.

실제 '익산 약촌오거리 택시기사 살인사건'의 전말은 재심사건을 수행한 박준영 변호사와 탐사보도 전문가로 일하는 박상규 씨가 지은 『지연된 정의』(후마니타스, 2018)라는 책에 보다 실감나게 묘사되어 있습니다. 강압수사를 벌인 경찰의 "택시 기사를 사정 없이 찔러븐 거여!"라는 영화 속 대사는 그대로 자백이 되고 말았습니다다. 최씨는 위에서 본 것처럼 무죄판결을 받았고, 진범 김씨는 15년의 형이 확정되었습니다.

형사보상제도

한 가지 더! 무죄를 선고받은 최씨는 무엇보다도 살인범이라는 누명에서 벗어났습니다만, 그 밖에 최씨는 법적으로 어떤 보상을 받을 수 있을까요? 헌법 제28조는 "형사피의자 또는 형사피고인으로서 구금되었던 자가 법률이 정하는 불기소처분을 받거나 무죄판결을 받은 때에는 법률이 정하는 바에 의하여 국가에 정당한 보상을 청구할 수 있다"라고 규정하고 있습니다. 이에 근거하여 제정된 법률이 「형사보상 및 명예회복에 관한 법률」로, 형사보상청구의 내용과 절차를 규정하고 있습니다. 흔히 '형사보상법'이라고 줄여서 말합니다.

형사보상은 형사사건을 담당한 공무원에게 고의나 과실이 있을 것을 요건으로 하지 않습니다. 검사의 불기소처분이나 법원의 무죄확정판결이 있으면 구금되었던 사람이 바로 보상청구를 할 수 있는 제도입니다. 잘못된 인신구속에 대해 이른바 무과실손해배상책임을 인정한 것입니다. 일반적으로 손해배상책임은 고의나 과실에 대한 것이지만, 형사보상은 그렇지 않은 것이지요.

구체적으로 '형사보상법'은 구금에 대해 보상할 때 그 구금일수에 따라 하루에 배상할 금액으로 다음과 같이 정하고 있습니다. 즉 보상청구의 원인이 발생한 연도의 「최저임금법」에 따른 하루 최저임금액을 하한으로 하고 최저임금액의 5배를 상한으로 한 범위 내에서 법원이 구금기간 등 여러 사정을 고려하여 산정한 금액을 지급하도록 하고 있습니다. 이러한 형사보상절차를 통해 잘못된 수사와 판결에 의한 재산상 피해는 돈으로 어느 정도 구제받을 수 있을지 모릅니다. 하지만 영화 속 현우의 경우처럼 억울하게 살인자의 누명을 쓰고 살아 온 그의 청춘과 그의 어머니의 한은 어떤 방법으로도 보상되지 않을 것입니다. 다시 한번 형사사법제도의 중요성과 어려움을 실감하게 된다.

2) <검사외전>

그가 검사가 된 이유

"3수에, 대학교 4년에, 고시 공부한다고 신림동 쪽방에서 4년에 … 왜 내가 검사된 줄 알아?"

영화 〈검사외전〉의 주인공 중 한 명인 변재욱 검사(황정민 분)는 스스로도 나쁜 놈들을 합법적으로 혼내 주기 위해 검사가 되었다고 공언하고 다니는 검사입니다. 그렇게 정의감에 불타는 변재욱 검사는 어떤 사건에서 피의자를 때려서라도 정치인과 연루된 사건의 진상을 밝히려고 합니다. 그러나 재벌과 정치권에 손이 닿아 있는 직속 상관인 우종길 차장 검사(이성민 분)는 변 검사에게 사건에서 손을 떼고 다른 검사에게 넘기라는 지시를 내립니다. 변 검사가 지시를 거부하자 출세에 눈이 먼 차장 검사는 변 검사를 계략에 빠뜨려 조사 중이던 피의자를 때려 숨지게 한 직권남용죄와 폭행치사죄로 재판을 받게 만듭니다. 꼼짝 없이 범인으로 몰린 변 검사는 15년의 징역형이 확정되어 교도소에서 복역하는 처지가 되고 맙니다.

교도소의 영감님

"잘 들어, 앞으로 넌 니가 가장 무서워하던 인간들을 상대해야 할 거야. 깡패, 검사, 정치인!"

변재욱은 15년의 형을 받고 교도소에 갇혀 죄수들에게 구타당하며 어려운 감옥생활을 합니다. 그러던 중 변재욱은 자신의 법률 지식을 최대한 활용하여 다른 재소자들은 물론 교도소장과 교도소 직원들의 법적 문제를 해결해 줍니다. 그 내가로 '9번 방의 영감님'으로 불리면서 재소자답지 않은 특별대우를 받습니다.

그렇게 5년의 세월이 흐른 후 '영감님' 앞에 한 사람의 영화 속 또 다른 주인공인 사기꾼이 등장합니다. 입만 열면 거짓말을 하는 한치원(강동원 분)이 사기죄로 교도소에 들어 오게 된 겁니다. 한치원은 '영감님'의 도움으로 항소심에서 무죄를 선고받고 교도소를 나갑니다. 그 사이 변재욱 검사를 함정에 빠뜨렸던 차장 검사는 국회의원 선거에 출마한 상태입니다. '영감님'은 한치원을 통해 자신의 누명을 벗겨 줄 새로운 증거를 찾아 '재심'을 청구하려고 합니다. 직속 상관이었던 차장검사가 변재욱 검사가 조사를 마친 뒤 조사실에 몰래 들어가 천식을 앓던 피의자를 때리고 천식치료기구를 빼앗아 죽게 만들었다는 걸 증명하려고 하는 겁니다. 그 과정에서 한치원이 상대해야 할 사람들이 바로 깡패, 검사, 정치인이라고 말했던 겁니다.

재심제도

영화 속 변재욱이 자신에게 징역 15년을 선고해서 확정된 직권남용 및 폭행치사죄에 대한 재판이 잘못되었음을 인정받기 위해 다시 재판을 받으려는 제도가 앞서 영화 〈재심〉에서 본 재심제도입니다. 판결에 중대한 잘못이 있음에도 그대로 놔두는 것은 재판의 권위에도 문제가 되고 앞서 영화 〈재심〉에서 본 것처럼 당사자에게는 더할 나위 없이 가혹한 일이기 때문입니다. 재심제도는 형사재판에서만 인정되는 것이 아니라 민사재판에서도 인정이 됩니다. 그래서 민사재판의 경우 민사소송법 제451조에서 '판결의 증거가 된 문서, 그 밖의 물건이 위조되거나 변조된 것인 때'를 비롯한 11개의 재심사유가 규정되어 있습니다. 형사재판의 경우 형사소송법 제420조에서 '원판결의 증거된 증언, 감정, 통역 또는 번역이 확정판결에 의하여 허위인 것이 증명된 때' 등 모두 7개의 재심사유를 규정하고 있습니다. 한편 형사재심의 경우 피고인이 사망한 경우에도 재심을 청구할 수 있습니다. 피고인이 사망하였더라도 명예회복이나 형사보상을 받을 이익이 여전히 남아 있기 때문입니다.

영화와 현실

과연 영화 속 '영감님' 변재욱은 한치원을 통해 새로운 증거를 찾아내고, 재심을 통해 자신의 결백을 증명하는 데 성공하였을까요?

영화 〈검사외전〉의 내용에는 실제 검찰청과 교도소의 현실과는 맞지 않는 부분이 여럿 있습니다. 영화 전개 과정 속에 벌어지는 여러 이야기들도 현실과 다소 거리가 있어 보입니다. 물론 '범죄 오락 영화'를 표방하고 있는 영화를 두고 현실성이 떨어진다고 지적하는 건 이상할지 모르겠지만, 영화 〈검사외전〉을 통해 우리 사법제도의 현실을 바라보려는 건 다소 무리인 것 같습니다. 그럼에도 영화 〈검사외전〉은 '재심제도'를 이해할 수 있는 계기를 제공해 주고 있는 건 분명합니다.

그리고 동기와 이유가 어찌 되었든 잘못된 수사와 재판이 행해져서는 안 되겠다는 생각을 하게 합니다. 영화 〈재심〉에서처럼 무리한 수사와 재판 때문이건, 영화 〈검사외전〉에서처럼 무언가를 숨기기 위해서건 억울한 누명을 쓰고 희생당하는 사람이 있어서는 안되겠습니다. 영화 〈재심〉과 〈검사외전〉을 통해 그런 일을 바로잡을 수 있는 재심제도와 형사보상제도에 대해 알아보았습니다.

생각해보기

재심제도에 대한 다음 글을 읽고 자신의 생각을 160자 이상 200자 이내로 적어 보자.

> … 현행법의 재심 개시 기준은 너무나도 엄격하고 까다롭다. 현행 재심 기준은 정상적 상황에서 발생할 수 있는 오판, 다시 말해 법관이 오로지 법률과 양심에 따라 최선을 다해 판단했음에도 숙명적으로 발생할 수밖에 없는 오판의 피해자들을 구제하기 위한 것이다. 그러나 과거 권위주의 시대의 공안사건과 시국사건 판결은 불행하게도 법과 양심만이 아니라 안기부에 의해 결정되었다.

영화로 보는 법과 사회

28. 훈육과 폭력은 어떻게 다른가 : <4등>
29. 아동과 장애인을 어떻게 보호할까 : <도가니>
30. 학교 폭력을 어떻게 할까 : <지렁이>

TAKE 10

폭력과 법

28

훈육과 폭력은 어떻게 다른가 : <4등>

2015년 10월 개봉

비장의 무기

영화 〈4등〉에 등장하는 '준호'는 초등학생 수영 선수입니다. 그런데 '준호'는 출전하는 대회마다 매번 4등을 합니다. 영화 제목이 〈4등〉이 된 이유이지요. 준호 엄마는 그런 아들이 4등에서 벗어날 수 있도록 하려고 수소문 끝에 메달을 따게 해준다는 코치(박해준 분)를 찾아갑니다.

코치는 준호를 가르치는 동안 엄마가 수영장에 절대 들어오지 않을 것을 조건으로 준호를 가르치기로 합니다. 그런데 코치는 평소 준호에게 이렇다 하게 가르치는 게 없습니다. 그러던 중 수영 대회일이 가까워지자 코치는 새벽 4시부터 준호에게 강습을 시작합니다. 한때 촉망받는 국가대표 수영선수였던 코치는 준호의 수영실력을 향상시킬 어떤 비장의 무기를 갖고 있었던 것일까요?

사실 코치는 그동안 수영실력을 향상시킨다며 아이들을 때려가면서 수영강습을 해왔습니다. 코치는 준호가 연습에 집중하지 않는다며 빗자루로 준호의 엉덩이를 때리며 말합니다. "미워서 때리는 게 아니고 시키는 대로 안 하니 답답해서 그런다, 잡아 주고 때려주는 선생이 진짜다. 내가 겪어 보니 그렇더라."

엄마들도 모두 코치가 아이들을 때린다는 사실을 알면서 그저 모른척 해왔을 뿐입니다.

폭력을 낳는 폭력

코치에게 맞아가며 훈련을 한 준호는 출전한 대회에서 처음으로 2등을 합니다. 기쁨에 겨운 준호 엄마 표현에 따르면 거의 1등에 가까운 2등입니다. 그렇게 준호가 2등을 한 날 밤에 즐겁게 삼겹살 파티를 하던 가족들은 순진한 준호 동생의 한 마디에 그만 분열되고 맙니다.

"정말 맞고 하니까 잘한거야? 예전엔 안 맞아서 4등 한 거야?"

준호 동생의 이 한마디에 아빠는 분노합니다.

"선수를 때려? 코치가?"

하지만 준호는 자기가 정신을 안 차리고 훈련을 해서 코치가 때린 거라며 코치를 감쌉니다. 사실 준호는 누구보다 2등을 한 게 기뻤나 봅니다. 맞아가면서 훈련을 해서라도 준호가 메달을 딴 사실이 기쁘

기만 한 엄마와 아이를 때린 코치에 대해 분노하는 아빠 그리고 준호 사이의 갈등은 깊어 갑니다. 그리고 결국 맞아가면서까지 수영을 하고 싶지는 않았던 준호는 수영을 그만 두기에 이릅니다.

영화를 보며 '폭력이 폭력을 낳는다'라는 말을 생각하게 됩니다. 영화 속 코치는 사실 선수 시절 감독으로부터 맞아가며 수영을 했던 사람입니다. 그런 코치로부터 수영을 배우게 된 준호는 코치가 그랬던 것처럼 매를 맞으며 운동을 합니다. 그리고 준호는 동생에게 코치로부터 당한 것과 똑같은 형태의 폭력을 행사합니다. 말썽 피우는 동생을 엎드려 뻗치게 하고는, 매맞을 숫자를 이야기하게 한 후 동생의 엉덩이를 때립니다. 영화는 그런 준호의 모습이 바로 준호를 때린 코치의, 그리고 그 코치를 때린 감독의 모습과 정확하게 일치함을 보여줍니다. 자기도 모르는 사이에 맞은 사람이 때리는 사람이 되었습니다. 여기에 폭력의 진짜 폐해가 있는지도 모릅니다.

아동학대

코치의 준호에 대한 폭력 행사는 당연히 법적으로도 문제가 됩니다. 형법상 '폭행죄'에 해당하는 건 당연하고 만약 상처가 생길 경우 형법상 '상해죄'에 해당하게 됩니다. 한편, 2014년에 제정된 「아동학대범죄의 처벌 등에 관한 특례법」에 따라 아동학대범죄에 해당할 수도 있습니다. 여기서 최근 몇 년 동안 큰 문제가 되고 있는 아동학대에 대해 좀더 알아봅시다.

일반적으로 아동학대에는 ① 신체에 폭행을 가하는 신체적 학대, ② 부모 등 보호자가 고의나 태만으로 밥을 주지 않는 영양학적 학대, ③ 성폭행을 가하는 성적 학대, ④ 심리적으로 학대하는 감정적

학대, ⑤ 치료 가능한 질환을 방치하는 의료적 학대 등이 있습니다. 「아동복지법」에서는 아동학대를 "아동의 건강 또는 복지를 해치거나 정상적 발달을 저해할 수 있는 신체적·정신적·성적 폭력이나 가혹행위를 하는 것과 아동의 보호자가 아동을 유기하거나 방임하는 것"이라고 정의하고 있습니다, 「아동학대범죄의 처벌 등에 관한 특례법」은 '18세 미만의 아동'에 대해 「형법」의 '상해, 폭행, 유기, 학대, 협박, 체포, 감금, 명예훼손, 모욕, 강요, 사기, 공갈, 재물손괴 등의 죄에 해당하는 범죄'를 저질렀을 때에는 특별히 아동학대범죄로 처벌하도록 하고 있습니다.

영화 〈지슬〉편에서 보았던 것처럼 「아동학대범죄의 처벌 등에 관한 특례법」은 「형법」의 특별법입니다. '특별법 우선의 원칙'에 따라 「아동학대범죄의 처벌 등에 관한 특례법」이 적용되면 형법에 비해 좀 더 무겁게 처벌한다거나 피해아동에 대한 보호 등 조치를 취할 수 있는 등의 특례가 적용됩니다.

통계에 따르면 아동학대범죄의 80% 정도는 부모에 의해, 나머지 20% 정도는 영화 속 코치처럼 부모 이외의 보호자에 의해 범해지고 있다고 합니다. 최근에는 어린이집 보육교사나 아이돌보미에 의한 아동학대가 자주 발생하는 것으로 보도되고 있습니다.

부모에 의한 아동학대 범죄가 빈발함에 따라 그동안 「민법」에 의해 인정되던 친권자의 자녀 징계권 조항이 2021년 1월 삭제되었습니다. 1958년에 만들어진 「민법」 제915조는 "친권자는 그 자녀를 보호 또는 교양하기 위하여 필요한 징계를 할 수 있다"라고 규정하고 있었습니다. 이에 따라 친권자인 부모에게 징계권이 인정되었습니다. 그리고 그러한 징계권에 의해 자녀에 대한 체벌이 허용되는 것으로 인식되어 왔습니다. 많은 사람들이 자녀교육상 체벌이 필요하다고 말하기도 합니다.

영국의 논리학자이자 철학자로 1950년 노벨문학상을 수상하기도 한 버트란드 러셀(Bertrand Russell)은 체벌에 적극 반대합니다. 그는 이렇게 말합니다.

> "나는 체벌은 어떤 상황에서도 옳지 않다고 생각한다. 나는 가벼운 체벌의 경우 그 폐해는 극히 적지만 아무 효험을 보지 못하고 호된 체벌은 잔인성과 야만성을 낳는다고 확신한다."

훈육이라는 이름의 폭력

과연 체벌은 필요한 것이고 또 효과가 있는 것일까요? 이에 대해 많은 교육전문가와 아동심리학자들은 체벌이 효과가 없다고 이야기합니다. 체벌이 아이들에게 반성의 기회를 주는 것이 아니라 두려움과 모멸감을 준다는 겁니다. 그럼에도 체벌을 가하는 사람들은 '훈육'을 핑계로 대고 있습니다. 법원에서 재판을 하는 과정에서 훈육 목적의 아동학대였다는 것이 형량의 감경 사유나 집행유예 사유로 고려되기도 합니다.

민법이 개정되었다고 갑자기 사정이 달라지진 않겠지요. 뿌리깊은 인식이나 관습 또는 사회제도가 어떤 법의 제정이나 개정으로 갑자기 바뀌지는 않으니까요. 2014년 제정된 「아동학대범죄의 처벌 등에 관한 특례법」도 그동안 '가정 내 훈육'으로 치부되던 아동학대를 중대한 범죄로 인식하고 국가가 적극적으로 개입하겠다는 의지의 표시였습니다. 하지만 법이 제정된 이후에도 수많은 아동학대범죄가 발생하였습니다. 어린 아동들이 학대로 인해 사망하는 일도 적지 않았음은 여러분도 언론을 통해 잘 알고 있을 겁니다.

실제 아동학대 사건을 조사해보면, 사소한 체벌로부터 시작되어 잔인한 폭력에까지 이르는 경우가 많다고 합니다. 훈육을 가장한 학대도 많습니다. 과거에는 대가족을 이루고 사는 경우가 많았습니다. 그래서 가족 공동체가 양육의 어려움을 나누기도 하고 윗세대로부터 양육의 노하우를 배우기도 하였습니다. 그러나 언제부터가 부모와 1, 2명의 자녀들로만 구성된 핵가족이 일반화되었습니다. 이제는 더이상 양육의 부담을 나누기도 어렵고 자연스럽게 전수되던 양육의 기술도 배우기 어렵게 된 것이지요. 이런 변화도 아동학대가 증가하고 심각해지는 한 원인이라고 생각합니다.

그런데 현실에서 훈육과 폭력의 경계를 가리는 건 때에 따라 쉬운 일이 아닙니다. 부모나 교사의 아동에 대한 훈육과 아동학대는 구별하기 어려운 문제이지요. 사회적으로 허용되는 훈육의 방식과 수준이 그 시대와 문화적 배경에 따라 달라지기 때문입니다. 그렇다면 법적으로는 어떻게 학대인지 아닌지를 판단하게 될까요?

무엇보다 교육의 의사로 교육의 목적을 위해 행해져야 합니다. 방법이 가혹한 경우나 아동에게 상해를 입힌 경우, 별다른 이유없이 체벌을 가한 경우에는 훈육이 아니라 체벌로 판단됩니다. 아동의 신체를 때리는 방식의 훈육은 더 이상 허용되지 않습니다. 폭력을 수반한 체벌은 교육 및 훈육 목적에서 비롯한 것이었다고 할지라도 방법이 잘못된 것입니다.

결과가 과정을 정당화하는가

영화 〈4등〉을 보면서 '결과지상주의'에 대해서도 생각하게 됩니다. '모로 가도 서울만 가면 된다'라는 속담처럼 결과만 중요시하는 입장에서는 그 결과에 이르는 수단이 바람직하지 못하더라도 크게 신경쓰지 않을지 모릅니다. 하지만 어떤 결과에 이르는 수단이 옳지 못할 때 그 결과는 정당한 것으로 인정받기 어렵습니다. 예를 들어 컨닝이나 시험문제 부정유출과 같은 행위를 통해 시험에서 1등을 했다고 해봅시다. 아무도 그 결과를 인정하지 않을 거라는 데 이의를 제기할 사람은 없을 겁니다.

영화에서처럼 폭력이라는 수단을 통해 좋은 결과를 얻었을 때에도 같은 맥락에서 생각해야 하지 않을까요? 교육이나 훈련 명목의 폭력은 시험에서의 부정행위만큼 잘못된 방법이 아닐까요? 폭력은 두려움을 불러일으킬 수밖에 없는데, 두려움 즉 공포를 목적으로 하는 교육이나 훈련은 결코 바람직하지 않습니다. 권력분립을 주장한 『법의 정신』이란 책으로 유명한 18세기의 프랑스 정치철학자 몽테스키외도 두려움이나 공포를 목적으로 한 교육은 독재정치에서나 추구하는 것이라고 주장합니다.

폭력은 한마디로 불법적인 물리적 강제력입니다. 그럼에도 우리 사회에서 폭력이 심심찮게 문제가 되는 이유가 어디에 있을까요? 아마도 어느 정도의 폭력을 용인하는 사회 분위기에 가장 큰 원인이 있지 않을까 싶습니다. 권위를 중요시하는 유교적 전통이 왜곡되어 필요 이상의 권위적 분위기가 형성되어 있거나, 무조건 하면 된다는 군사 문화가 주도가 되어 근대화를 이끌어 온 과정에서 군대에서 행해지던 '명령과 복종 문화'가 사회에 널리 퍼졌기 때문이 아닐런지요. 명령과 복종의 효과적 수단으로 활용되었던 것 중에 하나가 물리적 강제력의 행사인 폭력입니다.

4등이 나쁜 건가요?

영화에서 코치의 폭력을 용인한 건 무엇보다 부모의 욕심이었습니다. 치열한 경쟁사회에서 아들의 성공만을 바라는, 아니 정확히는 아들을 통해 자신의 성공을 바라는 엄마는 매를 맞아서라도 아들이 1등하기를 원했던 겁니다.

"맞는 거보다 4등하는 게 더 무서워"라고 말하는 엄마는 애가 받는 상처를 메달로 가릴 거라고 합니다. 그런 엄마를 적극적으로 말리지 않는 아빠도 어찌보면 크게 다르지 않습니다. 지나치게 경쟁을 부추기고, 그 경쟁에서 승리한 자에게 너무 많은 열매를 몰아주게 되면 물불을 가리지 않고 승자가 되기만을 추구하는 경쟁사회가 될 겁니다.

올림픽경기에서 3등 안에 들지 못해 메달을 따지 못한 선수들에게도 우리는 큰 박수와 갈채를 보내야 합니다. 열심히 노력해서 3등 안에 들어 메달을 따는 것은 물론 훌륭한 일이지만, 누구나 다 3등 안에 들 수는 없기 때문입니다.

아이들에게 가장 해로운 것이 '남과 비교하는 것' 그리고 '폭력'이라는 말이 있습니다. 영화 속 준호는 "4등이 나쁜 건가요?"라고 묻습니다. 준호는 4등을 한 것이 아니라 당당히 4강 안에 들었던 건 아닐까요?

생각해보기

1. 아래 글을 읽고 자신의 생각을 160자 이상 200자 이내로 적어 보자.

> 야수들을 다루는 채찍으로 인간을 다루는 일은 인간성을 비하시키는 일이다. 야수들과의 일을 합리적으로 처리하려는 것이 잘못된 것처럼, 인간들 간의 문제를 밀림의 원칙에 따라 처리하려는 것은, 인간을 야수의 위치로 전락시키는 일인 것이다.
>
> 학교에서 체벌을 허용해야 한다고 주장하면서 체벌은 교육적 효과가 있다는 것을 근거로 드는 사람들이 있다. 그 사람은 자신이 선생님에게 매를 맞고 바른 길로 들어선 경험을 그 사례로 든다. 그러나 그것은 그 사람의 경험에 불과하다. 매를 맞고 더 삐뚤어진 사람도 있을 테니까(김광수, 논리와 비판적 사고, 철학과 현실사, 2002, 23쪽).

2. 아래 대법원 판결을 읽고 자신의 입장을 160자 이상 200자 이내로 적어 보자.

> 아동(학생)에게 신체적, 정신적 고통을 가하는 체벌, 비하하는 말 등의 언행은 교육상 불가피한 때에만 허용되는 것이어서, 아동(학생)에 대한 신체적 폭행, 욕설에 해당되는 행위는 아동(학생)의 잘못된 언행을 교정하려는 목적에서 나온 것이었으며 다른 교육적 수단으로는 교정이 불가능하였던 경우로서 그 방법과 정도에서 사회통념상 용인될 수 있을 만한 객관적 타당성을 갖추었던 경우에만 체벌이 아닌 훈육으로 볼 수 있다. 행동교정의 목적에서 나온 지도행위가 아니어서 아동(학생)에게 체벌, 훈계 등의 교육적 의미를 알리지도 않은 채 친권자 혹은 지도교사의 성격 또는 감정에서 비롯된 지도행위라든가, 다른 사람이 없는 곳에서 개별적으로 훈계, 훈육의 방법으로 지도·교정될 수 있는 상황이었음에도 낯모르는 사람들이 있는 데서 공개적으로 체벌·모욕을 가하는 지도행위라든가, 아동(학생)의 신체나 정신건강에 위험한 물건 또는 징계권자의 신체를 이용하여 학생의

신체 중 부상의 위험성이 있는 부위를 때리거나 아동(학생)의 성별, 연령, 개인적 사정에서 견디기 어려운 모욕감을 주어 방법·정도가 지나치게 된 지도(징계) 행위 등은 훈육이 아닌 체벌로 판단한다(대법원 2004. 6. 10. 선고 2001도5380 판결).

29

아동과 장애인을 어떻게 보호할까 : <도가니>

2011년 9월 개봉

무진시에 위치한 자애학교의 실상

영화 〈도가니〉 속 강인호(공유 분)는 미술교사입니다. 안개가 자욱한 어느 날 대학시절 은사인 김 교수의 소개로 무진시에 있는 자애학교에 부임합니다. 영화 속 배경이 된 '무진시'는 소설가 김승옥의 유명한 1964년 소설 『무진기행』에 나오는 가상의 도시입니다. 안개가 많이 끼기로 유명한 도시입니다. 그리고 '자애학교'는 청각장애를 가진 학생들이 다니는 사립 특수학교입니다.

그런데 강인호 선생은 자애학교에 부임한 후 학생들이 폭행과 성폭력에 시달려 온 사실을 알게 됩니다. 파렴치한 범인은 바로 자애학교 교장, 교장과 쌍둥이인 행정실장 그리고 10년 넘게 자애학교에 근무하고 있는 박 선생입니다.

'연두'나 '유리'와 같은 여학생뿐만 아니라 '민수'라는 남학생과 민수의 어린 남동생까지도 피해를 당하고 있었습니다. 강 선생이 무진에 도착하는 날 새벽 민수의 동생이 열차사고로 죽게 되는데 이 또한 자애학교 박 선생의 성폭력과 관련이 있었습니다.

"이건 처벌이 아니라 폭행이예요"

무진인권운동센터에서 일하는 서유진 간사(정유미 분)는 피해 학생들의 모습을 보고 분개합니다. 학생들을 처벌한다는 핑계로 무자비한 폭행이 가해졌던 겁니다. 게다가 성폭행까지 하려 한 것이지요. "강제로 그짓을 하려다가 실패한 것 같아요. 애가 너무 어려서 …." 그녀는 말끝을 맺지 못합니다.

서유진 간사는 시청과 교육청을 찾아다니며 조치를 취해달라고 요청합니다. 자애학원 이사장을 해임하고, 성폭행 당사자들을 징계해 달라고 말이지요. 하지만 시청에서는 학교에서 성폭행을 당한 거니까 교육청으로 가보라고 하고, 교육청에서는 자애학원이 운영하는 기숙사는 시청 사회복지과 소관인데 방과 후에는 애들이 기숙사 소속이 되니 시청에 가서 이야기하라며 서로 떠넘길 뿐입니다.

아이들의 진술이 담긴 CD와 녹취록을 가지고 경찰을 찾아가 수사를 해달라고도 합니다. 그러나 경찰에서는 어떻게 귀머거리 애들 말만 듣고 무진 지역에서 점잖은 양반으로 명성이 자자한 교장선생을 연행해서 수사하느냐며 조사하려 하지 않습니다.

상황을 반전시킨 것은 방송이었습니다. 방송을 통해 자애학교의 이야기가 전국적으로 알려지면서 결국 교장 선생을 비롯한 가해자들은 구속되어 재판을 받게 됩니다. 하지만 재판은 순탄하게 진행되지 않습니다. 평소 학교 측과 긴밀한 관계를 맺고 있던 장 형사는 대놓고 전관예우를 받을 수 있는 변호사를 찾으라고 조언하기까지 합니다. 그에 따라 교장 선생 등은 무진 출신 수재로 알려진 부장판사 경력의 변호사를 선임합니다. 그리고 집요하게 진실을 가리려 합니다.

순탄치 않은 재판

본래 전관예우란 '장관급 이상의 고위 관직에 있었던 사람에게 퇴임 후에도 재임 때와 같은 예우를 베푸는 일'이라고 사전에 소개되어 있습니다. 하지만 영화에서 말하는 '전관예우'란 판사나 검사로 재직했던 사람이 변호사로 개업하면서 맡은 사건에 대해서 법원과 검찰에서 유리하게 취급해준다는 의심을 받고 있는 관행을 가리키는 말입니다.

전관예우는 법조비리의 온상으로 지목되어 왔습니다. 이를 방지하고자 「변호사법」에서는 판·검사로 재직하던 변호사는 개업 후 1년 간 퇴임 전 소속되었던 법원이나 검찰청이 처리하는 사건을 수임하지 못하게 하는 등의 규정을 두고 있습니다. 하지만 국민들의 인식이 쉽사리 바뀌지 않고 있는 듯합니다.

학생들이 피해를 입은 사실을 누구보다 잘 알고 있는 학교 수위는 법정에서 학생들이 피해를 당한 사실을 모른다고 거짓 증언을 하고, 피해 여학생들을 검진했던 의사 또한 성폭행으로 인한 상처라는 당초의 소견서 내용을 법정에서는 번복하기에 이릅니다.

저버릴 수 없는 약속

강 선생에게도 유혹의 손길이 뻗칩니다. 부임하면서 학교발전기금 명목으로 낸 돈의 2배를 주겠다, 피해 학생들의 대학 진학과 유학을 책임지겠다, 서울에 취직 자리를 마련해 놓았다며 피해 학생들과 합의할 수 있도록 도와 달라는 겁니다.

"옳은 일, 옳은 소리만 하고는 몬사는 기다." "이제 다른 사람은 생각하지 말고 딸 솔이만 생각해라." "너는 그저 니가 가르치는 아이들처럼 입 닫고, 귀 닫고 니 할 일만 하면 되는기라." 엄마 없는 손녀를 돌보면서 전세금까지 빼어 강 선생을 뒷바라지하던 어머니도 강선생을 말립니다. 그러나 강 선생은 가해자들을 꼭 처벌받게 해 주겠다는 아이들과의 약속을 저버릴 수 없습니다. 그는 말합니다. "지금 이 손 놔 버리면 솔이에게도 좋은 아빠가 될 수 없어"라고 말이지요.

우여곡절 끝에 드디어 판결이 선고됩니다. 그런데 교장 선생과 행정실장은 징역 6월에 집행유예 1년, 박 선생은 징역 8월에 집행유예 2년이라는 가벼운 형을 선고받고 모두 풀려납니다.

'가해자들을 엄벌에 처해야 마땅하나, 그동안 지역사회 발전에 공헌하고, 전과가 없는 초범이며 유리 아빠와 민수 할머니가 가해자들과 합의를 해 주고 가해자들의 선처를 탄원하고 있다'는 게 판사가 밝히는 양형 이유입니다.

양형이란 법전에 정해진 형량 범위, 즉 법정형 내에서 법관이 구체적인 형을 정하는 일을 말합니다. 「형법」 제51조는 ① 범인의 연령, 성행, 지능과 환경, ② 피해자에 대한 관계, ③ 범행의 동기, 수단과 결과, ④ 범행 후의 정황을 참작하여 법관이 적정한 형벌을 정하도록 규정하고 있습니다.

과거에는 법관의 양형권은 재량에 해당하여 법정형을 벗어나지 않는 한, 제한하거나 통제하기 어려운 영역으로 인식하였습니다. 그러나 오늘날에는 법관의 양형권 행사가 제한되거나 통제될 수 있다는 데 별다른 의견이 없습니다. 현재 양형의 적정화와 균등화를 꾀하기 위한 일환으로 법관에게 형량범위를 제시하는 '양형기준제'가 시행되고 있으며, 상급심에 의한 하급심의 양형통제도 행해지고 있습니다.

가해자가 법에 의해 합당한 처벌을 받지 않는다고 생각되면 피해자 차원에서 사적 복수가 행해질 수 있습니다. 영화에서는 판결에 승복할 수 없었던 민수가 집행유예를 선고받고 풀려난 박 선생을 칼로 찌르고 박 선생과 함께 달리는 기차에 몸을 던짐으로써 짧은 생을 비극적으로 마감하게 됩니다.

'영혼의 살인자'와 그 대책

영화 〈도가니〉는 2000년부터 2004년까지 청각장애 특수학교인 광주인화학교에서 있었던 실화를 바탕으로 재구성된 영화입니다. 공지영 작가가 쓴 같은 제목의 소설도 2009년 6월 발간된 바 있습니다. 실제 광주인화학교의 설립 이념은 '그리스도 정신에 입각한 사랑으로 장애를 극복하고 자주·자활·근면활동하는 자활인을 육성하겠다'는 것이었지만, 학교는 그만 파렴치한 범죄의 온상이 되어 지탄의 대상이 되고 말았습니다.

2011년 영화 개봉 당시 영화 속 내용이 실제 재판과 다르고 재미를 위해 각색되었다는 사법부의 해명에도 불구하고, 영화는 많은 관객들의 관심과 호응을 얻었습니다. 그리고 13세 미만 아동과 장애인에 대한 성폭력 관련법이 개정되는데 큰 역할을 하였습니다. 그 결과 일명 '도가니법'으로 불리는 한층 강화된 「성폭력범죄의 처벌 등에 관한 특례법」 규정들이 생겨났습니다.

아동과 장애인은 성폭력에 대한 인지능력, 항거능력 또는 대처능력 등이 일반인에 비해 상대적으로 낮고, 그들을 대상으로 한 범죄는 주변에 노출될 가능성 또한 상대적으로 낮습니다. 따라서 13세 미만의 아동과 장애인은 성적 자기결정 능력이 결여되어 있거나 불완전하므로 일반인에 비해 두텁게 보호할 필요가 있습니다. 자기방어능력이 없거나 부족한 사람들을 대상으로 한 성범죄는 인간의 존엄성을 짓밟는 파렴치범 중의 파렴치범이라 할 만합니다.

아동과 장애인을 대상으로 한 성범죄에 대한 법의 대책은 크게 3가지로 나누어 생각해볼 수 있겠습니다. 우선 강력한 처벌입니다. 성범죄에 대한 형량을 높여 중한 형을 선고받도록 하는 겁니다. 그 다음은 수사나 소송절차에서 피해자 보호와 증거제출의 합리화를 꾀하는 것입니다. '영혼의 살인자'라고 불리는 성폭력범죄자로부터 피해를 당한 아동과 장애인의 2차 피해를 방지하고, 언어나 지적 능력이 미약한 피해자들이 수사기관이나 법정에서 피해상황을 잘 진술할 수 있도록 도와 주자는 것입니다. 끝으로 형사처벌이 종료된 범죄자에 대하여 재범을 하지 못하도록 하는 적절한 보안처분 제도를 실시하는 것입니다.

「성폭력범죄의 처벌 등에 관한 특례법」

2010년에 제정된 「성폭력범죄의 처벌 등에 관한 특례법」도 ① 13세 미만의 미성년자에 대한 성폭력범죄의 법정형을 높여서 처벌을 강화하고(제7조), ② 음주 또는 약물로 인한 심신장애 상태에서 성폭력범죄를 범한 자에 대해서 형법상 인정된 형의 감경사유를 적용하지 않을 수 있도록 하며(제20조), ③ 미성년자에 대한 성폭력범죄의 공소시효는 해당 성폭력범죄로 피해를 당한 미성년자가 성년에 달한 날부터 진행하도록 하는 것을 내용으로 하는 규정(제21조)을 마련하였습니다.
그리고 일명 '도가니법'으로 불리는 2011년 개정법은 성폭력범죄로부터 보호가 필요한 장애인과 13세 미만의 여자에 대한 성폭력범죄에 대하여 한층 강화된 법적 제재를 마련했습니다. 그 주요 내용은 ① 장애인에 대한 성폭력범죄를 행위 태양에 따라 세분하여 법정형을 차등화하고, ② 장애인에 대한 강간상해·치상죄의 법정형을 상향하고 장애인에 대한 강간치사죄의 법정형에 사형을 포함시켰으며, ③ 장애인을 보호하는 사람이 장애인에 대해 성폭력범죄를 범한 때에 가중처벌하고, ④ 13세 미만의 여자에 대한 강간죄의 법정형에 무기형을 추가하는 한편, ⑤ 13세 미만의 여자 및 장애인에 대한 강간죄 및 준강간죄에 대하여는 공소시효의 적용을 배제하는 것입니다.

또한 19세 미만의 아동·청소년에 대해 적용되는* 「아동·청소년의 성보호에 관한 법률」은 '6. 피해자를 어떻게 보호할까 : 〈한공주〉'에서 살펴본 것처럼 피해자 진술을 영상으로 녹화하거나 법정에 직접 출석하지 않고 비디오장치를 이용해서 신문하는 제도, 수사기관이나 법정에서 진술할 때 진술조력인의 도움을 받게 하는 제도 등을 도입해서 소송절차적 측면에서의 보호와 증거제출의 합리화를 도모하고 있습니다. 한편, 성범죄자의 신상정보를 공개하거나 일명 전자발찌로 불리는 위치추적전자장치를 부착시키는 제도와 경우에 따라 성충동 약물치료 등을 받게 하는 새로운 보안처분제도도 도입하여 시행하고 있습니다.

* 다만 19세에 도달하는 연도의 1월 1일을 맞이한 자는 아동·청소년에서 제외됩니다. 예를 들어 생일이 2001년 4월 3일에 태어난 사람은 2020년 4월 3일에 19세가 되지만 19세에 도달하는 연도인 2020년 1월 1일부터 아동·청소년이 아니라고 보는 것과 같습니다.

우리가 싸워야 하는 이유

피해 학생들은 영화 속 서유진 간사의 입을 통해 이렇게 말합니다. 이 일이 있기 전과 있은 후에 제일 달라진 건 장애인인 그들도 다른 사람들과 똑같이 소중한 사람이란 걸 알게 된 것이라고 말이지요. 본래 감격과 흥분 등으로 열광적으로 들끓는 상태를 뜻하는 영화 제목 '도가니'는 그런 장애인들의 소리 없는 함성을 상징하는 말일 겁니다. 영화 속에서 서 간사가 강 선생에게 한 말을 다시 한번 곱씹어 봅니다.

"우리가 싸워야 하는 건 세상을 바꾸기 위해서가 아니라, 세상이 우리를 바꾸지 못하게 하기 위해서예요."

생각해보기

아래 글을 읽고 자신의 생각을 160자 이상 200자 이내로 적어 보자.

역사적으로 볼 때 아동과 장애인은 대표적인 사회적 약자로써 인권의 사각지대에 존재하여 왔고, 이들에 대한 성폭력범죄도 오랫동안 사회적 관심의 대상이 아니었다. 그러나 현대에 들어서면서 인권의식의 신장과 사회발전에 힘입어 사회의 이들에 대한 성범죄에 대한 반응은 상전벽해와 같이 변하였다. 즉, 국가는 아동과 장애인에 대한 성범죄에 대해 무관용의 원칙을 견지하면서 피해자인 아동과 장애인의 최우선적 인권보호를 기치로 하여 그들에 대한 성범죄자에 대하여 막강한 화력을 보유한 무기를 장착하고 처벌의 십자포화를 퍼붓고 있다. 범죄통계에 따르면 최근 10여 년간 아동인구는 국내총인구수 대비 5.5%가 줄어들었고, 장애인은 2.2%가 증가한 반면 아동에 대한 성범죄는 약 63% 증가하였고, 장애인에 대한 성범죄는 약 82%가 증가하였다(이흔재, <아동·장애인에 대한 성범죄의 현황과 범죄억지책에 대한 연구> 중에서, 2015).

30

학교 폭력을 어떻게 할까 : <지렁이>

2017년 4월 개봉

'합격이야'

영화 〈지렁이〉에서 '이자야(오예설 분)'는 뇌성마비 장애인 아버지(김정균 분)와 단 둘이 살고 외동딸입니다. 시골에 살던 자야는 뛰어난 성악실력 덕분에 서울에 있는 예술고등학교에 진학합니다. 그런데 상류층 아이들이 다니는 그 학교에서 자야는 따돌림을 당하게 됩니다. 급기야 길거리에서 여자 속옷과 스타킹을 파는 아빠를 모욕하는 같은 반 학생 박혜선과 싸우다가 그만 학교폭력의 가해자로 몰립니다. 잘 나가는 명문 도화예고의 50년 역사상 유일한 학교폭력사건의 가해자가 되고 만 겁니다.

설상가상으로 자야는 학교 남학생들로부터 성폭행까지 당하고 갖은 모욕을 받게 됩니다. 하지만 휴대전화로 촬영한 성폭행 장면을 인터넷에 퍼뜨리고 아빠에게도 알리겠다는 협박에 별다른 대응을 하지 못합니다. 이를 알고 있는 자야의 친구 민경도 중학교 때부터 시달려 온 학교 폭력 때문에 도와주지 못합니다. 자야는 과연 이 상황을 극복해 낼 수 있을런지요.

「학교폭력예방 및 대책에 관한 법률」

영화의 소재가 된 학교폭력에 대해 규정하고 있는 법으로 2004년 제정된 「학교폭력예방 및 대책에 관한 법률」이 있습니다. 줄여서 '학교폭력예방법'이라고 하지요. 다소 길지만 학교폭력예방법에서 말하는 학교폭력의 내용을 소개하면 이렇습니다.

법에 따르면 '학교 내외에서 학생 간에 발생한 상해, 폭행, 감금, 협박, 약취·유인, 명예훼손·모욕, 공갈, 강요·강제적인 심부름 및 성폭력, 따돌림, 정보통신망을 이용한 음란·폭력 정보 등에 의해 신체·정신 또는 재산상의 피해를 수반하는 행위를 '학교폭력'이라고 합니다.

한편, 학교폭력예방법은 피해학생의 보호, 가해학생의 선도·교육 및 피해학생과 가해학생 간의 분쟁조정을 위해 각급 학교에 '학교폭력대책자치위원회'를 두도록 하고 있습니다. 학교폭력대책자치위원회는 심의 결과 가해 학생에 대한 조치를 취하게 됩니다. 가해학생이 행사한 학교폭력의 심각성·지속성·고의성, 가해학생의 반성 정도, 피해학생 과의 화해 여부 등 여러 요소들을 판단해서 어떤 조치를 취할지 결정합니다. 자치위원회가 취할 수 있는 조치로는 1. 피해학생에 대한 서면사과, 2. 피해학생 및 신고·고발 학생에 대한 접촉, 협박 및 보복행위의 금지, 3. 학교에서의 봉사, 4. 사회봉사, 5. 학내외 전문가에 의한 특별 교육이수 또는 심리치료, 6. 출석정지, 7. 학급교체, 8. 전학, 9. 퇴학처분 등이 있습니다. 다만 의무교육과정에 있는 학생에 대하여는 퇴학처분을 할 수 없습니다. 그리고 자치위원회에서 내린 조치에 이의가 있는 가해학생이나 피해학생은 행정심판을 청구할 수 있습니다.

그런데 자치위원회의 다수를 차지하는 대부분의 학부모위원은 학교폭력 사안을 다루기 위한 지식과 경험이 부족한 것이 보통입니다. 학교폭력을 심의할 때 「아동복지법」, 「형법」, 「소년법」, 「폭력행위 등 처벌에 관한 법률」, 「민법」 등에 관한 지식이 필요할 수 있습니다. 그리고 가해 유형이 성폭행 또는 성추행일 경우에는 「아동·청소년 성보호에 관한 법률」, 「성폭력범죄의 처벌 등에 관한 특례법」 등 더욱 다양한 법률이 적용될 수 있습니다. 그런데 전문성이 부족한 학부모위원이 이를 모두 고려해 상황을 판단하고 조사하기는 힘들다는 한계가 있을 수 있습니다.

게다가 학부모위원의 자식들이 가해학생이나 피해학생과 같은 학교에 다니고 있는데다가 가해학생이나 피해학생의 학부모와 같은 지역에서 일정 기간 거주하며 형성된 인간관계 등으로 공정하고 객관적인 심의가 어렵다는 문제점도 있을 수 있습니다. 또한 유사한 사안에 대하여 자치위원회별로 심의 결과가 상이한 경우가 많아 자치위원회의 심의결과에 대해 이의를 제기하는 행정심판청구 사례가 많다고 합니다.

영화에서도 피해학생의 요구로 열린 자치위원회는 진실을 밝히지 못합니다. 먼저 자야를 모욕한 혜선의 부모에 의해 진실은 왜곡되고 자야는 일방적으로 가해학생이 되어 버립니다.

한편, 학교폭력은 거의 대부분 민사책임도 수반하게 됩니다. 가해학생들은 학교폭력의 직접 당사자이지만 대개 책임 능력 없는 미성년자들입니다. 그래서 「민법」 제755조에 따라 가해학생들을 보호하고 감독할 의무가 있는 감독의무자가 책임을 지게 되는 경우가 보통입니다. 여기의 감독의무자에는 친권자인 부모나 그 밖의 후견인이 해당하고 이러한 감독의무자들이 가해학생의 학교폭력으로 발생한 손해를 배상할 책임을 지게 되는 겁니다. 그리고 친권자나 후견인과 같은 감독의무자를 대신하여 책임능력 없는 미성년자를 보호하고 감독할 의무를 부담하는 교사 등 대리감독자도 감독의무자와 함께 민사책임을 부담하게 되는 경우도 있습니다.

일례로 한 초등학교 학생이 자살한 사건이 있었습니다. 초등학생인 피해학생은 주로 학교 쉬는 시간 중에 가해학생으로부터 폭행 등 괴롭힘을 계속해서 당했습니다. 고통을 겪던 피해학생은 그로 인한 정신장애로 자살을 하였습니다.

그 사건에서 법원은 책임능력이 없는 가해학생들의 감독의무자인 부모에게 과실이 있음을 인정하였고, 대리감독자인 담임교사와 교장에게도 과실이 있다고 인정한 바 있습니다. 나아가 학교를 설치·경영하는 지방자치단체에게도 소속공무원인 담임교사와 교장선생의 공무수행상 과실로 인한 손해배상책임이 있음을 인정하였습니다.

영화가 대변하는 것

영화 〈지렁이〉에서 학교폭력으로 학교를 그만 두게 된 자야는 편의점에서 일을 하며 열심히 살아갑니다. 돈을 모아 미용기술을 배울 생각도 합니다. 7년째 사법시험을 공부하고 있다는 편의점 사장의 도움을 받아 교육청에 진정서도 제출합니다. 진정서에는 자야가 학교에서 당한 학교폭력의 피해 내용이 적혀 있었습니다. 그런데 교육청에 제출한 진정서로 인해 자야는 더 큰 고통을 겪게 됩니다.

진정서로 인해 피해를 입게 될 학교 이사장의 조카를 비롯한 남·여 학생들이 자야를 찾아와 더욱 괴롭힙니다. 남학생들은 자야를 성폭행하고 그 장면을 촬영합니다. 그리고 진정서를 철회하지 않으면 그 동영상을 아빠 핸드폰에 보내고 인터넷에도 올릴 거라고 협박합니다. 자야의 친구 민경은 그런 사실을 잘 알고 있었지만, 자신도 자야처럼 당할 것이 무서워 아무 도움을 주지 못했던 겁니다. 여기서 학교 폭력의 또 다른 폐해를 보게 됩니다.

한편, 그런 사실을 꿈에도 알지 못하는 뇌성마비 아빠도 자야에게는 별 다른 도움이 되지 못합니다. 결국 자야는 교육청에 제출한 진정서를 철회했지만, 자야의 수난은 거기서 그치지 않습니다. '어차피 미성년자라서 신고해봤자 전학 한 번 갔다 오면 된다', 재단 이사장에, 국회의원인 부모들이 너희 아빠를 가만 두지 않을 거라며 남학생들은 집으로, 편의점으로 수시로 찾아와 자야를 계속 괴롭힙니다.

자야와 싸움을 벌였던 국회의원 딸 혜선과 그 친구들은 자야가 성폭행당하는 동영상을 퍼뜨리겠다고 협박하며 자야에게 성매매를 강요하기까지에 이릅니다. 이에 자야는 모든 걸 버리고 다시 시골로 돌아갈 생각도 하지만, 서울에 와서 장사도 잘 되고 새 친구도 사귄 아빠를 보고 그럴 수도 없다고 생각합니다. 결국 자야는 일기장에 모든 일들을 적어 나갑니다. 그리고 아르바이트하는 편의점 창고에 일기장을 보관합니다.

자야!, 미안해!

그러나 더 이상 괴롭힘을 견딜 수 없었던 자야는 스스로 생을 마감합니다. 자야의 죽음 후 발견된 자야의 일기장에는 그동안 겪었던 끔찍한 일들이 모두 적혀 있었습니다. 자야 아빠는 일기장을 통해 자야가 겪었던 모든 피해를 알게 됩니다. 그리고 불편한 몸을 이끌고 학교를 찾아갑니다. 하지만 교장 선생은 말합니다. "아니 그 학생은 죽어서까지 학교 망신을 시켜요? 여긴 학굡니다. 더 하실 말씀 있으면 경찰서에 가서 하세요!"

아빠는 다시 경찰을 찾아가지만 경찰의 반응도 실망스럽습니다. 일기장만 믿고 수사를 할 수가 없다고 합니다. 증인이 있는 것도 아니고, 당사자 진술을 들을 수도 없다는 겁니다. 우리 딸은 거짓말을 못한다고 호소해보지만 자야가 죽기 전 두 달 동안 원조교제를 했고 게다가 학교폭력 가해자라는 비난만 듣습니다.

법의 도움을 받을 수 없게 된 자야의 아빠는 극단적인 사적 복수에 나설 수밖에 없습니다. 잘못을 인정하고 용서를 빌라는 민경의 요청을 끝까지 거절하는 혜선에게 아빠는 염산을 뿌립니다. 자야를 성폭행한 남학생들을 시골로 데려가지만 그들도 반성하지 않습니다. 분노한 아빠는 그들을 응징합니다.

이 대목에서 영화는 2012년 개봉됐던 영화 <돈 크라이 마미>를 연상케 합니다. 영화 〈돈 크라이 마미〉에서는 성폭행당한 딸을 둔 엄마가 등장합니다. 딸을 성폭행한 같은 학교 남학생들은 증거부족으로 무죄를 받거나 미성년자라는 이유로 집행유예 판결을 받게 되고, 딸은 동영상 때문에 계속되는 괴롭힘을 이기지 못하여 자살하게 됩니다. 영화는 그런 딸의 복수에 나서는 엄마의 처절함을 그린 바 있습니다.

소년범죄와 관련해서 법이 소년범죄에 대해 너무 온정적이라든가, 갈수록 폭력적으로 변해 가는 소년범죄에 비해 피해자들의 보호에 상대적으로 소홀하다는 비판에 대해서는 '5. 소년범죄를 어떻게 할 것인가 : 〈범죄소년〉'에서 살펴본 바 있습니다. 영화 〈지렁이〉나 〈돈 크라이 마미〉에 등장하는 소년범들은 그런 비판을 다시 한번 생각게 합니다. 그리고 「소년법」을 폐지하거나 처벌을 강화해야 한다는 주장에 힘을 실어주고 있습니다. 가볍게 처벌하는 것만이 능사가 아님을 두 영화는 대변하고 있습니다. 소년범죄에 대한 실효성 있는 대책이 필요합니다.

> "지렁이 같은 너 야곱아, 너희 이스라엘 사람들아 두려워 말라.
> 나 여호와가 말하노니 내가 너를 도울 것이라. 네 구속자는
> 이스라엘의 거룩한 자니라"

영화 〈지렁이〉는 성경 이사야 제41장 제14절의 내용을 클로즈업해서 보여줍니다. 감독은 영화 제목의 의미에 대해 "'지렁이'는 가해자와 피해자 사이에 머물러 있는 학생들이자 대중들, 곧 우리 모두를 뜻한다. 이러한 문제들을 해결하려면 대다수의 대중들이 움직여야 한다는 의미로 영화 제목을 '지렁이'라고 지었다"라고 합니다. 영

화 〈지렁이〉는 학교폭력과 소년범죄에 관한 냉혹한 현실을 고발하는 영화입니다.

생각해보기

아래 글을 읽고 필자의 주장에 대한 자신의 생각을 160자 이상 200자 이내로 적어 보자.

아이들에게 학교폭력은 짧은 일생에 있어 겪어보지 못한 충격적인 일입니다. 누군가는 학교폭력으로 학교를 떠나기도 합니다. 따돌림을 견디다 못해 스스로 전학을 가는 학생들도 있고, 잘못된 징계처분 결정으로 당장 대학입시에 불이익을 받게 되어 자퇴 후 검정고시를 준비하거나 해외 유학을 선택하는 학생들도 보았습니다.

이처럼 학교폭력은 한 사람의 인생을 좌우할 만큼 큰일입니다. 변호사라 하면 법원에서 민사소송, 형사소송을 하는 모습을 떠올립니다. 금전적인 문제가 걸린 민사소송에서도 변호사의 도움을 받는데 하물며 한 학생의 학창시절, 아니 인생을 좌우할 수 있는 학교폭력 사건에 어쩌면 전문가의 도움이 더욱 필요하지 않을까요.

최근 한 언론에서 학교폭력 사건들에 변호사가 개입하는 현황에 대해 아이들 싸움을 법정 싸움으로 비화하는 것 아니냐, 교육기관에 변호사가 등장하는 것이 가당키나 하냐는 내용으로 다루었습니다. 현재 학교폭력대책자치위원회, 그리고 학교의 학교폭력 사건에 대한 조치와 절차에 대해 학부모님들이 불신을 갖게 된 이유를 생각해봅시다. 그동안 학교폭력 사건에서 변호사들의 소송 등으로 인해 학교는 예전보다 행정절차를 준수하게 되었고, 학생들의 권리 규제에 대해 괄목할 만한 판례들을 만들어냈습니다. 반대로 이야기하면 그동안 일부 학교들이 얼마나 행정절차를 무시한 채 사안을 진행하고, 자신들 임의대로 결정을 내렸는가를 의미하기도 합니다(노윤호, 학교폭력의 모든 것, 시공사, 2019).

영화로 보는 법과 사회

31. 어떻게 볼 것인가 : <마이 페어 웨딩>

32. 그럴 수밖에 없었는가 : <화려한 휴가>

33. 어떻게 대처할 것인가 : <다이빙벨>

TAKE 11

우리를 불편하게 하는 것들 I

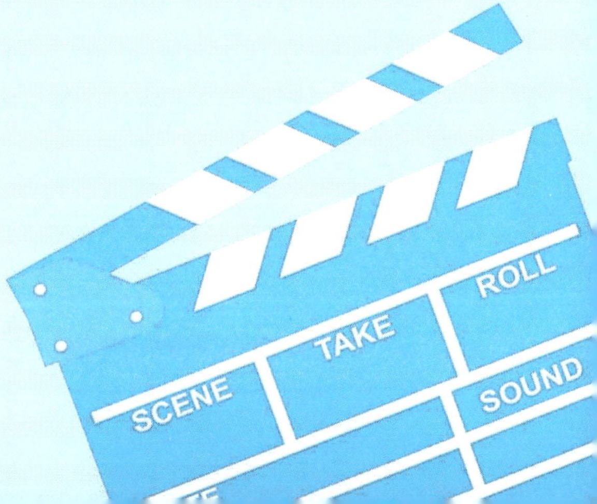

31

어떻게 볼 것인가 : <마이 페어 웨딩>

2015년 6월 개봉

몰래 사랑했던 그 남자

동성애자인 두 남자가 9년 동안 연애와 동거를 한 끝에 공개 결혼식을 거행하기로 결정합니다. 영화 〈마이 페어 웨딩〉은 2013년 9월 7일 결혼식을 치르기까지 그들이 겪었던 일을 담은 다큐멘터리 영화입니다. 둘은 결혼 과정에서 겪기 마련인 일반적인 갈등에 더해 동성애와 동성결혼에 대한 사회적 인식과도 맞서야 하는 이중의 어려움을 겪게 됩니다.

동성애는 이성이 아닌 동성에게 성적인 관심과 매력을 느끼는 것이지요. 동성애자를 흔히 게이(gay)라고 부릅니다. 한편, 여성 간의 동성애는 '레즈비어니즘(lesbianism)'이라고 불리기도 합니다. 이는 고대 그리스의 유명한 여류시인 사포(Sappho)가 일단의 여성들과 사교 모임을 갖고 활동하던 그녀의 고향 레스보스 섬에서 유래한 말이라고 합니다. 사포의 주제는 주로 다른 여성들과의 우정이나 반목을 다뤘다고 합니다.

동성애는 오랜 기간 동안 차별과 배제의 대상이었습니다. 그 이유는 실로 다양합니다. 동성 간의 사랑은 동물들에게는 일어나지 않고 인간들 사이에서만 특별히 나타나는 현상으로서 자연법에 어긋난다거나 결혼의 신성한 목적에 위배되어 부도덕하다든지, 동성애는 종교 교리에 맞지 않는다든지, 한 남자와 한 여자의 결합만을 합법으로 인정하는 전통이 있다는 등의 이유였습니다. 심지어 동성애를 정신질환의 일종으로 보고 이를 바로 잡을 목적으로 동성애의 원인을 규명하고 교정하려는 시도를 했던 때도 있었습니다. 현재도 뇌의 구조나 호르몬, 태아 때 모체 내의 영향 등에 대한 통제를 바탕으로 동성애의 원인을 찾으려는 시도가 있다고 합니다.

그러나 오늘날에는 상당 부분 인식이 바뀌었습니다. 동성애적 성향은 생물학적, 문화적, 역사적, 사회심리학적 영향 등이 복합적으로 작용한 결과일 뿐 정신질환이나 특이한 성적 결함이 아니며 단지 성적인 기호가 다른 사람이라는 것입니다. 동성애자는 제대로 된 이성을 만나기만 하면 치료받을 수 있는 병든 사람이 아니라는 것이지요.

동성애에 대한 인식이 이렇게 변하기까지는 동성애자들의 힘겨운 노력이 있었습니다. 서로 합의하에 이루어지는 성인들의 동성애를 인정받고 나아가 동성애자라는 이유로 차별받지 않으려는 정치적 행동과 노력들이었지요. 사실 고대 그리스인들은 동성애를 허용했을 뿐만 아니라 어떤 면에서는 이성간의 사랑보다 더 고귀한 형태의 사랑으로 생각했습니다. 그러나 유대교와 그리스도교 문화에서는 일반적으로 동성애를 죄악시했으며, 전통적으로 대부분의 서구문화에서는 동성연애를 사회적으로 수용할 수 없는 것으로 보았습니다.

자연법과 실정법

동성애가 자연법에 위배된다는 말이 나온 김에 여기서 자연법과 그에 대비되는 실정법에 대해 잠시 살펴보겠습니다. '자연법'이란 사회의 규율이나 실정법이 아니라 자연에서 유래하는데요, 자연의 질서나 인간의 이성을 통하여 발견한 자연적 정의 또는 그 자연적 질서 자체를 사회질서의 근본원리라고 생각하는 입장입니다. 고대 그리스에서는 '자연의 섭리'에서, 중세 봉건 사회에서는 '신의 섭리'에서, 근대 이후에는 '인간의 합리적 이성'에서 자연법의 근거를 찾으려고 했습니다. 그리고 실정법이 따라야 할 보편적인 기준을 찾으려는 사상적인 흐름을 '자연법론'이라고 합니다. 서양사상사에서 자연법의 역사는 바로 정의에 대한 논쟁의 역사이기도 합니다.

이에 대해 '실정법'이란 인간에 의해 제정되거나 만들어져 현실적인 제도로서 시행되고 있는 법을 말합니다. 특정한 시대와 사회에서 입법을 통해 제정된 법규범을 말합니다. 제정법·관습법·판례법·조리 등을 포괄하는 개념으로 쓰입니다. 그리고 자연법과 같이 구체적으로 존재하지 않는 법은 법으로 인정하지 않고 실정법만을 법으로 인정하려는 입장을 '법실증주의'라고 합니다.

동성애를 대하는 법의 태도

현실에서 동성애를 대하는 법적 태도로는 크게 세 가지를 생각해 볼 수 있습니다. ① 동성애를 무시하고 아무런 법적 대응을 하지 않는 것이 첫 번째 태도이고, ② 동성애를 범죄시하여 처벌하는 것이 두 번째 태도이며, ③ 동성애는 물론 동성결혼을 이성간의 결혼과 비슷하거나 동등하게 법률상 취급하고 보호해 주는 것이 그 세 번째 태도입니다.

한국 사회는 동성애에 대해 첫 번째 입장을 취하고 있다고 하겠습니다. 그래서 동성애에 대하여 법적으로는 아무런 규정을 두고 있지 않습니다. 하지만 「군형법」은 동성애를 범죄시하여 처벌하는 두 번째 입장을 취하고 있습니다. 그래서 「군형법」 제92조의6은 항문성교나 그 밖의 추행을 한 사람은 2년 이하의 징역에 처합니다. 일반사회에서는 동성애를 처벌하지 않고 있는데, 군형법에서는 이처럼 동성애를 처벌하는 것이 논란이 되고 있습니다. 여러분은 어떻게 생각하는지요?

헌법재판소는 2011년 내린 결정에서 "군대는 엄격한 상명하복의 수직적인 인간관계로 이뤄져 있고, 젊은 남성 의무복무자들이 장기간 폐쇄적인 단체생활을 해야 하므로 동성 간의 비정상적인 성적 교섭행위가 발생할 가능성 및 상급자가 하급자를 상대로 동성애 성행위를 감행할 가능성이 높아 법이 동성 간의 성적 행위를 금지하고 이를 위반한 경우 형사처벌해도 이는 동성애자의 평등권을 침해한 것이 아니다"라고 하여(헌법재판소 2011. 3. 31. 선고 2008헌가21 전원재판부 결정), 군형법의 규정이 헌법에 위반되지 않는다고 하였습니다.

동성(결)혼에 대한 입장

한편 동성(결)혼과 관련하여 결혼의 목적에 대해 생각해 보지 않을 수 없습니다. 먼저 성공적인 출산과 육아에 결혼의 목적이 있다고 하는 입장이 있을 수 있습니다. 결혼이란 출산을 통해 안정적인 공동체의 중요한 요소를 제공하는 것이라는 견해도 비슷한 입장입니다. 그렇지만 이러한 입장에 따르면 아이를 못 낳거나 낳지 않는 부부는 결혼의 목적을 달성하지 못한 것이 됩니다. 입양을 통해 가정을 이룬 경우 또한 설명하기 힘들어집니다. 이에 대해 자녀의 출산은 부부공동생활의 결과일 뿐 혼인의 본질이자 목적이 될 수 없다는 입장도 있습니다. 이에 따르면 서로 동의하는 성인들 사이의 동성결혼을 정부가 규제해서는 안 된다고 하게 됩니다.

동성 부부에게 평등한 결혼의 권리를 가장 먼저 부여했던 나라는 1989년의 네덜란드였습니다. 지금은 캐나다, 아르헨티나, 뉴질랜드, 포르투갈, 스페인, 프랑스, 남아프리카공화국, 네덜란드, 벨기에, 아이슬란드, 덴마크, 스웨덴, 노르웨이 등 모두 16개 정도의 나라에서 동성결혼을 허용하고 있다고 합니다. 미국의 경우는 2003년 매사추세츠 주를 시작으로 입법과 판결, 주민투표 등을 통해 각 주에서 점차적으로 동성결혼을 허용하기 시작한 후, 2015년 6월 26일 미국 연방 대법원에서 동성결혼은 헌법에서 보장받는 권리라고 판결한 바 있습니다. 19개 주에서 동성결혼을 승인하고 있습니다.

아시아 지역에서는 2019년 5월 22일 대만이 최초로 동성결혼을 법제화하였습니다. 그리고 동성 간 결혼등기가 처음으로 이루어진 2019년 5월 24일 하루 동안 여성 커플 간 341건, 남성 커플 간 185건 등 모두 526건의 결혼이 등록되었다고 합니다.

세계적으로 동성결혼을 뜻하는 용어로는 '시민결합(civil unions)', '시민동반자(civil partnership)', '동거관계(domestic partnership)', '등록배우자(registered partnership)'와 같은 말들이 쓰이기도 합니다.

현행법의 해석론

우리 헌법은 제36조 제1항에서 "혼인과 가족생활은 개인의 존엄과 양성의 평등을 기초로 성립되고 유지되어야 하며, 국가는 이를 보장한다"라고 규정하고 있습니다. '양성의 평등'을 전제로 한 이 규정에 따르면 '혼인'은 이성간의 결합을 의미하므로 동성결혼은 헌법상 혼인 개념에 포함되지 않는 것으로 해석될 수 있습니다.

하지만 '양성의 평등'이라는 문언 때문에 우리 헌법상 동성결혼이 배제된다는 주장은 잘못이라는 입장도 있습니다. 헌법상 혼인 조항의 연혁과 '양성의 평등' 문언이 포함된 맥락에 비추어 보면 가부장제와 여성차별의 잔재를 의식하여 '성 평등'의 요청을 표현한 것일 뿐 동성결혼을 금지하는 것은 아니라는 입장입니다.

영화에서 두 사람의 혼인신고는 헌법상 동성결혼이 혼인개념에 포함되지 않는다는 이유로 수리되지 않았습니다. 이에 두 사람은 동성간의 혼인신고를 인정해달라는 소송을 제기하였습니다. 법적으로 부부로 인정받지 못하는 바람에 국민연금·의료보험 등에서 배우자로서 인정받지 못하고 있고, 결혼해서 함께 살고 있음에도 주민세를 각자 따로 내야 하는 것처럼 보통의 이성 부부였다면 당연히 받을 수 있는 배우자로서의 여러 보장제도로부터 소외되어 있다는 이유에서였습니다.

게다가 두 사람 중 한 사람이 질병으로 인해 입원이나 수술 같은 치료를 받아야 하는 일이 생겨도 의료 과정의 중요한 의사결정에서 소외당할 수도 있고, 일방이 사망한 때에도 장례절차나 상속문제에서 배우자로 인정받지 못하여 심각한 차별과 고통을 겪을 수도 있습니다. 주택전세자금 대출과정에서도 법률상 부부가 아니어서 부양가족으로 인정받지 못하여 대출을 받지 못하기도 했답니다. 이들의 동성결혼은 과연 우리나라에서 인정받을 수 있었을까요?

법원은 앞서 본 헌법 규정과 다음에서 보는 민법 규정을 들어 그들의 주장을 인정하지 않았습니다. 즉 법원은 혼인한 당사자를 지칭할 때 부부(夫婦), 혹은 부(夫) 또는 처(妻), 남편과 아내라는 용어를 사용하고 있고(민법 제826조, 제827조, 제847조, 제848조, 제850조, 제851조 등), 자녀에 대응하는 개념으로 부모(父母)라는 용어를 사용하고 있는 것(민법 제772조, 제781조 등)에 주목했습니다. 우리 헌법이나 민법 등은 비록 명시적으로 혼인이 남자와 여자의 결합이라고 규정하지는 않았지만, 혼인과 가족생활에 있어서 남녀의 구별과 남녀의 결합을 전제로 한 양성(兩性), 부부(夫婦), 부(夫) 또는 처(妻), 남편과 아내, 부모(父母)라는 성구별적 용어를 사용한다는 겁니다. 게다가 종전의 판례들도 혼인이란 남녀의 육체적·정신적 결합을 의미한다고 하고 있어 입법을 통하여 해결하는 것은 별론으로 하더라도 법률해석론으로서는 동성결혼이 허용될 수 없다고 보았습니다.

동성결혼을 박살내자?

영화를 보기 전, 보는 중 그리고 보고 난 후에도 계속 불편함을 느끼는 사람이 있을 겁니다. '왜 저러지?', '조용히 둘이서만 결혼식을 하면 되지, 꼭 이렇게 공개적으로 해야 하나?' 하는 생각이 들 수도 있습니다. 영화 속 어떤 사람들은 그런 생각에 그치지 않고 결혼식 도중 단상에 뛰어올라 결혼식 진행을 방해하며 '동성결혼을 박살내자!'고 외치기까지 합니다. 하지만 그런 불편함이 어디서 오는 건지, 그 불편함이 나에게, 혹은 사회에 정말로 어떤 해악을 미치는 것인지, 나는 나와 다른 사람을 어떻게 대하고 있는지 곰곰이 생각해 볼 필요가 있지 않을까요?

만약 동성애가 어떤 사람의 주장처럼 에이즈(AIDS)를 창궐케 한다든가, 사회와 국가를 위험에 빠뜨리는 것이라면 현재 동성결혼을 허용하고 있는 나라들에서 과연 그런 일들이 벌어지고 있는지 또는 앞으로 그런 일이 벌어질지 확인해 볼 필요가 있을 수도 있겠습니다. 전통적 결혼제도의 붕괴를 걱정하는 것과 달리 1989년 이후 동성결혼이나 동성결혼 유사제도를 도입한 스칸디나비아 국가와 네덜란드 등에서의 연구결과에 따르면 동성결혼을 허용했다고 하여 이성 간의 결혼율이나 이혼율, 혼외 출생률의 증감에 어떤 의미 있는 변화도 주지 않은 것으로 밝혀졌다고 합니다. 물론 외국의 사례가 곧 우리에게도 그대로 적용된다고 볼 수는 없겠습니다만 충분히 참고할 필요는 있겠습니다.

영화 〈마이 페어 웨딩〉을 보면서 불편하다는 것이 옳지 않다는 뜻인지, 나아가 법으로 허용할 수 없는 일인지 냉정하게 따져볼 필요가 있을 겁니다.

"열다섯 사춘기에 게이라는 걸 알고 주님께 기도하며 고쳐 달라 빌었다, 하루에 30분씩 자기에게 벌을 주어야만 잠이 들곤 했다"는 영화 속 주인공의 말은 우리에게 시사하는 바가 큽니다. 이성애자가 이성에게 이끌리는 감정을 선택할 수 없듯이, 동성애자가 동성에게 이끌리는 감정을 개인적으로 선택할 수 없는 것인지도 모릅니다.

결국 동성애와 동성결혼은 우리가 어떻게 이해하고 받아들일 것인가의 문제이지, 어떤 잣대를 가지고 옳다·그르다를 따질 문제는 아니지 않은가 합니다. 국제인권규약의 해석으로도 '성적 지향(sexual orientation)'이란 "이성, 동성 혹은 양성 모두에게 감정적, 호의적, 성적으로 깊이 끌릴수 있고, 친밀하고 성적인 관계를 맺을 수 있는 개개인의 가능성"을 의미한다고 합니다. 이런 성적 지향은 생물학적인 성, 자신이 남성·여성이라는 개인의 내면적 인식을 의미하는 '성별정체성', 그리고 성별화된 태도나 행동을 의미하는 '성역할'과 같은 인간의 성과 관련된 여러 특징 중의 하나일 뿐이라고 합니다.

여러분은 동성애와 동성결혼에 대해 어떤 생각을 갖고 있는지 궁금합니다.

생각해보기

1. 아래 글을 참고하여 동성결혼을 법적으로 허용하는 것이 옳은지 자신의 입장을 160자 이상 200자 이내로 적어 보자.

> 문화전쟁의 한쪽에는 전통주의자들이 있는데, 이들은 전통적인 결혼을 열렬히 지지하고 전통적인 결혼을 개선할 필요성을 느끼고 있다. 다른 쪽에는 진보주의자들이 있는데, 이들은 우리의 성 정체성은 우리가 선택하지 않았고, 우리가 바꿀 수 없는 어떤 것이며, 따라서 우리 모두는 파트너와의 계약 관계 속에서 인생을 선택할 권리가 있다고 간주한다(데이비드 마이어스, '동성애자들에게 결혼을 허하라', 『위험한 생각들』, 갤리온, 2009, 215쪽).

2. 「군형법」 제92조의6(추행)은 군대 내에서 동성끼리 성적인 행동을 할 경우 2년 이하의 징역에 처하도록 규정하고 있다. 이에 대해 A는 다음과 같이 주장하고 있다. "군대 내에서 추행을 금지하고 있는 군형법 조항은 동성애자의 성적 자기결정권 및 사생활의 비밀을 침해한다." A의 주장에 대한 자신의 입장을 160자 이상 200자 이내로 적어 보자.

3. 아래 글을 읽고 자신의 생각을 160자 이상 200자 이내로 적어 보자.

> 최근에 사회적인 관심사로 부각되고 있는 '동성애자의 인권' 문제는 아직도 많은 사람들에게 혐오의 대상이 되고 있는 성소수자의 인권 문제이지만 그것은 결과적으로 공공의 이익에 부합하는 것이다. 소수자라고 해서 인권이 무시된다면 소수자의 인권은 무시될 수 있다는 논리가 힘을 얻게 되고 결과적으로 인권의 사각지대를 인정하게 되는 결과를 낳게 된다. 인권의 사각지대가 인정되면 국민들 누구나 그 사각지대에 놓일 수 있는 가능성이 증대되는 것이다. 따라서 소수자의 인권을 보호하는 문제는 눈에 보이는 범위가 좁아 보여도 결과적으로 공공의 이익을 위한 것이 된다(권종철, 『비판혁명』, 논비창, 2013, 178~179쪽).

32

그럴 수밖에 없었는가 : <화려한 휴가>

2007년 7월 개봉

> "우리는 폭도가 아니다! 우리를 제발 잊지 말아달라!"

폭도란 폭동을 일으키거나 폭동에 가담한 사람의 무리를 가리키는 말입니다. 영화 〈화려한 휴가〉는 1980년 5월 18일부터 27일까지 열흘 동안 전라남도 광주에서 있었던 '5.18 광주민주화운동'을 그리고 있습니다. 5.18 광주민주화운동에 대해서는 영화 〈26년〉을 소개하면서 이미 살펴본 바 있습니다.

1980년 5월 광주시민과 전라남도민은 민주화운동을 전개했습니다. 요구사항은 '조속한 민정수립, 전두환 보안사령관과 12.12사태를 주도한 신군부세력의 퇴진 및 계엄령 철폐' 등이었습니다. 그런데 12.12 군사반란을 일으킨 신군부세력은 언론을 통해 민주화를 요구하는 시민들을 폭도로 매도했습니다. 그리고 외부와 고립시킨 채 공수부대를 동원하여 잔혹하게 진압하였습니다.

시민들은 자위적 무장을 갖추고 열흘간 투쟁하였지만 결국 1980년 5월 27일 새벽 계엄군에게 진압됩니다. 영화 〈화려한 휴가〉는 그 5월 18일 이후의 과정을 담고 있습니다. 무고한 시민들이 총과 칼로 무장한 진압군에게 무참하게 폭행을 당하고 심지어 죽임을 당하는 일까지 생기면서 시위가 격화되고 결국 무기를 탈취하여 무장항쟁에 이르는 과정 말입니다. 영화 속에서 퇴역 장교 출신인 박흥수(안성기 분)를 중심으로 조직된 시민군은 목숨을 건 사투 끝에 열흘 만에 역사 속으로 사라집니다.

5.18 관련법

세월이 흐른 뒤 5.18 광주민주화운동과 관련된 여러 법들이 만들어집니다. 먼저 1990년에 광주민주화운동과 관련해 사망·행방불명 또는 부상을 당한 이들과 유족들에 대해 국가가 명예회복과 실질적인 보상을 하기 위해 「5.18 민주화운동관련자보상 등에 관한 법률」이 시행됩니다. 이어 1995년에는 12.12사태와 광주민주화운동기에 있었던 헌정질서 파괴에 해당하는 범죄행위를 처벌하기 위해 1993년 2월 24일까지 공소시효가 정지되는 것으로 규정한 「5.18 민주화운동 등에 관한 특별법」이 시행되었습니다. 2002년에 들어서는 광주민주화운동과 관련해 희생되거나 공헌한 사람들과 그 유가족에게 그에 맞는 예우를 함으로써 민주주의의 가치를 알리고 민주사회

발전을 이루기 위해 「5.18 민주유공자 예우에 관한 법률」이 제정되어 시행되었습니다. 그러나 어떠한 입법조치보다도 역사에 대한 우리의 올바른 인식과 평가가 더욱 중요하리라 봅니다.

영화 속 강민우(김상경 분)가 계엄군의 총에 맞아 쓰러지기 전 외친 바와 같이 광주시민들은 다른 무엇보다도 폭도로 몰린 것에 대해 가장 분노했습니다. 그리고 그 분노는 아직도 완전히 풀리지 않은 것으로 보입니다. 지난 박근혜 정부에서는 5.18 기념식장에서 광주민주화 운동을 기리기 위해 만들어진 '임을 위한 행진곡'이라는 노래를 제창하지 못하게 하여 논란이 되기도 했습니다.

> "그동안의 혹독한 훈련, 제군들 잘 견뎌줬다. 이제 그 훈련의 성과를 맘껏 발휘할 시간이다. 조국의 원수 빨갱이들에게 피의 복수를 안긴다!"

영화 제목인 '화려한 휴가'는 광주민주화운동 당시 진압작전을 수행한 공수부대의 작전명으로 알려져 있습니다. 하지만 사실은 당시 진압군으로 참여했던 특전사 대원이 쓴 수기의 제목이라고 합니다.

당시 계엄군의 진압 행위는 비록 상관의 명령에 따른 것이었지만 상관의 명령이 위법한 것이었다면 그에 따른 행위도 위법합니다. 본래 상관의 직무상 명령에 따른 행위는 '정당행위'라고 해서 위법하지 않게 되어 처벌받지 않습니다. 그렇지만 적법한 명령이 아닌 위법한 명령에 따른 행위는 여전히 위법하며 나아가 책임도 지게 되기 때문입니다.

형법에서 정당행위란 '법 공동체 내에서 지배적인 법 확신이나 사회윤리에 비추어 일반적으로 승인된 가치있는 행위여서 위법성이 없기 때문에 죄가 되지 않는 행위'를 말합니다. 그리고 정당행위는 크게 ① 법령에 따른 행위, ② 업무로 인한 행위, ③ 그 밖의 사회상규에 어긋나지 않는 행위의 3가지로 나눌 수 있습니다(「형법」 제20조).

먼저, 법령에 의한 행위는 법령의 근거에 의해 행해지는 행위로서 이로 인해 타인의 법익을 침해하더라도 정당행위로서 위법성이 부정됩니다. 그 대표적인 예가 공무원의 직무집행행위, 친권자 및 교사의 징계행위, 현행범인의 체포, 노동쟁의행위 등입니다.

다음으로, 업무로 인한 행위란 예를 들어 의사의 치료행위나 변호사의 변론행위, 성직자의 종교행위와 같이 사회통념에 비추어 정당한 업무수행 중에 일어나는 법익침해 행위 역시 위법하지 않게 되는 것을 말합니다.

끝으로 사회상규에 위배되지 않는 행위란 비록 타인의 법익을 침해하는 행위이지만 그것이 법질서 전체의 정신이나 그 배후에 놓여 있는 사회윤리 내지 사회통념에 비추어 위법성이 부인되는 행위로시, 역시 위법성이 부인되어 처벌받지 않습니다.

대법원 판례는 법령에 의한 행위든, 업무로 인한 행위든, 사회상규에 위배되지 않는 행위든 정당행위로 인정되려면 첫째, 그 행위의 동기나 목적의 정당성, 둘째, 행위의 수단이나 방법의 상당성, 셋째, 보호이익과 침해이익과의 법익 균형성, 넷째, 긴급성, 다섯째, 그 행위 외에 다른 수단이나 방법이 없다는 보충성 등의 5가지 요건을 갖출 것을 요구합니다(대법원 2003. 9. 26. 선고 2003도3000 판결 등 참조).

그런데 범죄를 저지르라는 상관의 명령은 적법한 직무상의 명령이 아니므로 부하가 그 명령에 따르는 것이 정당행위에 해당할 수는 없게 되는 것입니다. 대법원 판례 역시 상관이 대공수사단 직원에게 범죄의 참고인으로 소환한 사람에게 가혹한 행위를 가하도록 명령하거나(대법원 1988. 2. 23. 선고 87도2358 판결), 대통령선거를 앞두고 특정 후보에 반대하는 여론을 조성하기 위하여 허위사실을 담은 책자를 발간·배포하라는 명령을 한 경우(대법원 1999. 4. 23. 선고 99도636 판결)에 부하는 이에 따라야 할 의무가 없다고 판시한 바 있습니다.

영화 〈케인 호의 반란〉

참고로 군대에서 상사의 잘못된 명령에 불복종하는 내용을 담고 있는 고전적인 영화가 있습니다. 1954년 미국 컬럼비아 영화사에서 제작한 〈케인 호의 반란(The Caine Mutiny)〉이 그것입니다. 영화 〈케인 호의 반란〉은 같은 제목의 소설을 원작으로 하는 영화입니다.

영화 〈케인 호의 반란〉은 제2차 세계대전을 시대적 배경으로 하고 있습니다. '케인 호'라는 전함의 선장 퀵(험프리 보거트 분)은 통솔능력을 상실했다는 이유로 부하장교들에 의해 지휘권을 박탈당합니다. 태풍이 몰아치는 경로로 배를 몰고 가라는 퀵 선장의 명령에 그동안 참아왔던 부하들은 더 이상 따를 수 없었던 겁니다. 특히 매릭 대위는 퀵 선장의 지휘권을 박탈하고 스스로 지휘권을 행사하여 무사히 항구로 돌아오지만, 반역죄 혐의로 군사재판에 회부됩니다. 매릭 대위는 오로지 함정과 동료를 구하기 위해 항명을 했다고 항변합니다.

퀵 선장은 법정에서 정신적으로 붕괴된 모습을 보입니다. 당번병들이 먹어 치운 딸기 1킬로그램을 찾기 위해 있지도 않은 복제된 냉장고 열쇠를 찾는다며 온 배를 이 잡듯이 수색한다든지, 군기를 세운다는 이유로 지나치게 사소한 사항에 집착하는 비정상적인 모습이 재판과정에서 그대로 드러납니다. 그리고 잘못된 선장의 명령에 따르지 않은 매릭 대위의 행동은 무죄로 인정받습니다. 고전이 된 영화 〈카사블랑카〉에서도 멋진 연기를 보여주었던 험프리 보가트의 명연기와 더불어 볼 만한 법정 변론 장면을 담고 있는 흥미 만점의 영화입니다. 영화 〈케인 호의 반란〉처럼 경우에 따라서는 군대 상관의 명령이라도 그대로 따라서는 안 되는 경우가 분명히 있습니다.

다시 되풀이되어서는 안 될 …

그런 관점에서 1980년 5월 광주에 투입된 계엄군의 잔혹한 진압 행위는 쉽게 이해가 되지 않습니다. 시민들로 구성된 시위대를 정말 빨갱이로만 생각한 것인지, 왜 그렇게 가혹한 진압 작전이 시작되었는지 의문이 가시지 않는 겁니다. 최근까지도 '5.18은 광주시민이 아닌 북한군 600여 명이 침투해 일으킨 폭동'이며 '5.18을 진압한 전두환 전 대통령은 반란수괴가 아닌 애국자'라는 터무니없는 주장을 하며 역사를 왜곡하는 사람들이 있습니다. 그런 걸 보면 1980년 당시 일부 계엄군은 그렇게 생각했는지도 모르겠습니다. 한편, "특전훈련으로 조건반사적 행동 양식이 체질화된 공수부대원들로서는 분노한 군중을 요령 있게 통제할 수 없었다. 분노한 군중과 후퇴할 줄 모르는 정예 공수부대 간의 유혈 충돌은 불가피한 것이었다"라는 의견을 피력하는 사람도 있습니다.

하지만 계엄군 입장에서도 영화 〈26년〉에 등장했던 김갑세와 같이 불법적인 진압 작전에 투입됐다가 괴로워하면서 평생 동안 정신적 후유증을 겪으며 살아가는 사람도 적지 않은 것 같습니다. 이들도 어쩌면 넓은 의미에서 피해자의 범주에 포함시켜야 할지도 모릅니다. 실제로 1980년 5월 광주에 진압군으로 투입되었다가 그로 인해 정신질환을 겪던 사람이 대법원에 의해 국가유공자로 인정받았던 일도 있었습니다. 어쨌든 이런 저런 사정에도 불구하고 또 지나간 역사적 사건을 현재의 시각에서 판단하는 것이 조심스럽다는 걸 감안하더라도 개인적으로는 당시 계엄군의 행동을 이해하기가 쉽지 않습니다.

지난 2017년 9월에 앞으로 헌법을 개정한다면 헌법 전문(前文)에 어떤 내용을 추가하는 것이 좋을 것인가 하는 여론조사가 있었습니다. 현행 헌법은 전문에 "대한국민은 3·1운동으로 건립된 대한민국 임시정부의 법통(法統)과 불의에 항거한 4·19 민주 이념을 계승"한다고 명시하고 있습니다. 여론 조사 결과 '1980년 5·18 광주민주화운동'을 헌법 전문에 넣어야 한다는 의견이 56.7%로 가장 많았고, 그 다음은 '1987년 6월 민주항쟁'이 26.4%, '촛불집회'가 25.6%였고, 추가할 필요가 없다는 의견도 23.1%가 나왔다고 합니다. 여러분의 생각은 어떤지요?

세계 제2차 대전을 전후해서 나치즘의 광폭함을 경험했던 독일과 프랑스는 역사왜곡 행위를 처벌할 수 있는 법률을 두고 있습니다. 예를 들어, 독일의 경우 나치당의 학살행위를 찬양하거나 또는 학살행위를 부인하거나 경시하는 자는 5년 이하의 자유형 또는 벌금형에 처하도록 형법에 규정하고 있습니다. 프랑스도 2차 세계대전 당시 저질러진 반인도범죄의 존재를 의문시하는 사람에게 형벌을 선고할 수 있다고 합니다.

그해 열흘

영화 〈화려한 휴가〉는 5.18 광주민주화운동을 소재로 한 영화 중에서 5월 18일부터 27일까지의 열흘을 가장 사실적으로 그린 작품이라고 평가받습니다. 영화 속 간호사 박신애(이요원 분)가 1980년 5월 27일 광주 도청의 마지막 투쟁일에 광주 시내를 돌며 외치는 말이 여운을 남깁니다. 그 내용은 이렇습니다.

> "광주 시민 여러분! 지금 시내로 계엄군이 쳐들어오고 있습니다. 사랑하는 우리 형제 자매들이 계엄군의 총칼에 죽어가고 있습니다. 우리 모두 일어나서 계엄군과 끝까지 싸웁시다! 우리는 광주를 지키고야 말 것입니다!"

영화 〈화려한 휴가〉를 보면서 앞으로 다시는 우리 역사에 1980년 5월의 광주와 같은 비극이 있어서는 안되겠다는 생각을 합니다. 나아가 역사를 왜곡하는 일이 있어서는 더더욱 안 될 것입니다.

생각해보기

다음 글을 읽고 자신의 느낌이나 생각을 160자 이상 200자 이내로 적어보자.

> 현실을 역사와 유리된 것으로 보는 거짓된 인식의 변종이 바로 "역사에 대한 왜곡"이다. 역사를 왜곡하는 이유는 자명하다. 과거의 역사를 왜곡하여 현실을 가장 이상적인 상태로 꾸미기 위한 것이다. 결국 '현실 옹호'라는 기본 목표를 공유하고 있는 셈이다. 이명박 정부는 역사교육을 필수가 아니라 선택 교과과목으로 만들었다. 박근혜 정부 들어와서 김구 선생을 테러리스트라고 규정한 뉴라이트 교과서가 검정을 통과했다. 전자가 역사에 대한 관심을 끊으려는 시도라고 한다면 후자는 역사를 왜곡하려는 시도라고 볼 수 있다(권종철, 『비판혁명』, 논비창, 2013, 174쪽).

33

어떻게 대처할 것인가 : <다이빙벨>

2014년 10월 개봉

세월호 사건

“오늘 오전 9시쯤 전남 진도군 인근 해상에서 여객선의 조난 신고가 접수가 돼 해경이 현재 구조에 나섰습니다. … 수학여행에 나선 학생 등 350여 명이 타고 있는 것으로 알려졌습니다.”

영화 〈다이빙벨〉은 2014년 4월 16일 있었던 세월호 사고의 구조 과정에 있었던 일을 기록한 다큐멘터리입니다. 승객 476명을 태우고 인천을 출발하여 제주로 향하던 여객선 세월호가 전라남도 진도 인근 해상에서 침몰했습니다. 당시 승객 구조 작전이 별 효과를 거두지 못하고 있던 때 '다이빙벨'이 등장했습니다. 영화는 잠수사들의 잠수 시간을 크게 늘릴 수 있는 구조장비인 '다이빙벨'의 투입을 둘러싼 이야기를 담고 있습니다. 영화는 '구조하지 않는 해경', '책임지지 않는 정부' 그리고 '거짓 퍼뜨리는 언론'이라는 비판적 시각에서 세월호 침몰 후의 며칠을 중점적으로 다루고 있습니다.

재난을 대하는 자세

영화를 보면 당시 해경은, 그리고 정부는 인명 구조에 정말 최선을 다한 것이 맞는가 하는 의심이 생깁니다. 상부에 보고하느라 또는 어떤 이해관계에 얽매여 인명구조 역할에 충실하지 못한 것이 아닌가 하는 생각입니다. 그렇게 큰 배가 침몰한 것도 어이가 없지만 침몰 후 해경이, 정부가 신속하고 적절하게 대응했다고 생각하기 어려운 측면이 분명히 있어 보입니다.

물론 영화 내용에 대해 반론이 있습니다. 결국 다이빙벨의 투입이 전혀 성과가 없지 않았는가, 괜히 분란만 일으킨 것이 아니냐는 비난이 있었습니다. 영화 후반에 나오는 것처럼 "과학적인 효과가 없기 때문에 거절했는데, 마지못해 받아들였다가 결국 실패로 끝난 것 아니냐." "[다이빙벨의 투입을 주장한 사람들은] 국론분열과 정부에 대한 불신을 키우고 구조를 방해한 불순세력이다"라는 말이 그런 시각을 대표합니다.

하지만 "움직이지 마라, 그대로 있어라!"는 말만 믿고 구조를 기다리다 죽어 간 단원고 학생 등 304명의 희생자 앞에서, 그리고 "세월호 참사 당시 해경의 구조작업과 지휘, 현장 통제가 미흡했다는 사실이 드러났다"라고 인정한 법원 판결 앞에서 그런 반론은 설득력이 떨어져 보입니다. 현장에 출동한 해양경찰이 중앙정부의 지침을 기다리느라 구조의 골든타임을 허비했다는 비난도 피하기 어렵습니다. 사고 이틀 후인 2014년 4월 18일 한 방송과의 인터뷰에서 "해경이 지원해 준다는 장비, 인력 등 배치가 전혀 안 되고 있다. 해경이 민간잠수사한테 시간만 보내고 가라 한다"라고 말함으로써 해경의 명예를 훼손했다는 혐의로 구속되어 재판을 받았지만, 그 말을 허위로 단정하기 어렵다며 법원으로부터 무죄를 선고받은 사건도 있었습니다.

명예훼손의 법리

여기서 잠시 명예훼손 법리에 대해 정리해 보겠습니다. 명예훼손이란 특정인에 대한 사회적 평가를 저하시키는 행위로서 형법상으로는 명예훼손죄를 구성하고(형법 제307조) 민법상으로는 불법행위가 성립합니다(민법 제750조, 제751조 제1항).

먼저, 형법상 명예훼손죄는 '공연히 사실 또는 허위의 사실을 적시하여 사람의 명예를 훼손함으로써 성립하므로 공연성을 요건으로 합니다. 공연성이란 '불특정 또는 다수인이 인식할 수 있는 상태'를 의미합니다. 대법원 판례는 공연성과 관련하여 비록 개별적으로 한 사람에 대하여 사실을 유포하였다고 하더라도 그로부터 불특정 또는 다수인에게 전파될 가능성이 있다면 공연성의 요건을 충족하지만, 이와 달리 전파될 가능성이 없다면 특정한 한 사람에 대한 사실의 유포는 공연성을 결한다는 전파성 이론을 인정하고 있습니다.

명예훼손죄에서 사실의 적시는 현실적으로 발생하고 증명할 수 있는 과거와 현재의 상태를 말하며, 장래의 사실은 의견진술에 불과하여 사실에 포함되지 않습니다. 그리고 적시된 사실이 허위일 때는 형이 무거워집니다(형법 제307조 제2항). 사실의 적시 방법에는 특별한 제한이 없어서 구두나 문서 등에 의할 수 있는데 만약 출판물을 수단으로 하는 경우에 비방의 목적이 있다고 인정되면 출판물에 의한 명예훼손죄(형법 제309조)가 성립하게 됩니다.

한편, 명예훼손죄는 피해자가 처벌을 원하지 않으면 처벌할 수 없는 반의사불벌죄이고, 죽은 사람에 대한 사자명예훼손죄는 유족 등으로부터 고소가 있어야 처벌할 수 있는 친고죄라는 특징이 있습니다.

다음으로 민사상 어떤 경우에 명예훼손에 의한 불법행위가 인정되는가가 문제됩니다. 일반적으로 사람에게는 진실을 말할 권리가 있으므로 그 행위가 오로지 공익을 도모할 목적으로 행한 경우에는 그로 인하여 어떤 특정인의 사회적인 평가가 저하되는 결과를 초래한다고 하더라도 민사상 불법행위는 성립하지 않습니다. 예를 들어 신문이나 방송보도가 진실일 경우에는 비록 특정인에 대한 사회적 평가가 저하되더라도 공익을 도모할 목적으로 인정되어 불법행위가 성립하지 않는 경우가 많을 것입니다.

명예훼손에 대한 민사상 구제수단으로서 법원은 피해자의 청구에 따라 타인의 명예를 훼손한 자에 손해배상에 갈음하거나 손해배상과 함께 명예회복에 적당한 처분을 명할 수 있습니다(민법 제764조). 하지만 여기의 적당한 처분에 '사죄광고'를 명하는 것은 헌법에 반한다는 것이 헌법재판소의 결정이어서 사죄광고를 해 달라고 청구할 수는 없습니다.

미필적 고의에 의한 살인죄

사실 세월호 사건은 그 피해가 컸던 만큼이나 명예훼손 문제뿐 아니라 여러 가지 법적 문제를 야기했습니다. 그중에서도 승객들을 버리고 누구보다 먼저 구조된 세월호 선장을 비롯한 세월호 승무원들에 대한 형사재판도 있었습니다.

승무원들 모두에게 징역형이 선고되었는데, 특히 세월호 선장의 경우 이른바 미필적 고의에 의한 살인죄 인정 여부가 문제가 되었습니다. 미필적 고의란 형법에서 확정적 고의는 아니더라도 어떤 결과가 발생할 가능성을 인식하고 이를 용인하는 의사가 있을 때 인정되는 고의를 말합니다. 고의 중에서는 가장 약한 것으로서 미필적 고의마저 인정되지 않는 경우에는 고의범으로 처벌할 수 없고 경우에 따라 과실범으로 처벌할 수 있을 뿐입니다.

미필적 고의의 이론을 세월호 선장에게 적용해 보면 선장이 퇴선명령 등 필요한 구호조치를 하지 않음으로써 승객들이 죽을 가능성이 있다는 걸 알면서도 죽어도 어쩔 수 없다고 생각했는지가 결정적인 지점입니다. 그것이 인정되면 (미필적) 고의에 의한 살인죄가 성립하지만, 그것이 인정되지 않는다면 고의에 의한 살인죄는 성립하지 않고 주의의무를 다하지 않았다는 이유로 업무상 과실치사죄가 성립하기 때문입니다. 법원은 선장에게 살인의 미필적 고의가 있다고 인정하였고 2015년 11월 결국 무기징역형이 확정된 바 있습니다.

이와 같이 고의범과 과실범의 구별은 형법에서 중요한 의미를 갖습니다. 고의범은 범죄요건에 해당하는 사실을 모두 인식하고 의욕한 경우이지만, 과실범은 범죄요건을 인식하거나 의욕하지는 않았으나 주의의무를 다하지 못하여 범죄를 범한 경우이기 때문입니다.

언론에 자주 보도되는 아동학대로 인해 피해아동이 사망한 경우에도, 고의가 인정되면 살인죄가 되지만 고의가 인정되지 않으면 상해치사죄가 되는 경우도 마찬가지입니다. 범죄의 결과가 발생함을 인식하지 못했거나 결과가 발생할지도 모른다는 생각은 했으나 그런 일이 일어나지는 않을 것이라고 경솔하게 판단하여 결과를 야기한 경우에는 고의범이 아니라 과실범이 성립하는 것입니다. 예를 들어 운전 중 주의의무를 다하지 못하여 교통사고를 발생시키는 경우가 과실범의 대표적인 경우인데, 형법에서는 원칙적으로 고의범만 처벌하고 과실범은 처벌하지 않고 예외적으로만 처벌합니다.

그 밖에도 세월호 선박의 불법 증·개축에 관여한 사람들은 선박의 복원성을 약화시키고 부실하게 과적한 혐의로, 운항관리원은 출항 전 안전점검을 제대로 하지 않은 혐의로 모두 징역형을 선고받았습니다. 그러나 "초기 구조 실패가 대형 참사의 원인이었는데도 해경 지휘부와 정부 구조당국의 책임에 대해서는 제대로 된 수사나 재판조차 이뤄지지 않았다"라는 비판이 있었습니다.

세월호 사고를 통해 이른바 '위험사회'로 표현되는 현대 사회 생활 속에서 발생할 수 있는 재난에 대한 대비가 제대로 되어 있지 않았음을 절감하게 됩니다. 대한민국 사회가 짧은 기간에 고도의 경제성장을 이룩하는 과정에서 생략된 기본기가 세월호 참사의 원인이 되지 않았나 하는 생각도 지울 수 없습니다. 앞으로는 절대 기본기를 무시하는 바람에 참사가 발생하는 일이 되풀이되어서는 안되겠습니다.

의혹과 분노 그리고 안타까움

"정말 다행스럽습니다. 전원이 다 구조됐다는 소식 전해드립니다. 8시 58분에 조난신고가 접수됐다고 하니까 두 시간 사이에 전원이 다 구조가 됐습니다."

사고 후 2시간 만에 정부와 언론은 승객 전원을 구조했다고 발표하고 보도했습니다. 그러나 세월호는 9명의 미수습자를 남긴 채 사고 발생일로부터 1073일이 지난 2017년 3월 23일에야 수면 위로 인양된 바 있습니다. 그리고 2018년 10월 19일 마지막 수색 작업에도 불구하고 5명의 미수습자를 남기고 말았습니다.

녹이 슬고 긁힌 채 물 밖으로 나온 세월호를 바라보는 많은 사람들은 의혹과 분노와 안타까움의 눈길을 거두지 못했습니다. 도대체 왜 그런 참사가 일어난건지, 진정 단 한 명도 구조할 수 없었던 건지 조금의 진실이라도 더 밝혀지기를 바라는 마음이었을 겁니다.

사회적 참사법

2017년 11월 '사회적 참사법'이라고 불리는 「사회적 참사의 진상규명 및 안전사회 건설 등을 위한 특별법」이 제정되었습니다. 이른바 '사회적 참사법'은 가습기살균제사건과 4·16세월호참사의 발생원인·수습과정·후속조치 등의 사실관계와 책임소재의 진상을 밝히고 피해자를 지원하며, 재해·재난의 예방과 대응방안을 수립하여 안전한 사회를 건설·확립하는 것을 목적으로 합니다(제1조). 즉 '세월호 참사 사건'과 가습기 살균제를 사용한 사람들의 폐에서 섬유화 증세가 일어나 다수의 사망자와 심각한 폐질환을 앓는 피해자가 발생한 '가습기 살균제 피해 사건'에 대해 제2기 특별조사위원회를 구성해 사건의 진상규명 및 피해자 지원 등의 권한을 부여한다는 걸 주요 내용으로 하고 있습니다. "가습기 살균제에 의한 사망사고 및 세월호 참사 피해자들의 피해회복 조치에 당국이 최선을 다하고, 발생원인·수습과정·후속조치 등 사실관계와 책임소재의 진상을 밝혀 안전한 사회를 건설하고 확립해 재발을 방지하도록 하고자 한다"는 게 법의 취지입니다.

'사회적 참사법'을 두고 이미 조사할 만큼 다 조사한 상황인데 자꾸 과거를 들추는 것은 정치적·사회적 갈등을 불러일으킬 수 있다며 반대하는 입장도 있었습니다. 하지만, 제1기 특별조사위원회의 여러 활동에도 불구하고 세월호 참사의 진상이 제대로 밝혀지지 않았다는 주장도 만만치 않았습니다. 영화 〈다이빙벨〉을 보며 다시 한번 세월호 참사와 같은 비극이 되풀이 되지 않기를 바라는 마음입니다.

생각해보기

1. 아래 글을 읽고 자신의 생각을 160자 이상 200자 이내로 적어 보자.

> '다이빙벨'도 논란이 됐다. 조류나 유속과 관계없이 20시간 이상 연속 잠수 작업이 가능하다고 알려졌던 '다이빙벨'. 어떤 이들은 다이빙벨을 투입해야 한다고 외쳤고, 또 어떤 이들은 성능이 확인되지 않은 장비라며 반대했다. 결국 다이빙벨은 구조에 실패했고, 언론은 투입을 주장한 민간 업체 대표를 사기꾼으로 몰아붙였으며, 그 과정에서 정부의 구조 실패와 무능은 감춰졌다. 이 과정에서 투입을 주장한 이들은 진보, 반대하는 이들은 보수가 되어버렸다(조윤호, <세월호 1년, 눈과 귀 가리고 '아웅'까지 한 미디어의 참사> 중에서, 2015).

2. 아래 판결을 읽고 자신의 생각을 160자 이상 200자 이내로 적어 보자.

가습기살균제의 개발·제조·판매에 관여한 피고인 15명은 공동의 주의의무와 인식 아래 업무상 과실로 결함 있는 가습기살균제를 각각 제조·판매하였고, 그 결함으로 그중 두 종류 이상의 가습기살균제를 사용한 피해자들에게 사망 또는 상해결과가 발생하였다. 위 피고인들과 공소외 8명 중 특정 피해자가 중복 사용한 가습기살균제들의 제조·판매에 관해 업무상 과실이 있는 사람들 간에는 업무상과실치사상죄의 공동정범이 성립한다(대법원 2018. 1. 25. 선고 2017도12537 판결).

영화로 보는 법과 사회

34. 재판은 공개되어야 하는가 : <박열>

35. 법조비리를 어떻게 할까 :
<범죄와의 전쟁 : 나쁜 놈들 전성시대>

36. 선거란 무엇인가 : <댄싱퀸>

TAKE **12**

사법제도 Ⅱ

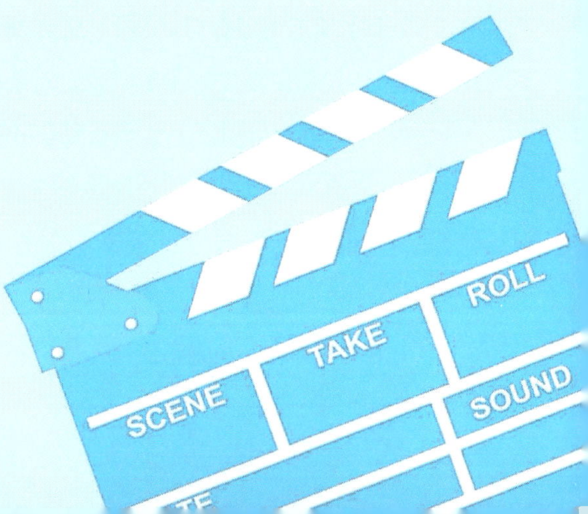

34

재판은 공개되어야 하는가 : <박열>

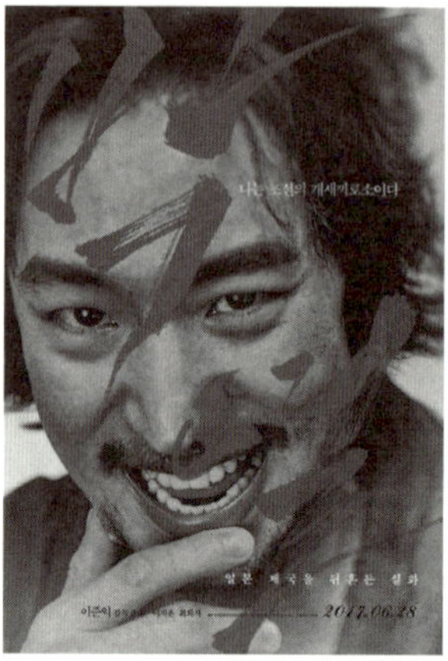

2017년 6월 개봉

"조선인 대역죄인이 필요해!"

영화 〈박열〉은 관동대지진이 발생한 일본을 배경으로 합니다. 관동대지진은 1923년 9월 1일 일본 관동 지방에서 발생했던 진도 7.9의 강진이었습니다. 지진으로 막대한 인명과 재산 피해가 생기고 민심이 흉흉해졌습니다. 당시 일본은 노동자계급이 성장하고, 쌀값 폭등으로 소동이 있던 시기였습니다. 게다가 일본공산당의 성립에 따른 계급투쟁의 격화와 조선에서 일어난 민족해방운동의 여파로 어려운 상황에 직면해 있었습니다. 그런 때에 발생한 대지진으로 사회가 혼란해지자 일본 제국주의자들은 조선인과 사회주의자를 탄압할 좋은 기회로 삼았던 겁니다.

"지진을 틈타 조선인이 우물에 독을 타고, 일본인 집에 불을 질렀다!"

일제는 사회 혼란을 극복하기 위해 조선인에 대한 유언비어를 퍼뜨립니다. 그리고 도쿄 일대에 계엄령을 선포합니다. 계엄령이란 전쟁 또는 이에 준하는 비상사태에 대해 병력으로써 군사상 필요에 응하거나 공공의 안녕질서를 유지할 필요가 있을 때 선포되는 국가긴급권의 하나입니다. 우리나라의 경우 특히 남북분단이라는 특수한 상황 아래 건국 후 여러 차례의 계엄이 선포된 바 있습니다. 가깝게는 지난 2016년 박근혜 정부 당시 국정농단 사태로 촛불 시위가 한창일 때 국군 기무사령부에서 계엄령 선포를 검토했다고 하여 논란이 된 적이 있었습니다.

계엄령을 포함한 국가긴급권이란 전쟁·내란·경제공황 등과 같이 국가의 존립과 안전을 위태롭게 하는 비상사태가 발생한 경우 이를 극복하기 위해 발동됩니나. 국가원수가 헌법에 규정된 통상적인 절차와 제한을 무시하고 국가존립에 필요한 비상수단을 발동하는 권한입니다. 대한민국헌법에는 두 가지 국가긴급권을 규정하고 있습니다. 하나는 헌법 제77조에서 규정하고 있는 '대통령의 계엄선포권'이고, 다른 하나는 헌법 제76조에서 규정하고 있는 '대통령의 긴급명령권과 긴급재정경제처분·명령권'입니다.

그중 계엄선포 요건은 전시·사변 또는 이에 준하는 국가비상사태에 있어서 병력으로써 군사상 필요에 응하거나 공공의 안녕질서를 유지할 필요가 있를 때 계엄법에 의하여 계엄을 선포할 수 있습니다

(헌법 제77조 제1항). 계엄을 선포한 때 대통령은 지체없이 국회에 통보해야 하며, 국회가 국회의원 과반수의 찬성으로 계엄해제를 요구하면 대통령은 계엄을 해제해야 합니다.

관동대지진 당시 선포된 계엄령 하에서 일본 군대와 경찰 및 각지에 조직된 자경단에 의해 수많은 조선인과 사회주의자가 피살되었습니다. 당시 대한민국 임시정부의 〈독립신문〉 특파원이 조사·보고한 바에 따르면 6,661명의 조선인이 학살당했다고 합니다. 이를 '관동대학살'이라고 하지요. 계엄령이 선포된 도쿄, 가나가와, 사이타마 지바 현등에서 조선인이 폭동을 일으켰다는 유언비어를 고의로 퍼뜨려 민족주의를 자극해 수천 명의 무고한 인명을 앗아갔습니다. 일본 정부는 군대와 관헌의 학살을 숨기고 자경단에게 그 책임을 전가시켰습니다. 그러나 재판에 회부된 자경단원은 모두 증거불충분으로 석방되었습니다.

대역사건

이처럼 일제는 관동대학살 사건을 은폐하고자 했습니다. 영화에서 독립운동가 박열(이제훈 분)은 그 일환으로 검거된 후 일본 황태자 히로히토를 암살하려 한 이른바 '대역사건(大逆事件)'으로 재판을 받게 됩니다. '대역사건'이란 전근대적 냄새를 풍기는 용어인데요, 국가와 사회의 질서를 어지럽히는 큰 사건을 가리키는 말입니다. 왕정시대에 왕권을 범하거나 왕이나 어버이를 죽이는 사건을 가리키던 말이었습니다. 이미 1910년 5월 일본 각지에서 무정부주의자와 사회주의자가 일본의 메이지 왕 암살계획을 이유로 검거, 기소되어 그 중 26명이 처벌당한 사건이 있었습니다. 일본에서 대역사건은 우리나라의 대법원에 해당하는 당시 대심원만이 재판할 수 있었기 때문에 한 번의 재판으로 모든 것이 결정되었습니다.

영화에서 대역죄인으로 재판을 받게 된 박열은 자신을 찾아 온 조선인 기자에게 "이 재판이 조선에서 화제가 되게 해 줄 수 있겠소?"라고 말합니다. 그리고 "이번 재판으로 조선인들에게 꼭 보여드리고 싶은 것이 있소"라고 덧붙입니다.

아시다시피 재판이란 사법기관인 법원이 구체적인 사건을 해결하기 위해 공권적 판단을 내리는 법적 절차입니다. 재판은 공정성을 생명으로 하고, 그 공정성을 확보하기 위해 사건의 심리 과정과 판결을 내리는 과정이 일반인에게 공개되어야 함이 원칙이지요, 이를 '공개재판주의'라고 합니다.

우리 헌법도 재판의 심리와 판결은 원칙적으로 공개하며(제109조), 모든 국민은 헌법과 법률에 정한 법관에 의하여 신속한 재판을 받을 권리가 있음(제27조)을 선언하고 있습니다. 그러나 공개재판주의에 따른 재판공개의 원칙에도 일정한 제한이 있습니다. 공간이나 설비 등의 한계를 넘는 초과 인원의 방청을 불허하고 방청권 소지자에게만 재판을 공개하는 것이 공개재판주의를 규정한 헌법에 위반되는 것은 아닙니다. 예를 들어 유명인의 재판에 많은 방청객이 몰리는 경우 추첨에 의해 재판 방청권을 배당하는 것이 바로 그런 예가 되겠습니다.

영화에서 독립운동가 박열은 바로 이런 공개재판 제도를 이용해서 만천하에 하고 싶은 말이 있었던 겁니다. 그건 바로 "나는 조선 민족을 대표하여 일본이 조선을 강탈한 것을 규탄하기 위해 법정에 서는 것이며", "일제가 일본 천황의 신성함을 일본 민중에게 강요하는 것은 기만이고 잘못"이라는 것이었습니다. 박열은 공개재판제도를 이용해서 일종의 법정 투쟁을 한 겁니다.

영화 〈소수의견〉에서 철거민을 변호하던 윤 변호사가 국가를 상대로 100원을 지급하라는 국가배상청구를 하는 이야기가 있었습니다. 이 또한 재판을 이용한 일종의 법정투쟁이라고 할 수 있겠습니다. 그 소송은 겨우 100원이라는 경제적 이익을 얻기 위한 것이 아니라 국가가 잘못했음을 재판제도를 통해 인정받기 위한 전략이었던 겁니다.

영화에서 박열은 재판을 받기 전에 일본측에 조건을 제시합니다. 그중에는 “나 박열은 조선민족을 대표하여 법정에 선 것이니 조선의 예복을 입고 재판을 받겠다”거나 “법정에서 조선말로 재판을 받겠다”는 요구사항도 있었습니다. 박열이 원하는 것이 무엇이었는지 분명히 알 수 있는 대목입니다.

동지이자 연인이었던 가네코 후미코

그런 박열의 곁에는 동지이자 연인인 일본인 여성 가네코 후미코가 있었습니다. 그녀는 무책임한 부모로부터 버림을 받아 학교를 제때에 다니지 못하는 등 어려운 가정환경에서 자랐습니다. 그리고 친할머니를 따라 조선에서 7년 동안 살았는데, 조선에서의 삶도 불행했다고 합니다.

친할머니는 가네코를 노예처럼 부렸고, 그녀가 겪은 가족들의 학대와 불행한 경험들이 가네코로 하여금 세상의 부조리에 눈을 뜨고 저항하게 만들었습니다. 조선에서 일본으로 돌아온 가네코는 사회주의자들과 교류하면서 그 영향을 받아 무정부주의자가 됩니다.

무정부주의란 일체의 정치권력이나 공공적 강제의 필요성을 부정하고 개인의 자유를 최상의 가치로 내세우려는 사상입니다. 다소 유토피아적이라고 할 수 있지요. 무정부주의를 뜻하는 아나키즘이란 말은 '정부나 통치의 부재'를 뜻하는 고대 그리스어 'an archos'에 어원을 두고 있습니다.

무정부주의자가 된 가네코는 이후 박열을 만나 동거하면서 박열과 함께 아나키즘 단체를 조직하지만 관동대지진이 일어나면서 경찰에 연행됩니다. 그리고 박열과 함께 대역죄로 재판을 받게 됩니다. 가네코는 법정에서 하얀 비단저고리를 입고 재판을 받았다고 합니다.

재판을 통해 일제 침략의 부당함을 널리 알리고 일본인들이 신처럼 떠받드는 천황 체제의 문제점을 폭로하려는 영화 속 박열과 가네코 후미코의 두쟁은 성공하였을까요?

> "조선 문제는 결코 조선에만 한정된 문제가 아니다. 조선은 세계 평화와 혼란을 좌우하는 열쇠이다. 전 세계의 문제이자 전 인류의 문제다"

한편 박열의 변호를 맡은 변호사는 일본인 후세 다쓰지(布施辰治)였습니다. 그는 일본인이지만 조선인과 일본인을 가리지 않고 약자와 민중의 편에 섰던 법률가입니다. 검사직에서 물러나 변호사가 된 후세 다쯔치는 일본에 거주하는 조선인 독립운동가들을 변호한 것은 물론 일본 제국주의에 의해 고통받는 조선의 노동자와 농민들을 위해 일했습니다. 국적과 신분을 가리지 않고 정의를 위해 일하던 후세 다쓰지 변호사는 그 자신이 일제 당국에 의해 처벌을 받는 한편 변호사자격을 박탈당하는 수난을 겪습니다. 그리고 일제가 패망한 뒤에야 변호사 자격을 회복한 바 있습니다. 2004년에는 대한민국정부로부터 일본인 최초로 대한민국 건국훈장을 수여받기도 한 사람입니다.

3세기경 로마제국에서 활약한 유명한 법학자였던 울피아누스(Ulpianus)는 법률가에 대해 다음과 같이 이야기하였습니다. '정의를 돌보고, 선과 형평의 지식을 가르치고, 공평한 것과 불공평한 것을 구분하며, 허용되는 것과 허용되지 않는 것을 분간하는 일을 함으로써 참된 지식을 추구하는 일을 하는 사람이 법률가'라고 말입니다. 후세 다쓰지 변호사야말로 울피아누스가 말한 그런 법률가였습니다.

후세 다쯔치 변호사는 '나는 양심을 믿는다', '살아야 한다면 민중과 함께, 죽어야 한다면 민중을 위해'라는 모토로 살았습니다. 그런 후세 다쓰지 변호사가 앞장 서서 "이 사건은 대학살을 은폐하기 위해 조작되었다는 의심을 떨칠 수 없다"며 박열을 변호하지만 일본 대심원은 박열과 가네코에게 사형을 선고합니다. 당시 일본은 법체계를 갖춘 문명국임을 자처했지만 그건 명분에 불과했는지도 모릅니다.

"기억하겠다." "절대 잊지 않겠다!"

영화에서 박열의 재판은 일제의 언론 보도 통제에도 불구하고 이를 알게 된 많은 조선인의 호응을 불러일으킵니다. 박열과 가네코는 선전효과를 노린 일본 황실로부터 사형에서 무기징역으로 감형을 받습니다. 하지만 가네코는 그로부터 넉 달 만인 1926년 7월 23세의 나이로 형무소에서 자살하여, 옥중 결혼한 박열의 고향 문경에 유골이 안장되었습니다. 당시 자살이 아니라 타살이라는 의혹이 있었다고 합니다. 가네코는 생전에 자신의 삶을 기록한 『무엇이 나를 이렇게 만들었는가』라는 옥중수기를 남겼습니다. 영화 속에서도 가네코가 옥중에서 열심히 수기를 집필하는 모습을 볼 수 있습니다.

한편 무기징역으로 감형된 박열은 일제가 패망한 후 1945년 10월 석방될 때까지 22년 2개월을 형무소에서 복역했습니다. 박열은 석방 후 '재일조선인거류민단'을 만들어 단장을 역임하기도 하는데, 6.25전쟁 때 납북되어 1974년 북한에서 사망하였습니다.

영화 〈박열〉에 대해서는 '실화 속 인물을 그려내야 한다는 압박감 속에 박열이 추구한 아나키즘에 대한 진지한 탐구 없이 안이한 민족주의에 호소하는 서사와 구성이 아쉽다'는 평가도 있습니다. 박열과 가네코가 일왕 살해를 모의한 '대역죄'로 재판을 받는 법정 장면은 배우와 감독의 감정과잉이 지나치고, '역사적 사실'이라는 족쇄에 묶여 '영화적 상상력'을 다양하게 발휘하지 못한 대목도 있다고 비평하는 사람도 있습니다. 조연배우들의 과도한 유머가 영화의 진지함을 떨어뜨린다고 지적하기도 합니다.

하지만 나름대로 고증에 충실하려 애쓴 영화 〈박열〉은 우리가 잘 몰랐던 역사속 인물로서 독립운동가이자 아나키스트인 박열과 그의 동지이자 아내인 가네코 후미코와 관동대지진 당시 조선인 학살 사건에 대한 관심을 불러일으키기에는 부족함이 없어 보입니다. 그리고 영화 〈박열〉을 통해 재판이라는 사법작용의 의미와 정의를 위해 일하는 변호사의 역할에 대해서도 다시 한번 생각하게 됩니다.

생각해보기

1. 아래 글을 참고하여 공개재판제도의 가치에 대해 160자 이상 200자 이내로 적어 보자.

"공개된 절차는 관련된 사람들의 행동을 개선하고 법관을 부정적인 오염으로부터 보호하며, 대중을 교육하는 데 기여한다"고 어느 역사가는 기록하고 있다.

오늘날 미국 연방대법원은 공개성을 계속해서 지지하고 있는데, "경찰, 검사 그리고 모든 재판절차가 공적 감시와 비판 아래 놓이도록 함으로써 정의가 잘못 구현되는 것을 막기 위해서"라고 한다(켄들 코피, 권오창 옮김, 『여론과 법, 정의의 다툼』, 커뮤니케이션북스, 2013, 190쪽).

2. 아래 기사를 읽고 재판부의 결정에 대한 자신의 입장을 160자 이상 200자 이내로 적어 보자.

박근혜 전 대통령에게 뇌물을 준 혐의 등으로 재판에 넘겨진 이재용 삼성전자 부회장의 1심 선고에 대한 언론사의 생중계 요청을 법원이 불허했다.

서울중앙지법 형사합의27부는 25일 진행되는 이 부회장 등 삼성 전·현직 임원 5명의 뇌물공여 등 혐의 선고 장면 생중계를 불허했다고 23일 밝혔다. 재판부는 취재진의 법정 내 촬영도 허가하지 않았다.

재판부는 "선고재판 중계로 실현될 수 있는 공공의 이익과 피고인들이 입게 될 회복하기 어려운 불이익이나 손해 등 피고인의 사익을 비교했을 때 피고인들에 대한 선고재판 촬영 및 생중계를 허가하는 것이 공공의 이익을 위해 상당하다고 인정하기 어렵다"고 그 이유를 설명했다.

또 재판부는 "공공의 이익 인정 여부를 판단함에 있어 피고인 이재용과 공범관계에 있는 다른 공동 피고인(박상진·최지성·장충기·황성수)이 촬영 중계 및 허가로 인해 입게 될 회복하기 어려운 불이익이나 손해, 헌법상 보장해야 하는 무죄추정의 원칙 등을 함께 고려했다"고 밝혔다(허핑턴포스트코리아, 2017년 8월 23일).

35

법조비리를 어떻게 할까 : <범죄와의 전쟁 : 나쁜 놈들 전성시대>

2012년 2월 개봉

결탁

영화 〈범죄와의 전쟁〉은 1980년대 부산을 배경으로 합니다. 세관 공무원으로 일하던 최익현(최민식 분) 주임은 부정한 행위로 해고될 위기에 처합니다. 그러자 순찰근무 중 적발한 마약을 일본으로 밀수출하기 위해 조직폭력배 두목 최형배(하정우 분)와 손을 잡습니다. 그 일을 성공적으로 끝낸 후 세관공무원직을 그만 둔 최익현은 경주 최씨로 같은 집안 출신이었던 최형배와 함께 일하게 됩니다. 관청하고 공무원을 꽉 잡고 있다고 말하는 최익현은 최형배와 함께 불법 도박장과 나이트 클럽을 운영하면서 많은 돈을 법니다.

"니 내가 누군지 알아? 니 서장하고 어제도 같이 밥 먹고, 사우나 하고 다 했어!"

나이트 클럽을 운영하다 경찰에 체포된 최익현은 오히려 경찰관에게 호통을 칩니다. '나는 너희 경찰서장과 친한 사이이다. 너는 그걸 감당할 수 있느냐'라고 묻는 거지요. 그리고 10촌쯤이나 되는 경주 최씨 집안의 아는 부장검사에게 부탁해 최형배까지 석방시킵니다. 은혜를 갚기로 유명하다는 금두꺼비 3개와 회식비나 하라며 돈을 줘 가면서 말입니다.

범죄와의 전쟁, '반달'의 살길

이후로도 최익현과 최형배는 정부 기관의 비호를 받으면서 빠칭코(슬롯 머신) 영업에도 손을 댑니다. 그러다가 두 사람의 사이가 틀어지는 일이 발생합니다. 최익현은 이번에는 최형배의 라이벌인 폭력배 두목 김판호(조진웅 분)와 손을 잡습니다. 그런 와중에 1990년대에 들어서면서 '범죄와의 전쟁'이 선포되고 나라에서는 폭력배들을 소탕하기 시작합니다.

범죄와의 전쟁은 1990년 10월 13일 당시 대통령이 특별선언을 통해 범죄와 폭력에 전쟁을 선포한 것을 말합니다. 그 내용은 첫째, 국가의 공동체를 파괴하는 범죄와 폭력에 대한 전쟁을 선포하고 헌법이 부여한 대통령의 모든 권한을 동원하여 이를 소탕해나갈 것이다. 둘째, 민주사회의 기틀을 위협하는 불법과 무질서를 퇴치할 것이다. 셋째, 과소비와 투기, 퇴폐와 향락을 바로잡아 '일하는 사회', '건강한 사회를 만들어나갈 것'이라는 3가지였습니다.

"니, 이게 뭔지 아나, 이게 바로 10억짜리 전화번호부야. 10억짜리~" "그노마들, 내 절대 못잡아 넣어, 니 한번 봐라."

'범죄와의 전쟁' 와중에 처벌을 걱정하는 폭력배 김판호에게 최익현이 하는 말입니다. 최익현은 자칭 10억짜리 수첩에 적혀 있는 인맥을 모두 동원하며 수사망을 피해다니지만 결국은 범죄처벌에 적극적으로 나선 부산지방검찰청 조 검사(곽도원 분)의 손길을 피해갈 수 없게 됩니다.

영화에서 김판호에 의해 해방 이후 최고의 악질검사라는 소리를 듣는 조 검사는 경찰들을 모아 놓고 말합니다. 대통령의 이번 범죄와의 전쟁 선언과 때를 같이 해서 부산지방검찰청은 부산지역에서 활동하고 있는 조직폭력배에 대해 무기한 소탕령을 발령하고, 현재 부산폭력조직배 계보에 올라있는 모든 폭력배들은 영장없이 긴급체포 가능하며, 만약 체포에 불응할 시 즉각 발포해도 좋다고 말입니다.

그러나 최익현이 누굽니까? 조 검사의 절친한 선배되는 변호사를 통해 자신을 수사하는 조 검사를 술집에서 만나 자신을 변호합니다. 그리고 수첩을 뒤져가면서 알고 지내던 관계자들에게 부탁하며 살길을 찾아 나섭니다. 조 검사에 의해 건달도 아니고 그렇다고 민간인도 아닌 '반달'로 불리던 최익현은 조 검사로부터 순순히 자백하고 3년을 살 것인지, 범행을 부인하다가 15년형을 살 것인지 선택을 강요받습니다. 이에 최익현은 조 검사에게 유익한 제안을 하겠다고 합니다. 과연 그 제안은 무엇이었을까요?

결국 최익현은 우여곡절 끝에 조 검사에게 최형배를 붙잡게 해주는 대가로 처벌을 면하고 살아납니다. … 그로부터 20년이 넘는 세월이 흘렀습니다. 최익현의 아들은 그 사이 검사가 되어 결혼을 하고 아들을 낳았습니다. 최익현은 그 손자의 돌 잔칫날 최형배의 "대부님!" 하며 부르는 소리에 고개를 돌리는 걸로 영화는 끝납니다.

허구인가, 사실인가?

1990년 범죄와의 전쟁 선포 당시 벌어진 사건에 기초한 픽션임을 내세운 영화를 보며 불편한 마음을 감출 수 없습니다. 영화 속 이야기가 그저 허구의 옛날 이야기이기만을 바라지만 현실은 그런 것 같지 않습니다. 지난 몇 년간 현실에서 벌어진 일들이 영화 속 이야기가 그저 허구만은 아닐 수도 있다는 우려를 불러일으키기 때문입니다.

2017년 7월 검사의 별이라고 할 수 있는 '검사장'이라는 높은 직책에 있던 검사가 수억원대의 주식을 뇌물로 받고 그 주식을 팔아 100억원이 넘는 차익을 남긴 일 등으로 문제가 되었습니다. 그는 2018년 9월 징역 4년형이 확정되었고, 검찰 역사상 최초로 구속된 현직 검사장이라는 오명도 함께 남겼습니다.

법무부장관은 이 일과 관련하여 모범이 돼야 할 고위직 검사가 상상할 수도 없는 부정부패를 저지른 데 대해 부끄럽고 참담하다면서 대국민 사과문을 발표하였습니다. 하지만 사람들은 이 일을 두고 죄가 있어도 정상을 인정하여 기소하지 않을 수 있는 권리(기소편의주의)* 와 검사만이 기소권을 갖고 있는 이유로(기소독점주의) 검사에게 잘 보이려는 사업가들이 많기 때문에 벌어진 일이라고들 합니다. 그래서 검찰의 권한을 분산시켜야 한다는 주장으로 이어지기도 합니다. 결국 2021년 들어 검·경 수사권 조정을 통해 검사는 ① 부패범죄, 경제범죄, 공직자범죄, 선거범죄, 방위사업범죄, 대형참사 등 대통령령으로 정하는 중요범죄, ② 경찰공무원이 범한 범죄, ③ 위 ①·②의 범죄 및 사법경찰관이 송치한 범죄와 관련하여 인지한 각 해당범죄와 직접 관련성이 있는 범죄에 대하여만 수사권을 갖게 되었습니다.

* 검사가 수사한 결과 공소를 제기함에 충분한 혐의가 인정되고 공소를 제기할 다른 조건도 갖추어져 있지만 재량에 의해 공소를 제기하지 않고 불기소처분을 할 수 있는 제도를 기소편의주의라고 합니다(형사소송법 제247조).

한편 비슷한 무렵 부장판사로 근무 중이던 판사는 재판 업무와 관련해 외제차를 선물로 받고, 부의금 명목으로 수백만원을 받는 등 뇌물을 수수한 일로 징역 5년형을 선고받았습니다. 마치 영화 속에서 금 두꺼비와 돈이 건네지던 것과 같은 일이 실제로 벌어진 겁니다. 이런 일들을 보면 영화 속 이야기가 단지 오래된 허구만은 아닌가 봅니다.

법조비리와 개혁

판사, 검사를 비롯하여 법률 업무에 종사하는 사람들의 생각과 행동이 지금보다 훨씬 더 윤리적이 되어야 합니다. 그들이 하는 일이 어느 직업보다도 이 사회의 정의 실현과 직접적으로 관련되어 있기 때문입니다. 아울러 제도적으로도 비리가 발붙일 수 없도록 대책이 마련되어야 할 겁니다. 많은 사람들이 검찰이나 법원의 자정노력만으로는 문제가 해결될 수 없는 지경에 이른 것이 아니냐고 우려를 표하고 있습니다.

'우리 사회의 법조비리는 법조시장이 안고 있는 제도적 결함이 법조사회의 성향과 상호작용함으로써 만들어낸 구조적 결과'라고 하는 보는 입장이 있습니다. 그에 따르면 과거 사법부에 대한 정치권의 개입, 법원과 검찰의 제도적 특성, 조직의 분위기나 관행, 독과점적으로 운영되어 온 법률서비스 시장, 부패한 법조인의 행위 특성 등이 복합적으로 빚어낸 산물이 법조비리라고 합니다. 여기에다가 사건의뢰인들이 변호사를 선임할 때 그 변호사의 전문성이나 양질의 서비스 제공, 비용과 같은 경제적 요인을 중요한 요인으로 고려하지 않고, 오히려 그 변호사의 인맥이나 과거 경력, 즉 사건을 담당하는 판사나 검사와의 친분관계 등과 같은 요인들을 더욱 중시하는 것도 한몫을 했을 겁니다.

법조비리 문제는 하루이틀된 어제 오늘의 이야기가 아닙니다. 세상에 널리 알려진 대표적인 법조비리 사건은 1998년에 있었던 '의정부 법조비리 사건'과 1999년에 있었던 '대전 법조비리 사건'입니다.

1998년에 세상을 떠들썩하게 했던 의정부 법조비리 사건은 부장판사 출신 변호사가 사건소개를 일삼는 브로커를 고용하여 사건 알선의 대가로 돈을 지급하면서 1년여 만에 17억원대의 사건을 수임한 사건입니다. 당시 의정부지청이 '변호사 수임사건 알선료 수수비리' 수사 결과를 발표하면서 그 전모가 세상에 드러났습니다. 의정부 법조비리 사건은 사법 사상 처음으로 판사들이 수사 대상에 오른 사건으로서 이후 사법개혁을 촉발시켰습니다. 수사과정에서 의정부지원 판사 15명이 변호사 14명으로부터 명절 떡값이나 휴가비 등

명목으로 수백만원씩 받은 것으로 밝혀져서 다수의 판사들이 정직 또는 경고처분을 받았고, 지원장과 8명의 판사가 사직한 바 있습니다.

1999년에 있었던 대전 법조비리 사건은 부장검사 출신 변호사가 1994년 1월부터 1997년 7월까지 법원과 검찰의 전·현직 간부와 일반 직원, 경찰관 등 100여 명에게 소개비와 알선료 명목으로 1억 1천여 만원을 주고 사건을 수임하여 징역 1년에 집행유예 2년의 형을 선고받았던 사건입니다.

위 사건 이후로도 지속적으로 법조비리가 발생하고 있는 현실에서 강도높은 개혁조치가 필요하다는 주장이 힘을 얻고 있습니다. 실효성이 적고 전시효과를 앞세운 단기적 대책이 아니라 중·장기적으로 신중한 대처가 필요한 시점입니다.

온정주의와 부패와의 전쟁

무엇보다 법조비리에 대해서는 그에 상응한 엄한 책임을 추궁하는 것이 필요하지 않은가 생각합니다. 법조비리를 저지를 경우 돌이킬 수 없는 직입상·명예상 피해를 입게 되어 감히 법조비리를 저지를 생각을 하지 못하게 할 필요가 있습니다. 그러나 현실에서는 우리 사회에 비뚤어진 온정주의가 만연해 있는 것이 아닌가 염려됩니다. 온정주의란 본래 '아랫사람에게 따뜻한 마음씨로 대하려 하는 생각이나 태도'를 뜻하는 좋은 말인데, 그것이 잘못된 행위에 대해 너무 가볍게 처리되는 불공정한 행태를 가리키는 말로 변한 것이 아닌가 합니다. 법조비리를 가볍게 생각하고 또 어느 정도 시간이 흐르면 흐지부지되는 경향이 다분해 보입니다.

이러다가 '법조비리와의 전쟁'이라도 선포되는 상황이 오는 건 아닌지 모르겠습니다. 아니 이른바 '김영란법'으로 불리는 「부정청탁 및 금품 등 수수의 금지에 관한 법률」의 시행과 더불어 법조비리를 포함한 모든 부패와의 전쟁은 이미 시작되었다고 해야 할 것입니다. 「부정청탁 및 금품등 수수의 금지에 관한 법률」은 공직자 등에 대한 부정청탁 및 공직자 등의 금품 등의 수수를 금지함으로써, 공직자 등의 공정한 직무수행을 보장하고 공공기관에 대한 국민의 신뢰를 확보하기 위해 지난 2016년 11월 30일부터 시행되었습니다. 3만원을 초과하는 식사나 5만원을 초과하는 선물, 10만원을 초과하는 경조사비를 주고받으면 과태료를 부과하도록 하였습니다.

『태백산맥』, 『정글만리』 등으로 유명한 조정래 작가는 2019년 6월 출간된 『천년의 질문』이란 책에서 국민 1,000만 명이 매월 1,000원씩 후원하는 시민단체 100개를 결성하자는 이야기를 합니다. 입법·행정·사법·언론·재벌이라는 5대 권력이 저지르는 부정과 비리를 감시·감독하지 않는 한 대한민국의 미래가 어둡다는 겁니다. 매우 공감이 가는 이야기가 아닐 수 없습니다. 범죄와의 전쟁 아니 모든 부정과 부패 그리고 비리와의 전쟁은 남의 문제가 아닌 나와 우리의 문제입니다.

생각해보기

1. 아래 글을 읽고 자신의 생각을 160자 이상 200자 이내로 적어 보자.

> 여기에 고위직을 지낸 법조인들이 엮였다. 일반적으로 부동산 개발 프로젝트에서 법조인들, 그중에서도 사회적으로 지명도가 높은 법조인들이 등장하는 사례

가 많지 않다. 그런데 특이하게 화천대유에는 최고 고위직을 지낸 법조인들이 대거 등장한다는 점이다. 대개 규모가 작은 회사는 고문 변호사 한 명도 위촉하기 버거운데 이 작은 지역 개발 회사에 소위 '전관' 대접을 받는 유력 법조인들이 관련을 맺고 적지 않은 보수를 챙겼다니 상식적으로는 이해 불가다. OOO 전 대법관, OOO 전 검찰총장, OOO 전 특검, OOO 전 검사장 등 이름만 대면 다 알 만한 유력 법조인들이다. 이들 고위 법조인을 고문 등으로 내세워 사업 추진 과정에서 발생할 수 있는 여러 위험 요인을 줄이려는 의도였을 것이다.

…

화천대유는 아무리 돈이 보인다고 해도 고위직을 지낸 법조인이 발을 들여선 안 되는 곳이었다. 부동산 개발을 핑계로 천문학적인 돈을 노린 약탈자였기 때문이다. 전관과 토착의 힘을 이용하려는 부동산 개발 업체의 의도를 모를 리 없을 법조인들이 발을 들였다. 창과 방패로 대립한 법조인이 불과 몇 년 후 피고인의 관계사에 함께 이름을 올리고 보수를 받은 걸 보니 이익 앞에서는 상식도 무너지는 듯하다. 대장동 개발 비리 의혹 사건의 피고인과 변호인, 검찰 수사 책임자가 모두 화천대유 관련 업무를 맡은 것 역시 법조 윤리의 바닥을 드러낸 일이다. '사회정의를 실현하는 것을 사명으로 한다'는 변호사법을 무색하게 하는 우리 법조계의 민낯이다. 직업윤리로서 법조 윤리를 요구하는 근본 이유 중의 하나는 법조에 대한 사회적 신뢰 유지다. 이번 화천대유 의혹은 대한민국 고위 법조인의 직업윤리 문제를 다시 한번 생각하게 한다. 법조 윤리를 더욱 강화하는 제도적인 대책 마련이 시급하다. 또한, 전관들이 고액의 자문료나 고문료를 챙기는 관행을 막기 위해서는 일정액 이상의 자문이나 고문 계약의 경우 변호사협회에 신고하도록 하는 방안을 검토할 필요가 있다. 그렇지 않으면 전관예우라는 후진적 행태와 이를 매개한 부패 고리는 반복될 것이다[출처: 법률저널(http://www.lec.co.kr)].

2. 아래 글을 읽고 법조비리의 원인에 대한 자신의 생각을 160자 이상 200자 이내로 적어 보자.

한국의 법조비리는 죄를 짓고도 그 대가를 달게 받지 않으려는 국민들의 사법정서에서 비롯되는 측면이 크다는 입장이 있다. 돈 있는 사람들은 경제력을 바탕으로, 권력을 가진 사람들은 그 권력을 이용해서 수사망을 피해 가려고 하거나 가벼운 형을 받으려고 압력을 넣기 때문이라는 것이다.

36

선거란 무엇인가 : <댄싱퀸>

2012년 1월 개봉

Not my president!

"Not my president! (당신은) 나의 대통령이 아니다!" 지난 2016년 11월 미국 대통령 선거에서 공화당의 도널드 트럼프 후보가 당선되자, 트럼프를 대통령으로 인정할 수 없다는 외침이 미국 곳곳에서 울려 퍼졌습니다. 성차별·인종차별 발언은 물론 각종 구설수에 휘말린 트럼프를 나의 대통령으로, 우리의 대통령으로 인정할 수 없다는 것이었습니다. 부정직의 상징이며, 탐욕적인 동기로 약자를 괴롭히고 여성을 혐오하며 과시욕에 불타 사생활을 자랑하고 저속한 연설을 쏟아내는 트럼프는 대통령이 될 자격이 없다는 외침입니다.

그러나 트럼프가 선거에서 승리했다는 결과를 번복할 수는 없었습니다. 선거소송을 통해 선거에 불복하기 위해서는 선거 자체가 잘못되어 무효이거나, 선거 자체는 유효하더라도 당선인을 결정하는 과정이 잘못되었다는 등의 사정이 있어야 하는데, 그런 사정은 없었기 때문입니다. 이처럼 선거법에 위반된 불공정 선거가 실시된 경우에 이를 시정하기 위하여 선거관계자가 제기하는 소송을 선거소송이라고 합니다. 선거소송은 권리의 보호를 목적으로 하면서도 선거가 적법하고 공정하게 이루어지도록 하는 의미 또한 갖고 있습니다.

한국의 경우에도 선거소송으로는 선거의 전부 또는 일부의 무효를 주장하는 '협의의 선거소송'과 선거 자체는 유효하고 다만 당선인의 결정을 위법이라고 주장하는 '당선소송' 및 선거인 명부의 내용에 이의가 있어 불복을 제기하는 '선거인명부에 관한 불복신청'의 3가지가 인정되는데, 이러한 선거소송은 모두 대법원에서 다루도록 되어 있습니다.

선거를 다룬 코미디

2012년 개봉한 영화 〈댄싱퀸〉은 코미디입니다. 데이트 도중 얼떨결에 경찰의 곤봉에 맞아 의식을 잃은 것이 카메라에 포착되어 독재에 저항하는 '민주열사'가 되고, 남에게 떠밀려 지하철 선로에 떨어지는 바람에 뜻하지 않게 지하철에 치일 뻔한 취객을 구하게 되어 '용감한 시민'이 되어버린 황정민이라는 남편과 대학 재학 시절 '신촌 마돈나'로 불리며 댄스 가수가 되길 꿈꾸었지만 구청에서 운영하는 에어로빅 교실의 강사로 일하고 있는 아내 엄정화가 그 주인공입니다.

영화 속 황정민은 아내 엄정화의 헌신적인 뒷바라지에 힘입어 10년 만에 사법시험에 가까스로 합격해 변호사가 됩니다. '사법시험'은 판사·검사·변호사가 되려는 사람에게 필요한 학식과 능력의 유무를 검정하기 위한 시험입니다. 사법개혁의 일환으로 제정된 「법학전문대학원 설치·운영에 관한 법률」에 의해 2009년 3월 전국에 25개 법학전문대학원이 설치된 이후 법학전문대학원에 의해 법률가가 양성되고 법학전문대학원을 졸업한 사람들을 대상으로 변호사시험을 치르게 됨으로써 2017년 시험을 마지막으로 역사 속으로 사라지게 되었지요.

영화에서 뒤늦게나마 사법시험에 합격해 변호사가 된 남편 황정민은 친구의 권유로 민진당이라는 정당의 서울시장 경선 후보로 나서게 됩니다. 민진당 사람들은 유권자들의 경선에 대한 관심을 불러일으키기 위해서였지만 황정민으로서는 시민을 주인으로 생각하지 않는 구태의연한 정치판을 바꿔 보기 위해서였습니다.

한편 아내 엄정화는 결혼 이후 뒤늦게 친구와 함께 가수를 뽑는 오디션 프로그램에 나갔다가 탈락하지만, 결혼 전 엄정화의 춤과 노래 실력을 인정해서 캐스팅 제의를 했던 매니저의 눈에 띄게 되어 댄스 가수를 해보라는 제안을 받게 됩니다. 그런데 당초 흥행카드로 남편을 영입했던 민진당의 예상과 달리 남편 황정민이 경선 흥행몰이 수단에 그치지 않고 국민선거인단의 열렬한 지지를 받게 되면서 아내 엄정화는 당원들만큼이나 당황하게 됩니다. 그리고 댄스 가수가 되려는 자신 때문에 남편이 불이익을 받을까봐 조심하게 됩니다.

부정적 이미지

'순수정치, 맑은 정치, 반듯한 정치세계'를 표방하고 진솔한 태도로 선거에 임하는 황정민의 지지도가 급상승하면서 남편 모르게 '댄싱퀸즈'라는 그룹의 멤버가 되어 가수 데뷔를 앞두고 있는 아내는 결국 '서울시장 경선 후보 사모님'과 '댄싱 퀸즈의 리더'라는 양립하기 어려운 관계 사이에서 위험한 줄타기를 합니다. 하지만 그런 사실을 알게 된 상대방 진영에서 가만히 있을 리 없습니다.

"당원 동지 여러분! 황정민 후보의 부인은 보기에도 민망한 섹시 댄스 가수로 데뷔하려고 합니다. 거기에다가 기획사 대표와 부적절한 관계에 있다고 합니다."

남편의 경쟁자는 서울시장 경선 후보의 아내가 '딴따라'에 불륜까지 저질렀다며 황정민에게 사퇴하라고 압박을 가합니다.

일반적으로 정치의 세계에서 따스하고 정감 있는 '긍정적' 광고는 웬만해선 사람들의 관심을 끌기 어렵다고 합니다. 그러나 남을 비방하는 '부정적' 광고는 사람들의 시선을 끌게 마련입니다. 신문에 끔찍한 교통사고 사진이 실리는 게 싫다고 말하는 사람들도 정작 근처에서 교통사고가 나면 구경하려고 속도를 늦추는게 사람의 심리라는 것입니다. 아니나 다를까 남편은 위기에 봉착합니다.

선거의 의미

"가족은 다스려야 할 존재가 아닙니다. 서울시민도 마찬가지입니다. 다스려야 할 존재가 아니라 함께 손을 잡고 희망을 찾아야 할 존재입니다. … 여러분 포기하지 않고 끝까지 한 번 해 볼테니 밀어

주십시오." 상대방 후보가 가정도 제대로 지키지 못하는 남자가 어떻게 국민을 다스릴 수 있겠느냐며 비방하자, 황정민은 그동안 아내가 무엇을 하고 다녔는지 전혀 몰랐다는 사실에 충격을 받고 사퇴위기에 몰리지만 준비된 연설 원고를 읽는 대신 청중에게 호소합니다. 수신제가 치국평천하라는 전통적인 가부장적 지도자상에서 벗어나야 한다고 말입니다. 과연 남편 황정민은 이 위기를 극복하고 선거에서 이길 수 있을까요? 그리고 아내 엄정화는 결혼과 함께 포기했던 가수가 되고자 하는 꿈을 이룰 수 있을까요?

선거의 중요성

여러분도 잘 알다시피 '선거'는 투표에 의해 공직자를 선출하거나 정치적 제안을 수용 혹은 거부하는 제도를 말합니다. 대표적인 선거로는 대통령이나 국회의원 선거 등이 있고, 선거 이외에 헌법의 개정과 같이 국정의 중요한 사항에 대하여 국민투표를 하는 경우도 있습니다.

선거나 투표는 대의제 민주주의에서 없어서는 안될 중요한 행위입니다. 대의제란 국민들이 스스로 선출한 대표자들을 통해 법률 제정 및 정책 결정에 참여하는 정치제도를 뜻합니다. 현대국가에서는 고대 그리스의 아테네처럼 광장 같은 곳에 모든 시민들이 다 함께 모여 직접 정치에 참여할 수 없기 때문에 국민들이 정치에 참여하려면 투표를 통해 자신들을 위해 활동할 소수의 대표자를 선출해야 합니다. 현대 정치에서 통치를 받는 피치자들의 합의에 바탕을 둔 정부를 조직하려면 어떤 형태이든 대의제가 필수적입니다. 역사를 거치는 동안 대의제와 관련하여 여러 방법과 장치들이 있어 왔는데,

유권자 자격·선거구 획정·의원수 할당·후보지명 방법·유권자 의사 확인 방법 등에 그 초점이 맞추어졌습니다. 국민들의 요구를 체계적으로 집약할 필요성 때문에 정당이 국민과 대표들 사이의 중개자로서 기능하게 되고, 여러 정당들이 정치 노선을 놓고 논쟁을 벌이는 것이 대의정치의 한 특징을 이루게 되었습니다.

「대한민국헌법」 제41조 제1항은 "국회는 국민의 보통·평등·직접·비밀선거에 의하여 선출된 국회의원으로 구성한다." 제67조 제1항은 "대통령은 국민의 보통·평등·직접·비밀선거에 의하여 선출한다"고 규정하고 있습니다.

보통선거는 재력이나 납세액 또는 사회적 신분, 인종, 신앙, 성별, 교육 정도 등을 요건으로 하지 않고 일정한 연령에 달한 모든 국민에게 원칙적으로 선거권을 인정하는 제도입니다. 평등선거는 1인 1표를 원칙으로 하고 모든 선거인의 투표가치를 평등하게 보는 제도입니다. 오늘날에는 특히 인구비례라든가 선거구 획정 및 의원 수 배분의 불균형에서 생기는 불평등이 평등선거와 관련하여 문제가 됩니다. 직접선거는 간접선거에 반대되는 개념으로 중간선거인을 거치지 않고 대표자를 직접 선출하는 제도입니다. 그리고 비밀선거는 선거인이 누구에게 투표했는지를 제3자가 알지 못하게 하는 것을 말합니다.

지배자인가 지도자인가 아니면 사회자인가

선거와 투표는 사회 내의 권력관계에 관한 결정을 내리는 중요한 제도로서, 민주적 선거의 본질은 '선택의 자유'에 있다고 하겠습니다. 그런데 선거라는 행위는 우리의 '지도자'를 뽑는 일이지 우리의

'지배자'를 뽑는 일이 아님을 기억해야 하겠습니다. 프랑스의 철학자 루소는 이에 관해 다음과 같은 말을 남겼습니다. "국민은 섬기기 위해 지도자를 선출한 것이 아니라, 자신의 자유를 보장받기 위해 지도자를 선출한 것"이라고 말이지요.

지난 2016년 11월 박근혜 전 대통령이 이른바 비선실세에 의한 국정농단 사태로 3차 대국민 담화를 발표한 일이 있었습니다. 그때 중국의 언론들은 한국의 국정농단 사태가 서구식 선거의 실패를 그대로 보여주는 것이라고 논평한 적이 있습니다. 한국의 대통령 선거 체계가 적임자를 뽑기에 적합하지 않다고도 덧붙였습니다. 과연 그런 것일까요?

서구 문화의 철학적 기초를 마련한 것으로 평가받는 그리스의 철학자 플라톤(영 Plato)은 일찍이 "진리에 대해 알고자 하지 않으면 정치는 일시적 충동에 좌우되는 어리석은 대중들의 중우정치로 전락해 버린다"고 갈파한 바 있습니다. 결국 민주주의의 성패는 선거를 통해 투표권을 행사하는 국민이 어떻게 그 권리를 행사하느냐에 달려 있다고 할 수 있겠습니다. 여기에 '올바름을 말하는 것'과 '말을 잘하는 것'을 구별할 줄 아는 능력은 능동적이고 신중한 사회 참여를 위해 꼭 필요한 조건이 아닌가 생각됩니다.

영화 〈댄싱퀸〉은 어느 평론가의 말처럼 새로운 정치적 비전을 제시하는 영화라고 하기는 어렵습니다. 하지만 영화 〈댄싱퀸〉은 대의제 민주주의 국가에서 선거의 의미가 무엇인지, 선거에 임하는 우리의 자세가 어떠해야 하는지, 진리를 알려는 노력을 다하지 않은 채 국민의 이름으로 국민을 기만하는 정치인을 우리의 대표로 선출해 온 건 아닌지 돌아보는 계기를 제공합니다. 무관심 혹은 제한된 정보만을 가지고 그저 이길 것 같은 후보나 잘 아는 후보에게 표를 던지는 데서 벗어나 새로운 정책이나 정당에 관심을 가지고 적극적으로 정치에 참여하도록 하여야 하겠습니다. 정치의 유일한 진리는 시민이기 때문입니다.

생각해보기

아래 A와 같이 말하는 사람에 대해 B와 같이 평가하는 것에 대한 자신의 입장을 160자 이상 200자 이내로 적어 보자.

A : "올해엔 후보자 가운데 누구 하나라도 제대로 일할 것이라는 점을 타당하게 확신할 수 있을 때에만 투표를 하겠어. 하지만 나에겐 확신할 수 있는 방법이 없어. 그럼 투표를 한다는 건 시간 낭비가 돼."

B : "대다수 사람은 정치에서 소외된다. 국가권력을 자기 삶과 연관지어 인식하지 못한다. 각자에게 공동 책임이 있다는 것을 인식하지 못하고, 정치적으로 아무것도 하지 않고 방관하며, 무조건적인 복종 자세로 일하고 행동한다. 권력자의 결정과 조치에 복종할 뿐만 아니라 그 과정에 참여하지 않는 것에도 양심의 가책을 느끼지 않는다."

영화로 보는 법과 사회

37. 우리 사회는 건강한가 : <내부자들>

38. 원자력은 안전한가 : <판도라>

39. 사형제는 존치되어야 하는가 : <집행자>

TAKE 13

우리를 불편하게 하는 것들 Ⅱ

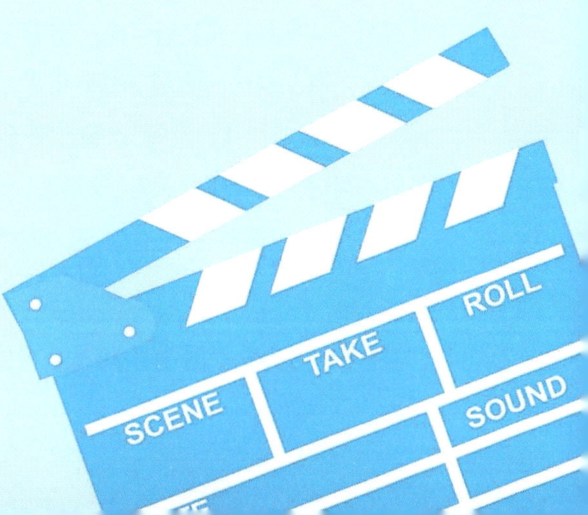

37

우리 사회는 건강한가 : <내부자들>

2015년 11월 개봉

검사가 된 경찰

영화 〈내부자들〉에 등장하는 우장훈(조승우 분) 검사는 검사가 되기 전에 자칭 힘 없고 빽 없는 경찰이었습니다. 그 이유는 경찰대학 출신이 아니었기 때문입니다. '경찰대학'은 1981년 개교한 경찰 최고 교육기관으로서 4년제 정규 법과대학 과정의 국립대학입니다. '지·덕·체'를 겸비한 정예 경찰간부 양성이라는 목적을 가지고 설립되었습니다. 경찰대학교의 교훈은 '조국·정의·명예'라고 합니다. 경찰대학에 대해서는 엇갈린 평가가 있습니다. 개교 이래 우수한 경찰

인력을 양성하여 경찰발전에 이바지해 왔다는 긍정적인 평가가 있습니다. 그러나 경찰대학의 폐지를 주장하는 사람들도 있습니다. 그 이유는 몇 가지가 있습니다.

① 경찰대학을 졸업하면 경위로 임용되는데(경위는 순경→경장→경사 위의 직급입니다), 그 숫자가 적지 않아 일반 경찰관들의 경위 승진에 장애가 되어 경찰 조직 내부의 갈등을 야기한다든지, ② 경찰대학 출신 경찰관들이 배타적 폐쇄성을 보이며 사조직화되어 요직을 독점하고 있다든지, ③ 경찰대학을 설치할 당시에는 대졸 출신 순경이 20% 미만이었으나 이제는 대졸 출신 순경이 90%를 넘어선 지 오래되는 등 경찰대학 설립 당시와 상황이 많이 달라졌다는 게 그 주된 이유입니다.

영화에서는 그런 논란을 반영하듯 우장훈이 경찰대학 출신이 아니어서 능력에 비해 인정받지 못하고 있는 것으로 그려집니다. 이에 우장훈은 사법시험에 합격해서 검사가 됩니다('사법시험'이 무엇인지에 대해서는 영화 〈댄싱 퀸〉 편에서 살펴본 바 있습니다).

검사가 된 우장훈은 각고의 노력 끝에 서울중앙지검 특수부에 오게 됩니다. 그러나 더 이상 줄도 없고 빽도 없어 출세가 어렵다고 느낍니다. 이에 우장훈 검사는 대선 후보인 장필우 의원(이경영 분)을 수사 타깃으로 삼습니다. 장필우가 은행에 청탁하여 재벌인 미래자동차 오현수 회장이 비자금을 조성할 수 있도록 도와주고 그 대가로 300억원의 불법 정치자금을 받은 혐의를 포착한 겁니다.

승승장구하던 깡패

한편, 건달 안상구(이병헌 분)는 성공을 위해 유력 일간지인 조국일보 주간 이강희(백윤식 분) 밑에서 용역 깡패로 활약합니다. 끌어만 주면 짖지 않고 예쁘게 졸졸 따르겠다며 말입니다. 안상구는 이강희 주간의 친구인 장필우를 위한 선거운동이나, 이강희·장필우 등과 친밀한 관계를 맺고 있는 미래자동차 회사의 노조 파업과 공장부지 매입 등 필요한 일에 동원되어 폭력을 행사합니다. 그리고 그 대가로 파칭코 도박업과 연예업계 사장으로 승승장구합니다.

그러나 안상구는 이강희와 장필우가 미래자동차와 한 통속인 줄 모르고 미래자동차 비자금 내역이 담긴 자료를 입수해 이강희에게 제공합니다. 이 일로 안상구는 미래자동차 직원인 조상무에게 오른손을 절단당하고 버려집니다. 건달의 힘과 권력의 상징이라고 할 수 있는 오른손을 잃은 안상구는 숨어 지내면서 그들에 대한 복수를 꿈꿉니다.

내부자들

유력 일간지 논설위원인 이강희는 "어차피 대중들은 개·돼지입니다. 적당히 짖어 대다가 알아서 조용해질 겁니다"라고 서슴없이 말하는 사람입니다. 장필우 의원과 미래자동차 오현수 회장과 결탁하여 '말은 권력이고 힘'이라는 걸 몸소 보여줍니다. 자신의 안위를 위해서는 어떤 일도 마다하지 않는 무서운 사람이지요.

수십 년간 유력한 신문을 통해 국민의 신뢰를 얻어 온 이강희는 첨단기술이 넘쳐나는 시대에 아직도 200자 원고지에 연필을 꾹꾹 눌러가며 글을 씁니다. 그러면서 SNS를 통해 유통되는 정보는 '쓰레기'라고 치부합니다. 그리고 '내부자들'만의 조직을 구성하고 움직이는 중요한 역할을 합니다. 급기야 자신이 잘 아는 장필우를 대통령으로 만들어 자신은 장관 자리를 차지하려고 합니다.

한편 장필우는 검사출신으로 이강희의 도움으로 정계에 진출한 국회의원입니다. 한때 정의로운 검사였지만 정치인이 된 후 타락한 것으로 보입니다. 이강희와는 고교 동창이고 유력한 대선 후보입니다. 그리고 미래자동차 오현수 회장은 정치인 장필우의 스폰서를 맡고 있는 사람입니다. 장필우의 도움으로 회사 명의로 거액을 대출받아 장필우의 정치자금을 대줍니다. 영화 속에서 오 회장은 단순한 재벌 회장이 아닙니다. 사실상 정치인을 뒤흔드는 큰손으로, 정치계 고위층 인물들에게 아무렇지 않게 반말을 할 수 있는 뒷세계의 절대 권력자입니다.

이강희에 대한 복수를 꿈꾸던 조직폭력배 안상구는 미래자동차의 비자금 사건을 수사하다 좌천을 당한 우장훈 검사와 의기투합하게 됩니다. 우장훈 검사는 미래자동차의 비자금 조성과 장필우 의원의 불법 정치자금 수수 및 그들과 이강희의 모든 관계를 폭로하기로 결심합니다. 그리고 그는 증거를 확보하기 위해 그들의 눈에 들어 내부자가 되기로 합니다. 그는 몰려든 기자들에게 말합니다. “그들의 내부자가 되기로 결심했습니다. 그들은 온 국민을 속이고 기만했습니다. … 저는 대한민국 검사 우장훈입니다.”

그가 말한 내부자가 된다는 건 ‘과연’ 어떤 의미일까요?

언론과 기업

영화에서는 언론과 재벌 그리고 정치인이 내부자들로 등장합니다. 그런데 영화 〈내부자들〉의 내용이 단순한 영화적 상상력이나 과장이 아닌 바람직하지 않은 여러 현실을 묶어 다루고 있는게 아닌가 우려됩니다. 영화는 그동안 우리가 의심해 온 재벌과 언론, 언론과 정치권력, 정치권력과 언론의 유착관계를 보여줍니다.

재벌과 언론의 유착과 관련하여, 언론은 재벌이 언론사에 광고를 주지 않겠다는 '광고협박'을 두려워한다고 합니다. 광고주 자금에 의존하는 언론이 불이익을 피하기 위해 광고주인 재벌에 불리한 기사를 보도하지 않는 겁니다. 그래서 냉철한 촌철살인으로 세상의 부조리를 고치고 국민의 목소리를 대변해야 할 언론이 재벌에 대해서는 할 말을 제대로 하지 못한다는 비판이 있습니다. 그 일면을 영화 〈제보자〉에서도 볼 수 있습니다.

이에 대한 해결책으로 언론사가 당장 수익구조를 개선할 수 없다면 광고주에게 덜 의존적인 '공영방송'부터 제 역할을 해야 한다는 주장이 있습니다. 공영방송이란 이윤 추구를 직접적인 목적으로 하지 않고 공공의 이익을 도모하는 방송을 말합니다. 막강한 광고주의 존재가 언론으로 하여금 사회적 책임을 완수하기 어렵게 할 정도에 이르렀다면 광고수입, 협찬 등의 이익에 좌우되지 않을 수 있는 언론이 중심을 잡아줘야 할 겁니다. 영화 〈공범자들〉 편에서 공영방송 이야기를 한 적이 있습니다.

한편 재벌을 비롯한 기업에게는 사회적 책임이 있습니다. 기업의 경제적 자유와 창의는 마땅히 존중되어야 하지만, 기업에게도 사회적 책임이 있다는 것에는 오늘날 별다른 이견이 없습니다. 즉 기업은 생산 및 영업활동을 함에 있어 환경경영, 윤리경영, 사회공헌과 노동자를 비롯한 지역사회 등 사회 전체의 이익을 동시에 추구해야 하며, 그에 맞게 기업의 의사를 결정하고 기업 활동을 해야 합니다.

변호사 중에서 기업에서 임원 또는 직원으로서 법률사무에 종사하는 변호사를 사내변호사라고 합니다. 기업에 고용된 사내변호사는 사내 자문, 송무사건 관리, 주주총회 및 이사회 운영 지원, 계약서의 작성과 검토, 준법경영 지원, 외부변호사와의 협력, 개인정보보호 등을 주로 담당하게 됩니다. 대한변호사협회에서 제정한 「변호사윤리장전」은 「변호사법」과 더불어 변호사가 지켜야 할 윤리에 대하여 규정하고 있습니다. 변호사윤리장전에서는 사내변호사의 충실의무에 대해 '변호사윤리의 범위 안에서 그가 속한 기업 등의 이익을 위하여 성실히 업무를 수행한다'고 합니다. 그러면서 사내변호사의 독립성에 대해 '직무를 수행함에 있어 독립성의 유지가 변호사가 준수해야 하는 기본윤리임을 명심하고, 자신의 직업적 양심과 전문적 판단에 따라 업무를 성실히 수행한다'고 선언하고 있습니다.

현실에서 사내변호사의 독립성이 보장되려면 사내변호사가 자신의 직무에 대하여 법률전문가로써 양심에 따라 결정하고 이를 표현할 수 있어야 합니다. 그리고 사내변호사가 자신의 적법한 직무에 대한 조직의 부당하고 위법한 지시에 대하여 고용상 불이익 없이 거절할 수 있어야 합니다. 하지만 사내변호사가 속한 기업의 여건에 따라 그 모습은 실로 다양할 것이라 짐작됩니다.

우리가 남이가? 연고주의

더불어 생각해 볼 것이 있습니다. 국제개발경영연구원(IMD, International Insittute for Management Development)이라는 기관은 매년 세계 각국을 대상으로 국가경쟁력을 평가하여 그 결과를 발표하고 있습니다. IMD의 우리나라에 대한 2017년 국가경쟁력 평가결과에 따르면 뇌물공여·부패 항목에서 63개 조사대상 국가 중 40위로서 경쟁력이 매우 취약한 것으로 나타났습니다.

많은 사람들이 부정부패가 만연하는 원인 중 하나로 지연·혈연·학연으로 얽힌 우리 사회의 '연고주의'를 꼽습니다. '우리가 남이가?'라는 식의 생각입니다. 연고주의가 긍정적으로 작용하면 좋으련만 아무래도 부정적으로 작용하게 되는 경우가 많습니다. 필요 이상으로 인연을 중시하는 연고주의가 횡행하면 공적 영역과 사적 영역을 구분하는 데 둔해지고 원칙과 규범보다 인정과 의리에 좌우됩니다.

연고주의는 정의로운 사회로 가는 길에 큰 장애가 됩니다. 연고주의의 혜택을 보는 사람이야 좋겠지만 그로 인해 피해를 보는 사람이 있다면 그 사회가 정의롭다고 할 수 있겠습니까? 영화에서 말하는 내부자가 된다는 건 또 다른 연고를 맺겠다는 것에 다름 아닙니다.

영화 〈내부자들〉의 내용은 탐욕을 채우기 위한 술수와 음모, 폭력, 그리고 배신과 처절한 복수로 가득합니다. 등장인물 가운데 착한 사람은 찾아보기 힘듭니다. 특히 내부자들은 법을 어기기 일쑤고 때로는 법을 이용해 자신의 배를 불리는 데 사용합니다. 정의는 실종되고 선함보다는 영리함을 이용해 권력을 추구하는 모습이 그려집니다.

영화는 결국 비자금 스캔들과 관련된 이들은 모두 법의 심판을 받게 되고, 복수를 꿈꿨던 건달 안상구는 가벼운 형을 받는 대가로 정의의 편에 선 건달이 되며, 출세의 욕망에 가득찼던 검사 우장훈은 마음 편한 변호사가 되는 걸로 결말을 맺습니다.

영화의 끝부분에서 안상구는 우장훈에게 "이제 강 건너 저그 입성해야 할 때까 되지 않았나?" 하고 묻습니다. 그의 시선 끝에는 국회의사당이 있습니다. 그러면서 "모히또 가서 몰디브나 한잔 하겠다"라고 말하지요. 모히또는 몇 가지 양주를 적당히 섞고 향료·설탕 등과 함께 얼음을 넣어 혼합하는 칵테일의 일종입니다. 한편, 몰디브는 인도양에 있는 나라로 유명한 휴양지입니다. 몰디브에 가서 모히또를 마시는 것이 정상인데, 안상구는 이를 혼동해서 거꾸로 이야기하고 있습니다. 안상구의 이 대사를 두고 정의가 뒤집힌 세상을 멋드러지게 풍자한 것이라고 평가하기도 합니다. 여러분도 그렇게 느껴지나요?

불편한 검사들

영화 〈내부자〉를 관람한 후 불편함을 토로하는 검사들이 있었다고 합니다. 주인공인 우장훈 검사가 악역으로 나오는 것은 아니지만, 검찰 자체가 대기업 총수나 언론사 고위 간부 등 권력자들과 한통속처럼 보이는 점이 불편했다는 겁니다. 그런데, 영화에서 인상적인 술 접대 장면이 실제 있었던 사건을 상기시키기 때문일지도 모르겠습니다. 현실에선 일부 비뚤어진 생각을 가진 검사가 술 접대나 성 접대를 받아 문제가 되는 일이 종종 심심찮게 있어 왔습니다..

다시 한번 우리를 불편하게 하는 것이 있다면 그 이유를 따져봐야 한다는 말을 하고 싶습니다. 불행하게도 영화 속 이야기가 우리가 매일 TV와 신문 또는 인터넷 등을 통해 접하는 뉴스와 닮아있는 건 아닌지, 영화 속 이야기가 먼 나라 것이 아니라 우리가 사는 바로 지금 이곳의 이야기는 아닌지, 자본과 정치 권력 그리고 그 사이에서 이권을 챙기는 언론사의 모습이 혹여나 우리를 불편하게 하는 건 아닌지 다시 생각해 봐야겠습니다.

생각해보기

1. 아래 글을 읽고 ' 민중은 개, 돼지'라는 영화 속 이강희의 발언에 대한 자신의 생각을 160자 이상 200자 이내로 적어 보자.

> 권력을 동일한 사회 계층에 속한 자들의 전유물이라 간주하고, 시민들을 힘으로 돈으로 그리고 말로서 지배할 수 있는 일종의 가축이라고 여기는 사람들이 있었다. 루소는 결정적으로 '지도하다'와 '지배하다', 즉 '사회계약'과 '사기계약'을 분명하고도 반론의 여지없이 구분했고, 시민을 가축으로 여기는 모든 이들을 격노하게 만들었다(장 폴 주아리, 이보경 옮김, 『나는 투표한다, 그러므로 사고한다』, 함께읽는책, 2012, 151쪽).

2. 다음 기사를 읽고 법원의 결정에 대한 자신의 생각을 160자 이상 200자 이내로 적어 보자.

> '민중은 개·돼지' 발언으로 논란을 일으켜 파면된 나향욱 전 교육부 정책기획관이 파면 처분을 취소해 달라고 낸 소송의 항소심에서도 승소했다.
>
> 서울고법 행정11부(재판장 배기열)는 22일 나 전 기획관이 교육부 장관을 상대로 낸 파면 처분 취소 소송에서 교육부 측의 항소를 기각하고 1심과 같이 나 전 기획관의 손을 들어줬다.
>
> 나 전 기획관은 2016년 7월 경향신문 기자들과 저녁식사를 하던 중 "민중은 개·돼지다." "신분제를 공고화해야 한다" 등의 발언을 했다. 경향신문이 이 발언을 보도해 거센 논란이 일자 교육부는 인사혁신처에 나 전 기획관의 파면을 요구했다. 나 전 기획관은 같은 달 19일 열린 중앙징계위원회에서 파면됐다. 중앙징계위는 "공직사회 전반에 대한 국민의 신뢰를 실추시킨 점 등을 고려해 가장 무거운 징계 처분을 내리게 됐다"고 밝혔다.
>
> 나 전 기획관은 징계 결정에 불복해 소청심사를 청구했지만 받아들여지지 않자 소송을 냈다.

앞서 1심 재판부는 나 전 기획관의 발언이 징계 사유가 되지만 파면 조치는 잘못에 비해 지나치다고 판단했다. 재판부는 “나 전 기획관이 기자들 앞에서 해서는 안 될 말을 해 공무원 전체에 대한 신뢰가 훼손됐을 뿐 아니라 국민의 공분을 초래했다”면서도 “당시 술을 많이 마신 상태로 기자들과 논쟁하는 과정에서 해당 발언을 했고, 보도 다음 날 해당 언론사를 찾아가 실언을 한 사실을 인정하고 사과하기도 했다”고 했다.

재판부는 이어 “파면 처분은 교육부 재량권의 한계를 벗어났다”며 “강등·정직·감봉 등이 아닌 파면은 나 전 기획관 비위 행위의 정도에 비해 지나치게 과중하다”고 판단했다. 공무원 징계규정상 파면 처분은 비위 정도가 심하고 ‘고의’가 있는 경우 내리게 돼 있다. 다른 경우는 강등·정직·감봉 징계에 처해진다.

38

원자력은 안전한가 : <판도라>

2016년 12월 개봉

판도라와 판도라의 상자

구약성서의 첫 번째 책인 〈창세기〉에는 하느님이 아담의 갈빗대 하나를 빼내어 인류 최초의 여성인 '이브'를 만들었다는 이야기가 나옵니다(여호와 하나님이 아담을 깊이 잠들게 하시니 잠들매 그가 그 갈빗대 하나를 취하고 살로 대신 채우시고 여호와 하나님이 아담에게서 취하신 그 갈빗대로 여자를 만드시고 …, 창세기 2장 21절, 22절). 하지만 고대 그리스 신화에 따르면 인류 최초의 여자는 '판도라'라고 하는데요.

'미리 생각하는 사람'이라는 뜻의 이름을 가진 불의 신 '프로메테우스'가 있었습니다. 그리스 최고의 신 제우스가 프로메테우스에게 속아서 고기 대신 뼈와 기름을 제물로 받게 되자 제우스는 인간이 불을 사용하지 못하도록 감추었습니다. 그러나 프로메테우스는 불을 훔쳐 다시 인간에게 돌려주었습니다. 제우스는 불을 훔친 대가와 인간에 대한 벌로 장인(匠人)들의 수호신인 헤파이스토스에게 부탁해 여자를 빚게 합니다. 그렇게 탄생한 것이 판도라입니다.

판도라는 신들로부터 온갖 고통과 악이 들어있는 '상자'를 받는데, 이것이 바로 판도라의 상자입니다. 판도라가 그 상자를 여는 바람에 온갖 악들이 나와서 세상에 퍼졌습니다. 한편 다른 설에 의하면 판도라의 상자에는 악이 아니라 축복들이 들어 있었다고 합니다. 그런데, 인간이 스스로의 호기심 때문에 상자를 열게 되어 인류를 위해 보존될 수도 있었을 축복들을 잃어버리게 되었다고 합니다.

"영원히 꺼지지 않는 불, 원자력!"

영화 〈판도라〉는 인류에게 축복이 될 수도 있지만 잘못하면 재앙이 될 수도 있는 원자력발전에 관한 이야기를 담고 있습니다. 원자력, 즉 핵 에너지는 원자핵 변화의 과정에서 원자핵으로부터 방출되는 에너지를 말합니다.

원자력은 당초 인류에게 폭탄의 모습으로 다가왔습니다. 널리 알려진 것처럼 미국은 제2차 세계대전 중 세계 최초로 원자폭탄을 만들기 위한 연구계획인 '맨해튼 계획(Manhattan Project)'을 수립합니다. 1942년 12월 시카고대학교에 있는 원자로에서 핵분열 연쇄반응을 일으키고 제어하는 데 성공했습니다. 계속된 연구 끝에 1945년 7월 16일 맨해튼 계획 팀은 첫 원자폭탄 폭파 실험을 성공시켰습니다.

그리고 그로부터 불과 20여 일 후인 1945년 8월 6일 세계 최초로 일본 히로시마에, 계속해서 3일 뒤인 8월 9일 두 번째로 일본 나가사키에 원자폭탄이 투하됨으로써 제2차 세계대전이 종식되기에 이릅니다.

히로시마는 원자폭탄이 투하된 중심지에서 반지름 2km 이내는 전면 파괴·전소되었습니다. 사망자수는 20만 명 이상에 이르고 방사선과 독물 때문에 수년 동안 사망자가 계속 늘어났다고 합니다. 한편, 히로시마와 나가사키에 사용된 폭탄이 다소 달라서 나가사키의 경우 인명과 재산피해는 히로시마에 비해 덜했다고 합니다. 하지만 나가사키 원폭 투하로 3만 9,000명이 즉사하고 2만 5,000명이 부상당했으며, 시가지 건물 중 40% 정도가 완전히 파괴되거나 심하게 파손되었다고 합니다.

제2차 세계대전 후 원자력을 군사목적이 아닌 세계평화와 인류복지에 공헌하는데 쓰도록 하기 위해 1957년 국제연합에 '국제원자력기구(IAEA)'가 설치됩니다. 이후 원자력은 우리나라를 포함한 여러 나라의 전력수요를 담당하는 원자력발전소의 모습으로 우리 곁에 머물게 됩니다.

원자력발전의 명암

원자력발전소는 우라늄과 같이 무거운 원소의 원자핵 분열 연쇄반응에서 나오는 열로 수증기를 발생시켜 발전기를 회전시킴으로써 전기를 만들어냅니다. 원자력발전은 제1차 석유위기가 발생한 1973년까지만 해도 전 세계에 걸쳐 총 147기의 원자로가 건설될 만큼 각광을 받았습니다.

그러나 1979년 3월 미국 스리마일 섬의 원자력발전소에서 자동 밸브 장치 이상으로 방사성 기체들이 대기 중에 노출되는 사고(스리마일 섬 원자력 발전소 사고, Three Mile Island accident)가 있었습니다. 그리고 1986년 4월에는 옛 소련에서 체르노빌 원자력발전소 폭발 사고가 발생했습니다. 체르노빌 원전사고는 일본 히로시마와 나가사키에 투하되었던 원자폭탄이 내뿜은 방사선 수치를 능가하는 방사능 물질이 대기 속으로 방출되는 사고였습니다. 두 사고를 계기로 원자력발전은 강력한 반핵운동에 직면하게 됩니다. 이후 세계 각국은 원자력발전을 적극 개발하는 나라와 개발을 동결시키는 나라, 그리고 전혀 개발하지 않고 있는 나라로 나뉘게 됩니다.

우리나라의 경우 1973년과 1978년 2차례의 석유파동(원유 값이 급등하여 전 세계 각국에 경제적 타격을 준 경제 위기)을 겪게 됩니다. 1970년 9월 고리원자력발전소 1호기 건설에 착공해서 1978년 4월 가동하기 시작했습니다. 이후 원자력발전소 건설에 본격적으로 뛰어들었습니다. 한국의 원자력발전산업은 저렴한 발전원가를 기반으로 전력의 안정적 공급에 크게 기여했다는 긍정적 평가를 받는 반면, 원자력발전소 사고와 주변환경에 미치는 영향, 핵폐기물 문제 등으로 환경운동 진영으로부터는 강한 반발을 받고 있는 상황입니다. 무엇보다 원자력발전은 화력, 수력 등 다른 발전과는 달리 방사선 피폭 위험으로부터 일반 대중의 건강과 재신을 보호하기 위해 고도의 안전성을 유지해야 하는 기술집약적인 산업입니다.

> "이 사태를 해결할 수 있는 유일한 방법은 이 나라를 빨리 벗어나는 방법밖에 없습니다"

영화 〈판도라〉 속에서 '한별 1호 원자력발전소'가 전대 미문의 진도 6.1 강진을 이기지 못하고 폭발합니다. 누출된 방사선으로부터 안전한 국민은 아무도 없습니다. 방송에서는 그저 이 나라를 벗어나 멀리 더 멀리 가는 것 외에 다른 방법이 없다고 야단입니다.

이때 원자력발전소 사고로 아버지를 잃은 적이 있는 재혁(김남길 분)을 비롯한 발전소 직원들과 소방대원들은 곧 있을 2차 폭발을 막는 일에 자원합니다. 방사선 피폭으로 인한 죽음을 무릅쓰고 가족들을 살리려고 합니다. 누구도 목숨을 걸고 쉽게 결정할 수 없었을 그 중차대한 시점에 그 길이 죽음의 길임을 알면서도 재혁의 친구는 외칩니다. "들어갈 사람은 우리밖에 없는 거 아닙니까?" "아재들이요! 우리가 드가입시다!" 과연 그들은 2차 폭발을 막을 수 있었을까요?

원자력안전위원회와 행정소송

현실 속에서 1982년부터 경상북도 경주시 인근에서 가동 중인 월성 원자력발전소 1호기에 대한 원자력안전위원회의 수명연장 결정이 2017년 2월 서울행정법원으로부터 무효로 판결된 바 있습니다.

「원자력안전위원회의 설치 및 운영에 관한 법률」은 원자력의 생산과 이용에 따른 방사선 재해로부터 국민을 보호하고, 공공의 안전과 환경보전에 이바지할 목적으로 '원자력안전위원회'를 두고 있습니다. 이 원자력안전위원회에서 설계수명 30년이 끝나 가동 중단 상태였던 월성원전 1호기의 수명을 2022년까지 연장할 것을 허가하자, 인근 주민 등 2,100여 명이 원자력안전위원회의 연장허가결정을 무효로 해달라며 낸 소송에서 법원이 주민들의 손을 들어 준 겁니다.

법원은 그 사건에서 ① 원자력안전위원회의 원전 수명연장 허가결정이 적법한 심의·의결이 이루어지지 않는 등 절차적으로 위법한 점, ② 수명연장을 허가한 원자력안전위원회 구성에 결격사유가 있는 위원이 관여하는 등 하자가 있는 점, ③ 안전성 평가 기준이 미흡한 점 등을 취소 판결의 근거로 제시했습니다. 위 판결로 국가 주도의 일방적인 원전 정책에 제동이 걸렸다고 하는 평가가 과언이 아닐 듯합니다(결국 한국수력원자력 주식회사는 2018년 6월 월성 1호기 폐쇄를 결정했습니다).

이처럼 어떤 행정처분에 잘못이 있음을 이유로 그 행정처분의 무효나 취소를 구하는 소송을 '행정소송'이라고 합니다. 개인 간의 법률관계를 다루는 민사소송과 구별됩니다. 즉, 행정소송은 행정상 법률관계에 관한 다툼이 있을 때 법원의 재판절차에 따라 해결을 꾀하는 절차입니다. 행정소송은 ① 행정사건에 대한 법적 판단을 통해 행정의 합법성 및 합목적성을 보장하려는 '통제적 기능'과 ② 행정작용을 법에 종속시켜서 개인의 자유와 권리를 보장하려는 '권익구제적 기능'의 2가지 기능을 합니다.

행정소송절차에 대하여는 「행정소송법」이 규정하고 있는데, 행정소송을 제기하려면 몇 가지 요건을 갖추어야 합니다. 예를 들어 행정소송 중 대표적인 소송이라 할 수 있는 취소소송의 경우에는 ① 취소시키고자 하는 행정행위가 행정청의 처분이어야 하고, ② 소송의 원고가 될 자격인 원고적격이 있어야 하며, ③ 소송을 제기할 소의 이익이 있어야 합니다. 그리고 ④ 행정처분이 있음을 안 날로부터 90일 이내 또는 행정처분이 있은 날로부터 1년 이내에 소를 제기하여야 합니다.

신고리 5·6호기 공론화위원회

2021년을 기준으로 대한민국에는 고리, 한빛, 월성, 새울, 한울 등 5곳의 원자력 발전소가 있고, 18기의 원자로가 가동 중입니다. 원자로는 핵분열이 지속적으로 발생하도록 함과 동시에 핵분열의 진행속도를 인위적으로 제어하여 원자력을 서서히 끌어내는 장치입니다. 우라늄·플루토늄 같은 핵분열 물질을 원료로 하고 중성자를 연료의 촉매로 사용한다고 합니다. 우리나라의 원자력 발전은 발전량 기준으로는 세계 6위 수준이며, 국내 전체 전기 생산량의 약 30%를 차지하고 있습니다.

2017년 문재인 정부가 들어서면서 2016년 6월부터 울산시 울주군에 건설 중이던 신고리 원자력 발전소 5, 6호기를 계속 건설할 것인가를 두고 논란이 있었습니다. 당시 공사의 공정률은 약 30% 정도였습니다. 정부는 이를 시민참여형 공론화를 통해 해결하고자 2017년 7월 '신고리 5·6호기 공론화위원회 구성 및 운영에 관한 규정'을 제정하여 공론화위원회를 구성하였고, 공론화위원회는 2017년 10월 20일까지 3개월 간 활동하였습니다. 공론화위원회는 그동안의 공정률, 매몰비용, 지역 주민의 이해관계 등을 고려하여 신고리 5·6호기의 건설을 중단할 것인지 계속할 것인지에 관한 시민대표참여단의 의견을 물었습니다.

건설 재개와 건설 중단을 놓고 471명의 시민참여단이 33일간의 숙의를 거쳐 59.5%가 건설 재개 쪽을 선택하였고, 40.5%가 건설

중단을 선택하였습니다. 이에 공론화위원회는 신고리 5·6호기에 대한 건설을 재개하도록 정부에 권고하였고, 정부도 이를 받아들여 신고리 5·6호기 원자력발전소 건설공사를 계속하기로 결정하였습니다. 이에 2021년 현재 신고리 5, 6호기는 공정률 46%를 보이고 있습니다.

한편, 공론화위원회는 시민참여단에게 원자력발전을 축소할 것인지, 유지할 것인지, 확대할 것인지를 두고도 의견을 물었습니다. 원자력발전을 축소하자는 의견이 53.2%, 확대하자는 의견이 9.7%로 나옴으로써 향후 원자력발전을 축소하는 방향으로 앞으로의 에너지 정책을 결정할 것을 정부에 권고하였습니다.

고도로 전문적인 문제를 비전문가에게 맡기는 것은 잘못이라거나 사실상 정부가 공사중단으로 결론을 정해놓고 공론화위원회를 운영한 것이 아니냐라는 비판과 오해가 있었지만 공론화위원회와 시민참여단을 통한 사회적 합의의 도출은 사회갈등 해결의 한 모델이 될 수도 있겠다는 생각을 하게 합니다.

위험사회와 희망

독일의 사회학자인 '울리히 벡(Ulrich Beck)'은 1986년에 발간된 『위험사회』라는 책에서 현대산업사회의 위험은 방사선과 같이 인간의 보통의 지각범위를 벗어나고, 위험이 산업의 논리 속에서 체계적으로 재생산되면서 현대 산업사회는 위험사회로 이행된다고 주장한 바 있습니다.

현대의 위험은 더 이상 당연히 감수해야만 하는 위험이 아니기 때문에 그런 위험을 무릅쓰고 경제적 부를 추구하는 것은 말 그대로 너무 위험한 일로 보입니다. 어느 정도의 경제적 부를 희생하더라도 위험을 사전에 철저히 봉쇄하는 것이 우리가 취해야 할 태도일 것입니다. 2011년 일본 후쿠시마의 대지진과 2016년과 2017년 우리나라 경주와 포항에서 발생한 지진을 생각해 보면 더욱 그런 생각이 듭니다.

영화 〈판도라〉를 보며 원자력발전이 '재앙'이 아닌 '희망'이었고 앞으로도 그러기를 바라는 마음입니다. 판도라가 상자를 연 후 '희망'만은 빠져 나가기 전에 뚜껑을 닫았기 때문에 그 안에 희망이 남게 되었다는 판도라의 상자에 관한 다른 버전의 이야기처럼 말입니다.

생각해보기

1. 다음 글을 읽고 원자력 발전에 대한 자신의 입장을 160자 이상 200자 이내로 적어 보자.

> … 지난 반세기 우리나라 발전의 원동력이 된 안정적 에너지 공급원이던 원자력발전은 졸지에 적폐가 됐다. 대통령의 '탈원전' 한마디에 진퇴의 기로에 섰다. 가동 가능한 원전의 38%를 멈춰 세운 한국수력원자력은 올해부터 당장 적자를 걱정해야 할 상황이다. 후유증은 고스란히 미래 세대 몫이다(매일경제 2018. 2. 19, 과거를 딛고 미래를 봐야).

2. 아래 글을 참고하여 행정청의 위법·부당한 행정작용에 대한 권리구제수단으로서 행정심판과 행정소송의 차이점에 대해 160자 이상 200자 이내로 적어 보자.

정부 각 부처나 산하기관들은 관련 법령에 따라 국민의 권리나 이익에 영향을 미치는 결정을 많이 하게 되는데, 이로 인해 간혹 국민들이 법에 어긋나거나 부당한 처벌을 받는 경우가 있다. 이에 이러한 행정기관의 위법·부당한 처분에 대한 구제 수단으로서 행정심판제도가 운영되고 있는데, 우리나라는 헌법 제107조 제3항에 "재판의 전심절차로서 행정심판을 할 수 있다"고 규정하고 있으며, 그 절차에 있어 사법절차의 준용을 규정하고 있다.

우리 주위에서 쉽게 볼 수 있는 행정심판의 사례로는 영업정지처분이나 운전면허구제를 위한 청구, 음식점이나 노래방 등 각종 영업의 허가를 요구하는 청구, 부과된 과징금을 감경하거나 취소를 요구하는 청구, 건축행위를 허가해 달라는 청구 등을 들 수 있다.

흔히 '권리구제'하면 소송을 먼저 떠올리게 되는데 행정심판과 행정소송은 사실상 동일한 기능과 역할을 수행하고 있다. 다만 행정심판은 행정부 내에서 이루어지고 행정소송은 사법부에서 이루어진다는 점이 가장 큰 차이점인데, 행정심판은 이외에도 행정소송에 비해 몇 기지 장점을 가지고 있다.

먼저 행정소송은 행정처분이나 부작위의 위법성만을 심리하지만, 행정심판은 위법성과 부당성 여부를 함께 판단하고, 행정심판의 경우 단심제로서 행정심판의 결정에 대해 해당 행정기관은 더 이상 불복하지 못하고 반드시 그 결정을 따라야 하기에 행정소송과 같은 구속력을 가지고 있다. 반면 행정심판을 청구한 국민은 해당 결정에 불복하는 경우 행정소송을 제기할 수 있는 기회가 있고, 그러면서도 행정소송에 비해 시간과 비용이 저렴하여 국민의 권리구제와 권익보호에 더 효율적인 기능을 수행하는 제도이다.

39

사형제는 존치되어야 하는가 : <집행자>

2009년 11월 개봉

"많이 먹어"

영화 속 김 교위(박인환 분)는 오랫동안 친하게 지내 온 사형수의 사형 집행을 앞두고 있습니다. 그동안 사형수에 대한 사형이 집행되지 않고 있었는데, 사형선고를 받은 희대의 연쇄살인범에 대한 흉흉한 민심을 달래고자 사형수들에 대해 사형집행명령이 내려졌기 때문입니다. 김 교위가 사형을 집행해야만 하는 사형수는 비록 살인을 저지르고 사형판결을 받았지만 자신의 잘못을 깊이 뉘우치고 있는 모범수입니다. 재소자가 난동을 부리자 몸을 던져 해결에 앞장 서기도 합니다. 사형 집행 하루 전날 김 교위는 그 모범수가 그토록 먹고 싶어 하던 감자탕을 몰래 사주면서 말합니다. 많이 먹으라고. 감자탕을 먹는 그도 곧 사형이 집행되리라는 걸 눈치챕니다. 결국 김 교위는 그 사형수와의 약속대로 다른 교도관이 아닌 자기 손으로 그의 얼굴에 흰 천을 씌우고 목에 줄을 걸어 사형을 집행합니다. 그리고 평생을 봉직해 온 교도소를 떠납니다.

생명의 소중함

한편 신참 교도관 재경(윤계상 분)에게는 공무원 시험을 준비 중인 애인 은주가 있습니다. 은주는 재경과 사이에 생긴 뱃속의 아이를 어떻게 해야 할지 고민입니다. 재경은 은주에게 결혼하자는 말을 하려고 예쁜 아기 신발을 사들고 가지만, 생전 처음 사형을 집행해야 하는 일로 한동안 괴로워 하느라 미처 결혼하자는 말을 못합니다. 그 사이 은주는 뱃속의 생명을 지우고 재경에게 이별을 통고합니다.

스스로 뱃속의 생명을 지우고 괴로워하는 은주와 비록 법의 집행이기는 하나 사형을 집행한 후 괴로워하는 영화 속 재경의 모습은 보는 이로 하여금 묘한 감정을 불러일으킵니다. 둘 다 생명을 빼앗은 점에서는 같기 때문입니다. 감독은 그런 의도로 둘의 괴로워하는 모습을 나란히 영화에 담았는지도 모르겠습니다.

법의 집행

반면 배종호(조재현 분) 교사(교정직렬 공무원 직급은 교도, 교사, 교위, 교감, 교정관 등으로 이루어져 있습니다)는 사형을 집행함에 거리낌이 없습니다. 배 교사에게 사형은 단순한 법의 집행일 뿐이며, 사형수들은 마땅히 죽어야 할 사람들입니다. 그는 차질 없이 사형을 집행하기 위해 사전에 철저히 연습까지 합니다. 그럼에도 사형 집행 당일 채 목숨이 끊어지지 않아 발버둥치는 사형수가 생기고, 배 교사는 사형수의 다리를 끌어안고 아래로 잡아당겨 마침내 숨이 끊어지게 합니다. '죄지은 놈은 반드시 그 대가를 치러야 한다'는 신념을 가진 배 교사도 막상 그렇게 사형을 집행한 후에는 환영에 시달리며 고생을 합니다. 아무리 법을 집행하는 것이었다 하더라도 사람의 목숨을 끊는다는 건 결코 만만하거나 평범한 일이 아니었던 겁니다.

형벌의 본질

형벌은 범죄를 저지른 사람에게 가해지는 법익의 박탈 또는 제재를 말합니다. 형벌 중에서도 사형은 범죄인의 생명을 박탈하여 사회에서 영구히 격리시키는 가장 무거운 형벌로서 인류의 역사만큼이나 오래된 형벌입니다. 한때는 수많은 범죄에 사형이 적용되었습니다. 하지만 사형제도에 대해서는 많은 비판과 반성이 있어 왔습니다.

18세기 이탈리아의 형법학자인 체사레 베카리아(Cesare Beccaria, 1738~1794년)는 『범죄와 형벌』이라는 책에서 고문과 비밀재판절차, 하급법관의 변절과 부패, 잔인하고 과도한 형벌과 같은 야만적 관행을 비난했습니다. 그러면서 최초로 사형제도의 완전한 폐지를 주장하였습니다. 이후 많은 학자들이 사형 폐지를 주장했으며, 그 영향을 받아 프랑스·독일 등 여러 나라에서 사형을 폐지하기에 이릅니다. 그리고 1970년대에 이르러 많은 나라에서 반역죄와 해적행위를 제외하고는 사형을 폐지하였고, 일부 국가에서는 사형판결이 전혀 혹은 거의 내려지지 않고 있습니다. 미국의 경우에는 사형을 허용하는 주도 있고, 허용하지 않는 주가 병존하고 있습니다.

사형제의 존폐문제를 생각하기에 앞서 형벌의 본질에 대해 알아볼 필요가 있습니다. 사형제도를 이해하는 데 밑거름이 되기 때문입니다. 형벌의 본질에 관해서는 전통적으로 '응보형주의'와 '목적형주의'가 대립하고 있습니다.

응보형주의는 형벌의 본질을 범죄에 대한 응보에 있다고 보는 입장입니다. 범죄인은 그가 행한 범죄에 관하여 책임을 져야 하며, 그 책임은 범죄에 상응하는 형벌을 받음으로써 지게 된다는 겁니다. 독일의 유명한 철학자 칸트 같은 사람은 비록 내일 세계가 멸망하더라도 감옥에 있는 사형수는 한 명도 남김없이 사형에 처해야 한다고 주장합니다. 응보형주의를 대표하는 생각이라고 할 수 있습니다.

이에 반해 목적형주의는 형벌의 본질은 응보에 있는 것이 아니라 범죄의 예방에 있다고 주장합니다. 목적형주의는 그 목적이 무엇인가에 따라 다시 두 가지로 나누어집니다. 일반예방주의는 형벌의 본질이 일반인들에 의한 범죄의 발생을 예방하는 데 있다고 봅니다. 그래서 일반인들에 대한 형벌의 위하력, 즉 위협이 강조됩니다. 반면 특별예방주의는 형벌의 본질은 일반인이 아니라 범죄인에 대한 교육과 교화를 통해서 재범의 발생을 방지하는 것이라고 주장하는 이론입니다.

사형제 존폐론

이와 같은 형벌의 본질에 관한 이론을 염두에 두고 아래 사형제존폐론의 논거를 음미해 볼 필요가 있습니다.

사형의 폐지를 주장하는 논거는 학자들마다 차이가 있지만 대략 다음과 같이 요약할 수 있습니다. ① 사형은 야만적이고 잔혹하여 인도주의적 견지에서 허용될 수 없으며, 인간에게서 생명을 박탈할 수는 없다. 사형은 범인에 대한 응보일 뿐 범인의 생명을 박탈해도 피해자가 다시 살아서 돌아올 수 없다. ② 사형은 일반인이 기대하는 것보다 위하력이 적다. 사형 집행 후에도 사형에 처할 범죄가 계속 발생하며, 사형을 폐지한 국가라고 해서 범죄가 그 전보다 더 증가하는 것도 아니다. ③ 국가가 살인행위를 비난하면서 국가 스스로가 사람의 생명을 박탈하는 것은 응보 이외의 다른 의미를 갖지 않는다. ④ 재판은 인간이 행하는 것이고 하나의 제도에 불과하기 때문에 오판의 가능성을 배제할 수 없다. 오판에 의한 사형의 집행은 영원히 구제할 수 없는 결과를 초래한다. ⑤ 범죄의 원인은 범인의 악성뿐만 아니라 환경적 요인이 차지하는 비중이 적지 않은데도 사형은 범죄의 원인을 모두 범인에게만 책임지우고 있다.

한편 사형을 존치시켜야 한다고 주장하는 사람들의 논거도 만만치 않습니다. ① 사형제도는 법질서의 유지, 특히 인명 살상을 내용으로 하는 중대범죄의 방지를 위해 필수불가결하다. ② 살인범 등 극악범죄의 제거는 국민들이 법적으로 확신하는 바이며, 이를 지지하는 것은 범죄정책상 필요하다. ③ 사형을 폐지하라고 주장하는 사람들은 사형 대신 무기형에 처할 것을 주장하나, 무기형은 사형만큼의 범죄억제효과가 없으며, 무기형이 사형보다 인도적인 처벌이라고 할 수 있는지 의심스럽다, ④ 오판의 경우는 사형뿐만 아니라 자유형에서도 완전한 회복이 불가능하며, 특히 사형의 경우에는 신중을 기하기 때문에 지금까지 오판의 예가 극히 적고, 또 오판의 우려로 사형제도의 전면폐지를 주장하는 것은 재판제도 자체에 대한 부정이라고 볼 수밖에 없다.

여러분은 과연 어느 견해가 더 설득력이 있다고 생각하는지요?

한국의 경우

우리나라의 경우 비록 군사재판에 관한 것이긴 하지만, 헌법에 사형에 관한 규정이 있습니다. 즉 헌법 제110조 제4항은 "비상계엄하의 군사재판은 … 단심(항소심, 상고심 등을 인정하지 않음)으로 할 수 있다. 다만, 사형을 선고하는 경우에는 그러하지 아니하다"라고 규정해서 사형을 인정하는 것을 전제로 하고 있습니다. 「형법」 제41조에서도 형벌의 한 종류로 사형을 규정하고 있습니다. 그리고 「형사소송법」은 사형이 확정된 경우 법무부장관의 명령에 의해 사형을 집행하고(제463조), 사형집행의 명령은 판결이 확정된 날로부터 6개월 이내에 하여야 하며(제465조), 한편, 집행방법은 교도소 또는 구치소에서 교수하여 집행하도록 정하고 있습니다(「형법」 제66조). 한 마디로 실정법상 사형제도를 인정하고 있습니다

하지만 현실에서는 1997년 12월 30일 흉악범 23명에 대해 마지막으로 사형을 집행한 이래 더 이상 사형을 집행하지 않고 있습니다. 그래서 대한민국은 사실상 사형폐지국가입니다(2020년말 기준 사형판결을 확정받고 수감 중인 사형수는 모두 60명이라고 합니다). 세계 최대 인권단체인 국제앰네스티도 10년 이상 사형을 집행하지 않는 나라를 실질적 사형폐지국가로 분류하고 있습니다. 그럼에도 연쇄 살인 사건이나 아동 성폭행 등 반인륜적 흉악범죄가 발생하면 범인을 사형시켜야 한다는 목소리는 여전히 높습니다. 물론 그런 경우라도 사형에 반대한다는 주장도 여전합니다.

헌법재판소는 사형제가 위헌이라는 주장에 대하여 이미 두 번에 걸쳐 합헌이라고 선언한 바 있는데, 그 주된 이유는 다음과 같습니다.

> "사형이 최소한 동등한 가치가 있는 생명 또는 그에 못지 아니한 공공의 이익을 보호하기 위한 불가피성이 충족되는 예외적인 경우에 적용되는 때에는 헌법 제37조 2항의 규정이나 비례의 원칙에 반하지 아니하고, 또 사형은 현행 헌법이 스스로 예상하고 있는 형벌이라는 이유로 위헌이라고 볼 수 없다."

하지만 1996년에는 합헌이라는 의견이 7, 위헌이라는 의견이 2였으나, 2010년에는 합헌의견이 5, 위헌이라는 의견이 4로 근소하게 갈렸습니다. 앞으로 헌법재판소가 어떤 의견을 내놓을지 주목을 끕니다.

사형제는 폐지되어야 하는가

2017년 10월에도 중학생 딸 친구를 살해하고 유기한 혐의로 재판을 받고 있는 범죄인을 두고 의견이 분분했습니다. 어린아이를 그것도 딸 친구를 죽여놓고 본인은 살아있다는 것을 이해할 수 없으며, 사람을 죽이면 일벌백계해야 한다는 목소리가 높았습니다. 천인공노할 범죄를 저지르면 어떻게 되는지 법이 보여줘야 하며, 범죄인의 인권보다 피해자와 피해자의 가족이 겪는 고통과 절망을 가볍게 생각하면 안된다는 겁니다. 사형이 확정되었음에도 사형을 집행하고 있지 않은 현실을 두고 법무부장관이 직무유기를 하고 있다고 주장하기도 했습니다.

그런 국민의 법감정을 고려하지 않더라도 사형의 집행은 어쩌면 대중에게 보이기 위한 의식의 측면도 갖고 있다는 생각을 해 봅니다. 영화 속에서도 교도소 내에서 자살을 시도해 거의 죽게 된 연쇄 살인범 사형수를 꼭 살려 내어 사형을 집행해야 한다는 이야기가 나옵니다. 그런 이야기가 나오는 건 물론 일차적으론 교도소 내에서 벌어진 자살극에 대한 책임을 면하기 위해서였겠지만, 어떤 측면에선 사형의 집행이 정치적인 의미를 띤 일종의 의식일 수도 있다는 암시인지도 모릅니다. 『감시와 처벌』이라는 유명한 책에서 현대 형벌체계의 기원에 대해 탐구한 프랑스의 철학자 '미셸 푸코'식으로 이야기하자면 '처벌은 권력이 자신의 모습을 과시하는 의식행사'이기 때문입니다.

사형집행의 순간을 잘 묘사한 미국 영화로 안젤리나 졸리 주연의 〈체인질링〉이라는 영화도 있습니다. 1급 살인죄로 교수형을 선고받은 죄수의 사형을 집행하는 장면을 볼 수 있습니다. 피해자 가족들과 기자들이 지켜보는 가운데 팔과 다리를 묶고 얼굴에 검은 천을 씌운 후 목에 밧줄을 겁니다. 버튼을 당기자 바닥으로 떨어진 사형수는 심하게 몸을 떨다가 멈춥니다. 영화는 사형수가 몸을 떨다가 축 늘어지는 장면을 적나라하게 보여줍니다.

영화 〈집행자〉는 사형을 직접 집행해야 하는 교도관들의 눈을 통해 사형제도를 바라보는 영화입니다. 그들의 눈을 통해 볼 때에는 사형제도가 폐지되는 것이 바람직하다는 메시지를 던지고 있다고 하겠습니다.

생각해보기

본문에 등장하는 사형제 존폐론에 대한 자신의 입장을 160자 이상 200자 이내로 적어 보자.

감사의 말

지면을 내어 준 강대신문사에 감사드린다. 강대신문에 칼럼을 게재하지 않았다면 이 책의 원고는 없었을 것이다. 다음으로 강원대학교 교수혁신원의 은동진 선생에게 감사드린다. 칼럼 내용을 수업으로 전환하는 과정에서 그가 없었다면 포기하였을 것이다. 수업 진행 과정에 애를 써 준 조교 선생님들에게도 감사드린다. 그리고 수업을 들어 준 학생들에게도 감사의 말씀을 전한다.

어려운 시기에 볼품 없는 원고를 훌륭한 책으로 발간해 주기 위해 성심을 다해주신 피앤씨미디어 박노일 대표님, 최준규 전무이사님, 심성보 편집이사님께 진심으로 고마운 마음을 전한다.

끝으로 언제나 나의 첫 독자이자 아내 지혜, 그리고 사랑하는 나의 가족들에게 언제나 힘이 되어 주어 고맙다는 말을 꼭 하고 싶다.